Benjamin Linke

Verwaltungsrecht Allgemeiner Teil

VwVfG und VwGO einfach erklärt

6. Auflage 2017

ISBN 978-3-86724-083-3

6. Auflage 2017

© 2017 niederle media

Bezug möglich direkt vom Verlag
niederle media
48341 Altenberge
Fax (02505) 93 98 99
E-Mail: info@niederle-media.de
www.niederle-media.de

Lektorat: Johannes Wolz

▶ Inhalt: Verwaltungsrecht Allgemeiner Teil

▶ Vorwort

Das allgemeine Verwaltungsrecht stellt im Zusammenspiel mit dem Verwaltungsprozessrecht im Rahmen des rechtswissenschaftlichen Studiums *den* zentralen Bereich für die Bewältigung des „großen Scheins" im öffentlichen Recht dar. Freilich wird sich der Examenskandidat auch während seiner Abschlussprüfungen mit den Inhalten dieses Rechtsgebiets konfrontiert sehen.

Das vorliegende Studienbuch versucht, dem Studierenden die unverzichtbaren Grundlagen des allgemeinen Verwaltungsrechts näher zu bringen. Wert wurde dabei auf eine möglichst klausurnahe Darstellung gelegt, die dem Leser die systematischen Zusammenhänge des Rechtsgebiets vor Augen führen und ihn nicht mit Einzelwissen überfrachten will. Das Studienbuch soll somit den *Blick für das Wesentliche* schärfen und dient der Vor- und Nachbereitung des Vorlesungsstoffes sowie der Klausurvorbereitung im allgemeinen Verwaltungsrecht.

Die Darstellung umfasst sowohl das materielle *allgemeine Verwaltungsrecht* als auch das in Prüfungsarbeiten ebenfalls verlangte *Verwaltungsprozessrecht*. Die gemeinsame Abhandlung des materiellen und des prozessualen Rechts soll es dem Leser vereinfachen, die Verbindung der beiden Bereiche nachzuvollziehen.

Aus Platzgründen wurden die weniger klausurrelevanten Bereiche der Verwaltungsvollstreckung und -organisation sowie das öffentliche Sachenrecht bei der Darstellung ausgespart. Das Staatshaftungsrecht wird in einem bei *niederle media* erschienenen separaten Skript behandelt.

Hamburg, im Herbst 2016,

Benjamin Linke

▸ Unsere 📖 Skripten 📇 Karteikarten 🎧 Hörbücher (CD & MP3)

Zivilrecht

- 📖 Standardfälle für Anfänger (7,90 €)
- 📖 🎧 Standardfälle BGB AT (7,90 €)
- 📖 🎧 Standardfälle Schuldrecht (7,90 €)
- 📖 🎧 Standardfälle Ges. Schuldverh., §§ 677, 812,823
- 📖 🎧 Standardfälle Sachenrecht (9,90 €)
- 📖 🎧 Standardfälle Familien- und Erbrecht (9,90 €)
- 📖 Klausuren Übung für Fortgeschrittene (7,90 €)
- 📖 🎧 Basiswissen BGB (AT) (Frage-Antwort)
- 📖 🎧 Basiswissen SchuldR (AT) 📖 🎧 SchuldR (BT) (7 €)
- 📖 🎧 Basiswissen Sachenrecht, 📖 🎧 FamR, 📖 🎧 ErbR
- 📖 Einführung in das Bürgerliche Recht (7,90 €)
- 📖 Studienbuch BGB (AT) (12 €)
- 📖 Studienbuch Schuldrecht (AT) (12 €)
- 📖 Schuldrecht (BT) 1 - §§ 437, 536, 634, 670 ff. (9,90 €)
- 📖 Schuldrecht (BT) 2 - §§ 812, 823, 765 ff. (9,90 €)
- 📖 SachenR 1 – Bewegl. S., 📖 SachenR 2 – Unb. S. (9,9 €)
- 📖 Familienrecht und Erbrecht (Einführungen) (9,90 €)
- 📖 Streitfragen Schuldrecht (7,90 €)
- 📖 🎧 Definitionen für die Zivilrechtsklausur (9,90 €)

Strafrecht

- 📖 🎧 Standardfälle für Anfänger Band 1 (9,90 €)
- 📖 Standardfälle für Anfänger Band 2 (7,90 €)
- 📖 Standardfälle für Fortgeschrittene (12 €)
- 📖 🎧 Basiswissen Strafrecht (AT) (Frage-Antwort)
- 📖 🎧 Basiswissen Strafrecht BT 1 und 📖 🎧 BT 2 (7 €)
- 📖 Strafrecht (AT) (7,90 €)
- 📖 Strafrecht (BT) 1 – Vermögensdelikte (9,90 €)
- 📖 Strafrecht (BT) 2 – Nichtvermögensdelikte (9,90 €)
- 📖 🎧 Definitionen für die Strafrechtsklausur (7,90 €)

Irrtümer und Änderungen vorbehalten!

Öffentliches Recht

- 📖 Standardfälle Staatsrecht I – StaatsorgaR (9,90 €)
- 📖 Standardfälle Staatsrecht II – Grundrechte (9,90 €)
- 📖 🎧 Standardfälle f. Anfänger (StaatsorgaR u. GRe) (7,9 €)
- 📖 Standardfälle Verwaltungsrecht (AT) (9,90 €)
- 📖 Standardfälle Polizei- und Ordnungsrecht (9,90 €)
- 📖 Standardfälle Baurecht (9,90 €)
- 📖 Standardfälle Europarecht (9,90 €)
- 📖 Standardfälle Kommunalrecht (9,90 €)
- 📖 🎧 Basiswissen StaatsR I –StaatsorgaR (Fr-Antw.) (7 €)
- 📖 🎧 Basiswissen StaatsR II –GrundR (Frage-Antw.) (7 €)
- 📖 Basiswissen VerwaltungsR AT– (Frage-Antwort) (7 €)
- 📖 Studienbuch Staatsorganisationsrecht (9,90 €)
- 📖 Studienbuch Grundrechte (9,90 €)
- 📖 Studienbuch Verwaltungsrecht AT (12 €)
- 📖 Studienbuch Europarecht (12,90 €) 🎧 Basiswissen EuR
- 📖 Studienbuch Wirtschaftsvölkerrecht (12,90 €)
- 📖 Staatshaftungsrecht (9,90 €)
- 📖 VerwaltungsR AT 1 – VwVfG u. 📖 AT 2–VwGO (7,90 €)
- 📖 VerwaltungsR BT 1 – POR (9,90 €)
- 📖 VerwaltungsR BT 2 – BauR 📖 BT 3 – UmweltR (9,90 €)
- 📖 🎧 Definitionen Öffentliches Recht (9,90 €)

Steuerrecht

- 📖 Abgabenordnung (AO) (9,90 €)
- 📖 Erbschaftsteuerrecht (9,90 €)
- 📖 Steuerstrafrecht/Verfahren/Steuerhaftung (7,90 €)

Sozialrecht

- 📖 Kinder- und Jugendhilferecht (7,90 €)
- 📖 Sozialrecht (9,90 €)

Nebengebiete

- 📖 🎧 Standardfälle Handels- & GesR (9,90 €)
- 📖 🎧 Standardfälle Arbeitsrecht (9,90 €)
- 📖 🎧 Standardfälle ZPO (9,90 €)
- 📖 🎧 Basiswissen HandelsR (Frage-Antwort) (7,9 €)
- 📖 🎧 Basiswissen Gesellschaftsrecht (7,90 €)
- 📖 🎧 Basiswissen ZPO (Frage-Antwort) (7,90 €)
- 📖 🎧 Basiswissen StPO (Frage-Antwort) (7,90 €)
- 📖 Handelsrecht (9,90 €)
- 📖 Gesellschaftsrecht (9,90 €)
- 📖 Arbeitsrecht (9,90 €)
- 📖 Kollektives Arbeitsrecht (9,90 €)
- 📖 ZPO I – Erkenntnisverfahren (9,90 €)
- 📖 ZPO II – Zwangsvollstreckung (9,90 €)
- 📖 Strafprozessordnung – StPO (9,90 €)
- 📖 Einf. Internationales Privatrecht - IPR (9,90 €)
- 📖 Standardfälle IPR (9,90 €)
- 📖 Insolvenzrecht (9,90 €)
- 📖 Gewerbl. Rechtsschutz/Urheberrecht (9,90 €)
- 📖 Wettbewerbsrecht (9,90 €)
- 📖 Ratgeber 500 Spezial-Tipps für Juristen (12 €)
- 📖 Mediation (7,90 €)
- 📖 Sportrecht (9,90 €)

Karteikarten (je 9,90 €)

- 📇 Zivilrecht: BGB AT/SchuldR/Grundlagen/Schemata
- 📇 Strafrecht: AT/BT-1/BT-2/Streitfragen
- 📇 Öff. R.: StaatsorgaR/GrundR/VerwR/Schemata

Assessorexamen

- 📖 Der Aktenvortrag im Strafrecht (7,90 €)
- 📖 Der Aktenvortrag im Zivilrecht (7,90 €)
- 📖 Der Aktenvortrag im Öffentlichen Recht (7,90 €)
- 📖 Staatsanwaltl. Sitzungsdienst & Plädoyer (9,90 €)
- 📖 Die strafrechtliche Assessorklausur (7,90 €)
- 📖 Die Assessorklausur VerwR Bd. 1 (7,90 €)
- 📖 Die Assessorklausur VerwR Bd. 2 (7,90 €)
- 📖 Vertragsgestaltung in der Anwaltsstation (7 €)

Irrtümer und Änderungen vorbehalten!

BWL

- 📖 Einführung i. die Betriebswirtschaftslehre (7,90 €)
- 📖 Organisationsgestaltung & -entwickl. (7,90 €)
- 📖 Fallstudien Organisationsgestaltung & -entwickl.
- 📖 Internationales Management (7 €)
- 📖 Wie gelingt meine wiss. Abschlussarbeit? (7 €)
- 📖 Medienwirtschaft für Mediengestalter (14,90 €)

Irrtümer und Änderungen vorbehalten!

Schemata

- 📖 Die wichtigsten Schemata-ZivR,StrafR,ÖR (14,90)
- 📖 Die wichtigsten Schemata–Nebengebiete (9,90 €)

🎧 bedeutet: auch als **Hörbuch** (CD oder MP3-Download) lieferbar!

Bei **niederle-media.de** bestellte Artikel treffen idR *nach 1-2 Werktagen* ein!

1. Teil: Allgemeines Verwaltungsrecht

A. Begriff und Stellung der Verwaltung

Der **Begriff „Verwaltung"** konnte von der Rechtswissenschaft bislang nicht eindeutig definiert werden, obwohl es an Bestimmungsversuchen nicht mangelt.[1] Dies liegt vor allem daran, dass die Tätigkeitsbereiche der Verwaltung sowie die Art und Form der Verwaltungstätigkeit selbst so vielgestaltig sind, dass eine positive Definition den Rahmen eines jeden Definitionsversuchs sprengen würde. Die öffentliche Verwaltung kann aber in negativer Hinsicht definiert werden als diejenige öffentliche Tätigkeit, die weder der Legislative noch der Judikative oder der Regierung zugeordnet werden kann.[2] Auch der Aussagegehalt dieser Definition wird bei einem konkreten Abgrenzungsversuch jedoch nur schwerlich hilfreich sein. Im Ergebnis kann daher nur festgehalten werden, dass kein Definitionsversuch vollständig befriedigen und der Begriffsgehalt von „Verwaltung" nicht abschließend ausgemacht werden kann.

Anmerkung: Zum Trost für den Studierenden kann gesagt werden, dass in der Regel mit dieser unzureichenden Begriffsbestimmung kaum in einer Fallbearbeitung gearbeitet werden muss. Eine Abgrenzung müsste dann erfolgen, wenn zweifelhaft ist, ob die Verwaltung gehandelt hat und somit die Regelungen des Verwaltungsrechts Anwendung finden (siehe etwa § 1 VwVfG: „Verwaltungstätigkeit"). Dies ist selten problematisch. Hinsichtlich der für die Fallbearbeitung relevanten Abgrenzung zwischen öffentlicher Verwaltung und dem Handeln Privater bzw. zwischen verfassungsrechtlicher und verwaltungsrechtlicher Streitigkeit existieren zudem andere Abgrenzungsmethoden (dazu später).

Positives Kennzeichen der öffentlichen Verwaltung ist allerdings, dass sie immer im Interesse des Gemeinwesens tätig wird (sog.

---

[1] Vgl. zu den Def.: *Detterbeck,* AT, § 1 RN 9; eingehend *Maurer,* AT, § 1 RN 2 ff.
[2] *Treder/Rohr,* Prüfungsschemata Verwaltungsrecht, RN 17.

öffentliches Interesse). Sie hat somit die Aufgabe, sich mit dem sozialen Zusammenleben der Bevölkerung im Staat zu befassen und dieses aktiv zu gestalten. Hierbei hat die Verwaltung die gesetzlichen Vorgaben des Gesetzgebers (Legislative) zu vollziehen. Sie ist daher ein Teil der „vollziehenden Gewalt" (Exekutive). Zu trennen ist sie dabei von dem zweiten Bereich der Exekutive, namentlich der Regierung, die sich allein mit der politischen Leitung eines Staates beschäftigt. Die Einhaltung der gesetzlichen Vorgaben durch die Verwaltung, wird durch die Rechtsprechung (Judikative) kontrolliert. Die drei Gewalten (Exekutive, Legislative und Judikative) stehen ihrer Grundkonzeption nach zueinander in einem Verhältnis der gegenseitigen Kontrolle und Hemmung („checks and balances").

Anmerkung: Klammert man die Regierungstätigkeit aus dem Gewaltenteilungsgefüge aus, kann man sich das Verhältnis der Gewalten zueinander bildlich wie ein Gesellschaftsspiel vorstellen. Die Verwaltung nimmt hierbei die Position des ausführenden Spielers (=Exekutive) ein, der versucht, die durch den Spiel-hersteller (=Legislative) vorgegebenen Regeln zu befolgen. Werden die Regeln übertreten, hat ein Schiedsrichter (=Judikative) den Regelverstoß festzustellen und zu beheben.

Die Verwaltungsaufgaben werden durch die **Verwaltungsträger** wahrgenommen. Diese treten in den unterschiedlichsten Gewändern auf. Verwaltungsträger[3] sind

- Körperschaften (bspw. Bund, Länder, Gemeinden, Landkreise, Hochschulen),
- Anstalten (bspw. Studentenwerk),
- Stiftungen[4],[5]
- teilrechtsfähige Verwaltungseinheiten (bspw. Fakultät an der Universität) und
- Beliehene[6].

---

[3] Zu den einzelnen Verwaltungsträgern ausführlich: *Maurer*, AT, § 21 RN 1 ff.
[4] Siehe dazu Skript *Basiswissen Verwaltungsrecht AT*, S. 27 ff.
[5] Körperschaften, Anstalten und Stiftungen sind sog. *juristische Personen des öffentlichen Rechts*.
[6] Dazu unten auf S. 37.

Handelt die Verwaltung gegenüber dem Bürger, so lässt sich das Verwaltungshandeln regelmäßig in zwei Bereiche einteilen:

> Eingriffsverwaltung, bei welcher der Bürger mit Anordnungen der Verwaltung belastet wird.

Beispiele: Abschleppen eines Fahrzeugs; Auflösen einer Demonstration; Aufstellen von Verkehrsschildern.

> Leistungsverwaltung, bei welcher die Verwaltung dem Bürger Leistungen und sonstige Vergünstigungen gewährt.

Beispiele: Gewähr von „BAföG"; Sozialhilfeleistungen; Bereitstellung eines Freibads.

Anmerkung: Diese beiden Formen des Verwaltungshandelns sind in Klausuren mit verwaltungsrechtlichem Inhalt der Normalfall. So wird ein Bürger entweder mit einer Maßnahme der Verwaltung belastet, gegen die er sich erwehren möchte, oder er begehrt eine bestimmte Begünstigung von der Verwaltung, die ihm bisher verwehrt wurde.

Im Rahmen einer Klausur sind grundsätzlich die Erfolgsaussichten einer Klage zu prüfen, wobei sowohl prozessuale als auch materiell-rechtliche Fragen untersucht werden müssen. Die typische Verwaltungsrechtsklausur beinhaltet daher (ähnlich dem Verfassungsrecht) eine Zulässigkeits- und eine Begründetheitsprüfung.

B. Abgrenzung des öffentlichen Rechts vom Privatrecht

Die Verwaltung muss nicht notwendigerweise öffentlich-rechtlich tätig werden, sondern kann auch privatrechtlich handeln.

Beispiel: Die Gemeinde G beschafft sich bei einem Großhändler für Büromaterial zur Deckung ihres Bedarfs die nötigen Utensilien.

Die Frage, ob ein Verwaltungsträger öffentlich-rechtlich oder privatrechtlich handelt, entfaltet (für die Klausurbearbeitung) **besondere Relevanz**, da sich hierdurch bestimmt, welchem Rechtsgebiet eine Maßnahme der Verwaltung unterliegt; nämlich entweder dem öffentlichen Recht oder dem Privatrecht. Im Einzelnen spielt die Abgrenzung zwischen öffentlichem Recht und Privatrecht u.a.[7] für folgende Themenbereiche eine Rolle:

➢ Bestimmung des richtigen Rechtsweges (§ 40 VwGO), d.h. Verwaltungsgerichtsbarkeit, ordentliche Gerichtsbarkeit oder sonstige Gerichtsbarkeit.

➢ Vorliegen eines Verwaltungsakts oder eines öffentlich-rechtlichen Vertrags.

➢ Anwendbarkeit des VwVfG (vgl. § 1 I VwVfG/LVwVfG[8]).

➢ Amtshaftungsanspruch nach Art. 34 GG i.V.m. § 839 BGB, der öffentlich-rechtliches Handeln voraussetzt.

Anmerkung: Sind im Rahmen einer Fallbearbeitung (wie üblich) die Erfolgsaussichten eines Rechtsbehelfs zu prüfen, spielt die Abgrenzung bei der Frage nach der Eröffnung des Verwaltungsrechtsweges eine große Rolle.

---

[7] Zu weiteren Bereichen, in welchen die Abgrenzung Relevanz entfaltet vgl. *Maurer*, AT, § 3 RN 7.
[8] Im Folgenden wird allein das bundesrechtliche VwVfG zitiert. Die bundes- und landesrechtlichen Vorschriften entsprechen sich allerdings fast gänzlich (vgl. dazu *Kopp/Ramsauer*, VwVfG, Einführung I RN 6). Welches Gesetz in der Fallbearbeitung heranzuziehen ist, bestimmt sich danach, ob eine Bundesbehörde oder eine Landesbehörde gehandelt hat (siehe insbesondere § 1 III VwVfG).

I. Abgrenzungstheorien

Für die Abgrenzung zwischen öffentlichem und privatem Recht existieren mannigfaltige **Abgrenzungstheorien**.[9] Im Folgenden werden die für Fallbearbeitungen relevanten Theorien dargestellt:

Nach der **Subordinationstheorie** (Über-Unterordnungs-Theorie) ist für die Abgrenzung das Verhältnis der Beteiligten zueinander maßgebend. Während im öffentlichen Recht ein Über-Unterordnungsverhältnis bestehen soll, sei das Privatrecht durch eine Gleichstellung der Parteien gekennzeichnet.[10]

Beispiel:[11] Bürger B erhält von einer Behörde einen Gebührenbescheid über 150 €. Hier handelt die Behörde aus einem Überordnungsverhältnis gegenüber B, mithin öffentlich-rechtlich.

Die **Interessentheorie** grenzt nach der Interessenrichtung der für den Fall einschlägigen Normen ab. Normen, die vorwiegend dem öffentlichen Interesse bzw. dem Allgemeininteresse dienen, seien öffentlich-rechtlich und solche, die vorwiegend dem Privatinteresse dienen, seien privatrechtlich.[12]

Die **Sonderrechtstheorie** (modifizierte Subjektstheorie) qualifiziert eine Vorschrift dann als öffentlich-rechtlich, wenn diese in *jedem* denkbaren Anwendungsfall allein einen Träger öffentlicher Gewalt berechtigt oder verpflichtet.[13] Alle anderen Vorschriften sind hiernach privatrechtlicher Natur.

Beispiel: Die Gemeinde G vermietet an Karl einen Raum für Festivitäten. Der Raum steht jedoch zum Zeitpunkt der Mietbeginns aufgrund eines Verschuldens der G nicht zur Verfügung. Karl überlegt, ob er Schadensersatz geltend macht. Die Frage, ob ihm hierzu der Verwaltungs- oder der Privatrechtsweg offen steht, richtet sich nach den streitentscheidenden

---

[9] Vgl. *Wolff/Bachof/Stober/Kluth,* AT I, § 22 RN 20 ff.; Maurer, AT, § 3 RN 11 ff.
[10] *Peine,* AT, § 3 RN 119.
[11] Beispiel nach *Detterbeck,* AT, § 2 RN 24.
[12] *Stelkens/Bonk/Sachs,* VwVfG, § 1 RN 96.
[13] *Kopp/Ramsauer,* VwVfG, § 1 RN 15.

Normen. Vorliegend verlangt Karl Schadensersatz aufgrund einer Verletzung des Mietvertrags nach § 535 BGB. Die Normen zum Mietrecht berechtigen und verpflichten jedoch nicht allein Träger der öffentlichen Gewalt, sondern sind auch für Privatrechtssubjekte maßgebend. Streitentscheidend sind somit privatrechtliche Vorschriften. Mithin ist der Verwaltungsrechtsweg nicht eröffnet.

Anmerkung: Bei der Anwendung der vorgenannten Abgrenzungstheorien sind in der Fallbearbeitung zunächst die streitentscheidenden Normen zu ermitteln. In einem zweiten Schritt ist dann anhand der Theorien zu fragen, ob diese Normen dem öffentlichen Recht zuzurechnen sind.

Achtung! Angesichts der Unbestimmtheit der einzelnen Theorien, werden diese isoliert angewendet regelmäßig nur schwerlich eine zuverlässige Abgrenzung bieten. Im Rahmen der Fallbearbeitung wird die Sonderrechtstheorie noch am ehesten zu einem eindeutigen Ergebnis führen. Zu beachten ist allerdings, dass die Theorien (aufgrund dieser Abgrenzungsschwierigkeiten) in einer Falllösung *nicht* als Theorienstreit dargestellt werden dürfen, den es zu entscheiden gilt. Vielmehr sind die Theorien *kumulativ* bei der Findung einer Lösung anzuwenden. Die Theorien ergänzen sich somit in der Fallbearbeitung.[14]

II. Besondere Fallgruppen

Problematisch ist eine Abgrenzung zwischen öffentlich-rechtlichem und privatrechtlichem Handeln der Verwaltung dann, wenn keine streitentscheidenden Normen existieren oder wenn mehrere streitentscheidende Normen existieren und diese teilweise dem öffentlichen Recht und teilweise dem Privatrecht angehören. Hier werden die vorgenannten Theorien im Normalfall nicht weiterhelfen.

---

[14] So die Rspr.: BVerwG, NJW 2007, 2275, 2276. Vgl. auch *Peine,* AT, § 3 RN 122.

Beispiel: Der renitente Störer S bekommt im Rathaus vom Bürgermeister Hausverbot. Hier stellt sich die Frage, ob das Hausverbot privatrechtlich (d.h. nach § 1004 BGB) oder aufgrund öffentlich-rechtlicher Sachherrschaft erteilt wurde.

Beispiel: A verletzt sich aufgrund eines mangelhaft montierten Sprungbrettes im städtischen Freibad die Hand. Hier ist fraglich, ob sich eine zivilrechtliche Haftung oder eine solche nach öffentlichem Recht (§ 839 BGB i.V.m. Art. 34 GG) ergibt.

Die Zuordnung dieser gesetzlich nicht eindeutig erfassbaren Geschehensabläufe ist problematisch. Zur Lösung dieser Problemstellungen wurden von Literatur und Rechtsprechung verschiedene Fallgruppen herausgearbeitet, für die unterschiedliche Abgrenzungsmethoden anzuwenden sind. Diese Fallgruppen werden im Folgenden aufgeführt:[15]

Die Einordnung von **Rechtsakten** (d.h. von solchen Handlungen, die auf die Herbeiführung einer unmittelbaren Rechtsfolge gerichtet sind) ist oftmals wenig problematisch, soweit eine entsprechende Rechtsgrundlage vorhanden ist. Schwierig wird die Einordnung allerdings dann, wenn mehrere einschlägige Rechtsgrundlagen vorhanden sind. Dies wird insbesondere im oben bereits genannten Beispiel, eines erteilten Hausverbots durch den Behördenleiter, deutlich. Zur Abgrenzung zwischen öffentlich-rechtlichem und privatrechtlichem Hausverbot stellt die Rechtsprechung auf den *Zweck des Besuches* ab. Verfolgt der Besucher öffentlich-rechtliche Angelegenheiten, ist hiernach auch das Hausverbot öffentlich-rechtlich. Handelt es sich um private Angelegenheiten, wird ein privatrechtliches Hausverbot angenommen.

---

[15] Siehe dazu auch *Detterbeck,* AT, § 2 RN 33 ff.; *Maurer,* AT, § 3 RN 30 ff.; *Peine,* AT, § 3 RN 124 ff.

14

Beispiel: Ein bei einer Hochzeit gewerblich arbeitender Fotograf, dem im Standesamt ein Hausverbot ausgesprochen wird, handelt in Ausübung seines privaten Geschäfts. Es handelt sich daher nach der Rechtsprechung um ein Hausverbot nach privatem Recht.[16]

Beispiel: Kommt ein Bürger hingegen zu einer Behörde um einen Antrag (bspw. auf eine Baugenehmigung) zu stellen, verfolgt er eine öffentlich-rechtliche Angelegenheit. In diesem Fall wäre ein etwaiges Hausverbot ein öffentlich-rechtliches.

Die Literatur stellt demgegenüber auf den *Zweck des Hausverbots* ab. Der Zweck ist hiernach öffentlich-rechtlich, wenn das Hausverbot der Sicherung der Erfüllung von öffentlichen Aufgaben im Verwaltungsgebäude dient.[17]

Beispiel: Im obigen Fotografen-Fall käme diese Ansicht – sofern durch den Fotografen der Betrieb im Standesamt beeinträchtigt würde – zu dem Ergebnis, dass das Hausverbot öffentlich-rechtlicher Natur ist. Dies folgt aus dem Umstand, dass der Zweck des Hausverbots die Sicherstellung der Aufgabenerfüllung im Standesamt ist.

Abgrenzungsprobleme ergeben sich ferner im Bereich des tatsächlichen Verwaltungshandelns (sog. **Realakte**) ohne normative Grundlage.

Beispiele: Immissionen von öffentlichen Anlagen (etwa Lärm oder Gerüche); Autofahrt eines Beamten; Warnung vor Gefahren, wobei Dritte beeinträchtigt werden (bspw. Warnung vor einer Sekte); Ehrverletzungen.

Diese Bereiche können sowohl dem öffentlichen als auch dem privaten Recht zugeordnet werden. Eine Abgrenzung soll hier nach dem *Zusammenhang* und der *Zielsetzung des Verhaltens* erfolgen.[18] Das Verhalten muss daher in Ausübung eines öffentli-

---

[16] Zu diesem Fall: BVerwGE 35, 103, 106; *Wolff/Decker*, VwGO/VwVfG, § 40 VwGO RN 49.
[17] *Ronellenfitsch*, VerwArch 73 (1982), 465, 473 f.; *Maurer*, AT, § 3 RN 34.
[18] *Kopp/Ramsauer*, VwVfG, § 1 RN 10; *Stelkens/Bonk/Sachs*, VwVfG, § 1 RN 98.

chen Amtes und in einem inneren Zusammenhang mit einer öffentlichen Tätigkeit erfolgen, um als öffentlich-rechtlich eingeordnet zu werden.

Beispiel: Bürgermeister B merkt im Rahmen einer öffentlichen Rede an, dass Metzgermeister M nur vergammeltes Fleisch verkauft. In diesem Beispiel erfolgt die rufschädigende Äußerung im inneren Zusammenhang und in Ausübung eines öffentlichen Amtes. Das Verhalten ist daher nach öffentlichem Recht zu beurteilen. Anders läge der Fall, wenn B dieselbe Äußerung bei einer privaten Zusammenkunft mit Freunden getätigt hätte.

Beispiel: Der Verwaltungsbeamte V fährt zu einer dienstlichen Konferenz in die Nachbargemeinde. Auf halber Strecke verursacht er einen Verkehrsunfall. Ist die Autofahrt öffentlich-rechtlich oder privatrechtlich zu beurteilen? Vorliegend dient die Fahrt dem Besuch einer dienstlichen Konferenz. Es besteht daher ein Sachzusammenhang mit der öffentlichen Tätigkeit. Die Fahrt ist somit öffentlich-rechtlich zu beurteilen.[19]

Beispiel: Günther ist ein geruchsempfindlicher Mensch. Zu seinem Unglück befindet sich sein Wohnhaus direkt neben einer staatlichen Brauerei, die vor allem in den Sommermonaten durch den Gärvorgang erhebliche Geruchsbelästigungen verursacht. Günther will sich hiergegen wehren. Ist der Betrieb der Brauerei dem öffentlichen Recht oder dem Privatrecht zuzuordnen? Die staatliche Brauerei dient nicht der Erfüllung öffentlicher Aufgaben. Es besteht daher kein innerer Zusammenhang mit einer öffentlichen Tätigkeit. Die Immissionen bestimmen sich daher nach dem Privatrecht. Anders wäre eine Geruchsbelästigung durch eine städtische Kläranlage zu beurteilen.

Achtung! Es genügt somit in einer Fallbearbeitung nicht, schlicht auf das Handeln eines Organs der öffentlichen Hand abzustellen um eine Zuordnung zum öffentlichen Recht zu bejahen. Denn ein solches Organ kann in bestimmten Situationen auch privatrechtlich handeln.

---

[19] Str. A.A. *Maurer*, AT, § 3 RN 30, der die Teilnahme am Straßenverkehr immer privatrechtlich beurteilen will, mit Ausnahme von Fahrten i.S.d. § 35 StVO.

Handelt die Verwaltung **erwerbswirtschaftlich** oder tätigt sie Geschäfte zur Bedarfsdeckung (sog. **fiskalische Hilfsgeschäfte**) im Hinblick auf die laufende Verwaltungstätigkeit (bspw. Kauf von Büromaterial), so tritt die Verwaltung als Privatrechtssubjekt in Erscheinung. Ihr Handeln in diesem Bereich bestimmt sich nach privatem Recht.[20]

Schwierig kann eine Abgrenzung zwischen öffentlichem Recht und Privatrecht in Fällen werden, die **Verträge der Verwaltung** zum Gegenstand haben. Solche Verträge können öffentlich-rechtliche oder privatrechtliche Verträge sein.[21] Die Abgrenzung bestimmt sich hier nach dem *Vertragsgegenstand*. Der Gegenstand des Vertrags ist dann öffentlich-rechtlich, wenn die vertraglich übernommene Verpflichtung oder die vertraglich vollzogene Verfügung öffentlich-rechtlichen Charakter hat.[22] Aus dieser Abgrenzung folgt, dass auch ein Vertrag zwischen zwei Trägern öffentlicher Gewalt privatrechtlich, aber auch ein Vertrag zwischen zwei Privaten öffentlich-rechtlich sein kann, wenn ein entsprechender Vertragsgegenstand gegeben ist.[23] Maßgeblich für die Bestimmung sind allein objektive Kriterien, nicht hingegen der Wille oder die Vorstellungen der Vertragsparteien.[24]

Beispiel: Bauherr Bernhard schließt mit der Gemeinde G einen Vertrag über den künftigen Erlass einer Baugenehmigung. Vertragsgegenstand ist in diesem Fall der Erlass eines Verwaltungsaktes (nämlich der Baugenehmigung). Die übernommene Verpflichtung ist daher öffentlich-rechtlich. Im Ergebnis ist daher ein Vertrag im Bereich des öffentlichen Rechts anzunehmen. Im Gegensatz dazu wäre der Vertragsschluss zwischen zwei Gemeinden über den Verkauf von Büromaterial, im Hinblick auf den privatrechtlichen Vertragsgegenstand, als privatrechtlich zu qualifizieren.

---

[20] *Kopp/Ramsauer*, VwVfG, § 1 RN 16.
[21] Siehe zu den öffentlich-rechtlichen Verträgen unten S. 104 ff. Zur Abgrenzung ausführlich: *Maurer*, AT, § 14 RN 8 ff.
[22] *Maurer*, AT, § 14 RN 11.
[23] *Maurer*, AT, § 14 RN 10.
[24] *Stelkens/Bonk/Sachs*, VwVfG, § 54 RN 75. A.A. *Renck*, JuS 2001, 1001, 1002, der auf den Willen der Verwaltung abstellt. Auf den Willen kommt es jedoch nur dann an, wenn der Behörde ein Wahlrecht zukommt, ob sie in öffentlich-rechtlicher oder privatrechtlicher Form agiert.

Beinhaltet ein Vertrag sowohl öffentlich-rechtliche als auch privat-rechtliche Komponenten (sog. **Mischvertrag**), ist nach überwiegender Ansicht auf den Schwerpunkt der Vereinbarung abzustellen.[25] Die Gegenansicht will demgegenüber die Vertragsbestandteile in einen öffentlich-rechtlichen und einen privatrechtlichen Teil aufspalten.[26]

Eine besonders klausurrelevante Abgrenzungsproblematik birgt die **Benutzung öffentlicher Anstalten oder Einrichtungen.** Die Verwaltung hat in diesem Bereich die Wahl, ob sie sich zur Erfüllung ihrer öffentlichen Aufgaben privatrechtlicher (etwa GmbH, AG usw.) oder öffentlich-rechtlicher (etwa juristische Personen des öffentlichen Rechts) Organisationsformen bedient.

Beispiel: Beabsichtigt eine Gemeinde Leistungen im öffentlichen Personennahverkehr bereitzustellen, kann sie dies selbst (etwa durch einen Eigen- oder Regiebetrieb) tun, aber auch eine privatrechtliche Organisationsform wählen (etwa: „Städtische Nahverkehrsbetriebe GmbH").

Die Wahl einer bestimmten Organisationsform im Rahmen der Leistungsverwaltung sagt allerdings noch nicht notwendigerweise etwas darüber aus, ob ein konkretes Rechtsverhältnisses als öffentlich-rechtlich oder privatrechtlich zu qualifizieren ist. Für die Prüfung im Rahmen dieser Leistungsverwaltung ist vielmehr die sog. **Zwei-Stufen-Theorie** heranzuziehen.[27] Nach jener Theorie sind bei der Beurteilung der Rechtsverhältnisse zwei Stufen zu trennen:

Die **erste Stufe** beschäftigt sich mit der Frage, **ob** die Verwaltung Jemandem die Benutzung einer Anstalt oder Einrichtung gestatten

---

[25] BGHZ 76, 16, 20; *Stelkens/Bonk/Sachs,* VwVfG, § 54 RN 76. Hierfür kann § 17 II GVG ins Feld geführt werden, der gegen eine Aufteilung auf verschiedene Rechtswege spricht.
[26] Siehe dazu *Detterbeck,* AT, § 11 RN 786 m.w.N.
[27] Die Zwei-Stufen-Theorie findet, außer bei der Benutzung öffentlicher Anstalten und Einrichtungen, noch im Subventionswesen Anwendung, wenn es um die Bewilligung von staatlichen Zuschüssen geht. Siehe dazu *Detterbeck,* AT, § 2 RN 49 ff.

muss. Nach der Zwei-Stufen-Theorie ist das Rechtsverhältnis auf der ersten Stufe immer als öffentlich-rechtlich zu qualifizieren.[28]

Beispiel: Harald will das städtische Hallenbad nutzen. Kommt es nun zu einer Streitigkeit, ob dies für ihn möglich ist oder nicht, bestimmt sich gemäß der Zwei-Stufen-Theorie die Beantwortung der Frage immer nach öffentlichem Recht (erste Stufe). Entsprechend wäre für die Streitigkeit auch nicht das Zivilgericht, sondern das Verwaltungsgericht zuständig.

Auf der **zweiten Stufe** ist demgegenüber das Benutzungsverhältnis zu fokussieren, wo es um die Frage geht, **wie** die Verwaltung die Benutzung der Einrichtung oder der Anstalt zu gestatten hat (Dauer, Benutzungsordnung etc.). Die Verwaltung hat hinsichtlich des Benutzungsverhältnisses ein Wahlrecht, ob sie dieses privatrechtlich oder öffentlich-rechtlich ausgestalten will. Daher kann die Abwicklung des Verhältnisses (das „Wie") alternativ öffentlich-rechtlich oder privatrechtlich zu beurteilen sein. Im Rahmen der zweiten Stufe ist daher zu prüfen, für welche der beiden Alternativen sich die Verwaltung entschieden hat. Maßgeblich ist hier der Wille des zuständigen Verwaltungsträgers.[29] Dieser ist durch Auslegung zu ermitteln. Folgende Umstände können hierfür als Kriterium herangezogen werden:[30]

> ➢ Benutzungsordnung: Satzung (ö.-r.) oder allgemeine Geschäftsbedingung (privatrechtl.)

> ➢ Entgelt: Gebühr (ö.-r.) oder privatrechtliches Entgelt (privatrechtl.)

> ➢ Hinweis auf Rechtsmittel gemäß § 58 VwGO (ö.-r.)

> ➢ Beendigung des Rechtsverhältnisses: Beendigung durch Widerruf (§ 49 VwVfG; ö.-r.) oder Kündigung (privatrechtl.)

---

[28] *Kopp/Ramsauer*, VwVfG, § 35 RN 77; *Detterbeck*, AT, § 2 RN 71.
[29] *Maurer*, AT, § 3 RN 36.
[30] Vgl. *Maurer*, AT, § 3 RN 36.

Beispiel: Nachdem Harald (siehe Bsp. zuvor) im Hallenbad angekommen ist und auch anstandslos eingelassen wurde, wird er in der Schwimmhalle vom Bademeister ermahnt, eine Badekappe aufzusetzen. Eine entsprechende Pflicht – so der Bademeister – ergebe sich aus der Benutzungsordnung des Hallenbads. Nachdem Harald sich dieser „faschistischen Forderung" nicht beugen will, droht der Bademeister mit dem Rauswurf aus dem Schwimmbad. Harald setzt schließlich seine Badekappe auf. Da er künftig jedoch weiterhin das Schwimmbad ohne Badekappe besuchen möchte, überlegt er, die Badekappenpflicht gerichtlich anzugreifen. Handelt es sich vorliegend um ein öffentlich-rechtliches oder ein privatrechtliches Rechtsverhältnis?[31]

Die Badekappenpflicht betrifft nicht das „Ob" der Nutzung des Bads sondern das „Wie". Es ist daher die zweite Stufe i.S.d. Zwei-Stufen-Theorie einschlägig. Die Verwaltung hat somit ein Wahlrecht, ob sie das Benutzungsverhältnis privatrechtlich oder öffentlich-rechtlich ausgestaltet. Vorliegend wäre durch Auslegung (nach den oben genannten Kriterien) zu ermitteln, für welche Alternative sie sich entschieden hat.

Achtung! Zu beachten ist, dass die Zwei-Stufen-Theorie allein bei Klagen gegen die die öffentliche Einrichtung tragende Verwaltung Anwendung findet. Will der Bürger gegen eine selbstständige privatrechtlich organisierte Einrichtung Klagen (bspw. Stadtwerke GmbH/AG; Hallenbad GmbH), handelt es sich um eine privatrechtliche Streitigkeit, weswegen eine Klage allein auf dem Privatrechtsweg möglich ist (str.).[32] Der Bürger hat jedoch daneben die Möglichkeit, gegen denjenigen Verwaltungsträger zu klagen, der die juristische Person des Privatrechts beherrscht (bspw. gegen die Gemeinde, die alleiniger Eigentümer der Stadtwerke GmbH ist). Hier findet die Zwei-Stufen-Theorie Anwendung. Geht es um den typischen Fall eines verweigerten Zugangs zur Einrichtung, muss der Bürger gegen die Verwaltung Leistungsklage auf Zugangsverschaffung zu der Einrichtung erheben. Dieser Zugangsverschaffung kann der Verwaltungsträger nachkommen, indem er

---

[31] Dies ist für die Frage des richtigen Rechtsweges (Verwaltungsgericht oder Zivilgericht?) maßgebend. Dazu später, S. 139 ff.
[32] BVerwG, NVwZ 1991, 59; *Hufen,* VwProzR, § 11 RN 34. A.A. *Detterbeck,* AT, § 2 RN 82 m.w.N. (öffentlich-rechtliche Streitigkeit).

auf die ihm (zumindest überwiegend) gehörende rechtlich selbstständige Gesellschaft des Privatrechts Einfluss ausübt (sog. Einwirkungsanspruch).[33] Der Einwirkungsanspruch kann auf dem Verwaltungsrechtsweg geltend gemacht werden.

Ist eine Abgrenzung nach den vorgenannten Abgrenzungsmethoden nicht möglich, besteht eine aus der Stellung als Träger hoheitlicher Gewalt resultierende **Vermutung**, dass die Verwaltung öffentlich-rechtlich handelt. Im Zweifel ist daher von einem öffentlich-rechtlichen Handeln auszugehen.[34]

Achtung! Diese Vermutungswirkung ersetzt selbstverständlich nicht die gewissenhafte Prüfung einer Abgrenzbarkeit zwischen öffentlich-rechtlichem und privatrechtlichem Handeln der Verwaltung. Erst wenn unter Heranziehung aller Abgrenzungsmethoden keine Lösung herausgearbeitet werden kann, ist auf die Vermutung zu verweisen.

Prüfungsschema Abgrenzung Privatrecht/öffentliches Recht
1. Kumulative Anwendung von Interessentheorie, Subordinationstheorie und Sonderrechtstheorie
2. Sachzusammenhang bzw. Zweck des Handelns (Stichwort: Hausverbot)
3. Organisations- und Handlungsform: Erwerbswirtschaftliches Auftreten oder fiskalische Hilfsgeschäfte sind privatrechtlich zu qualifizieren. Im Rahmen der Leistungsverwaltung gilt die Zwei-Stufen-Theorie
4. Bei einem Vertrag: Vertragsgegenstand bzw. Schwerpunkt des Vertrages

---

[33] Eine Verpflichtungsklage kommt in einer solchen Fallkonstellation (öffentliche Einrichtung in privater Trägerschaft) demgegenüber nicht in Betracht, weil der öffentlich-rechtliche Träger – aufgrund der Selbstständigkeit der privat organisierten Einrichtung – nicht einfach die Zulassung durch Verwaltungsakt regeln kann.
[34] OLG Naumburg, NVwZ 2001, 354, 355; *Detterbeck*, AT, § 2 RN 77.

Weiterführende Literatur

📖 **Leisner**, JZ 2006, 869 (Grundlagenwissen)

📖 **Renck**, JuS 2000, 1001 (Grundlagenwissen)

📖 **Erichsen**, Jura 1982, 537 (Grundlagenwissen)

📖 **Skript** Standardfälle Verwaltungsrecht AT, Fall 1

C. Vorrang und Vorbehalt des Gesetzes

Will die Verwaltung handeln, hat sie dies im Rahmen ihrer gesetzlichen Möglichkeiten zu tun. Die Verwaltung ist somit an die gesetzlichen Regelungen gebunden und dabei der Kontrolle der Verwaltungsgerichtsbarkeit unterworfen. Hierbei gelten die beiden aus Art. 20 III GG abgeleiteten Grundsätze des Vorrangs- und des Vorbehalts des Gesetzes.[35]

Der **Grundsatz des Vorrangs des Gesetzes** verlangt, dass die Verwaltung die bestehenden Gesetze befolgt, d.h. (positiv) entsprechend den Gesetzen handelt und (negativ) keine gegen die Gesetze verstoßenden Maßnahmen vornimmt.

Nach dem **Grundsatz des Vorbehalts des Gesetzes** darf die Verwaltung nur dann handeln, wenn sie in einem formellen Gesetz (d.h. in einem vom *Parlament* beschlossenen Gesetz) hierzu ausdrücklich ermächtigt wurde.[36] Dieser Grundsatz gilt in jedem Fall im Rahmen staatlicher Eingriffe in den Rechtsbereich eines Bürgers. Ein Eingriff kann sich zwar direkt auch auf eine Satzung oder Rechtsverordnung stützen, allerdings muss diese wiederum auf einem formellen Gesetz beruhen.

Exkurs: Eingriff des Staates

Eingriffe können sowohl unmittelbarer als auch mittelbarer Natur sein. Ein klassischer unmittelbarer Eingriff ist bspw. eine Unterlassungsverfügung eines Polizeibeamten. Mittelbare Eingriffe sind Belastungen, die die Rechtslage eines Betroffenen nicht unmittel-

---

[35] *Maurer*, AT, § 6 RN 2 ff. Teilweise wird der Grundsatz des Vorbehalts des Gesetzes auch aus dem Demokratieprinzip und/oder den Grundrechten abgeleitet (vgl. *Detterbeck*, AT, § 7 RN 261).

[36] *Wolff/Decker*, VwGO/VwVfG, § 35 VwVfG RN 12; *Detterbeck*, AT, § 7 RN 259.

bar verändern, die jedoch im Hinblick auf das *Ausmaß* oder die *Finalität* (der Staat will die Belastung oder sieht sie als sicher voraus) der Belastung bzw. dem *Betroffensein von Grundrechten* einem klassischen Eingriff gleichstehen.[37]

Beispiele: Die Behörde verbietet den Vertrieb bestimmter gesundheitsgefährdender Produkte (=unmittelbarer Eingriff); Behörde warnt offiziell vor dem Kauf bestimmter gesundheitsgefährdender Produkte (=mittelbarer Eingriff; weil die Warnung dem unmittelbaren Eingriff im Hinblick auf die Eingriffsintensität nahezu gleichsteht).

Beispiel: Bürgermeister B ist ein großer Liebhaber des deutschen Dachshundes („Dackel"). Er beobachtet aus diesem Grunde mit Missfallen, dass sich die Bürger seiner Gemeinde vermehrt andere Hunderassen, insbesondere solche aus dem Ausland, zulegen. Um dieses Missverhältnis auszugleichen, beschließt B eines Tages offiziell, dass Hunde, die nicht der Hunderasse „Dackel" angehören, in seiner Gemeinde eingeschläfert werden müssen. Darf B seinen Beschluss in die Tat umsetzen?

Dies könnte er nur, wenn eine entsprechende *gesetzliche Ermächtigung* für die Vorgehensweise des B existieren würde, da vorliegend ein unmittelbarer Eingriff gegeben wäre. Mangels einer entsprechenden Regelung verstößt das Verhalten des B gegen den Grundsatz des Vorbehalts des Gesetzes und ist somit rechtswidrig. Ferner ist auch ein Verstoß gegen den Grundsatz des Vorrangs des Gesetzes gegeben (vgl. § 17 TierSchG).

Umstritten ist die Anwendbarkeit des Gesetzesvorbehalts im Rahmen der **Leistungsverwaltung**, da die Verwaltung dort regelmäßig nicht die Freiheit des Einzelnen limitiert, sondern begünstigend auftritt. Relevant ist dies vor allem bei der Vergabe von Subventionen. Hier wird vertreten, dass eine materiell gesetzliche Grundlage (d.h. eine solche die zumindest auch Außenwirkung hat) nicht erforderlich ist, sondern auch die Bereitstellung im Rahmen eines Haushaltsplans genügt.[38] Die Gegenansicht verlangt demgegenüber eine gesetzliche Ermächtigung in Form eines Subventionsgesetzes.[39] Nach einer vermittelnden Ansicht bedürfen

---

[37] Siehe dazu *Wolff/Decker,* VwGO/VwVfG, § 35 VwVfG RN 14.
[38] BVerwGE 90, 112, 126.
[39] *Maurer,* AT, § 6 RN 21.

nur Subventionen, die nach Maßgabe der Wesentlichkeitstheorie[40] wesentlich sind, einer solchen gesetzlichen Ermächtigungsgrund-lage.[41] Für die letztgenannte Ansicht spricht insbesondere, dass die Gewährung von Leistungen gleichzeitig auch Belastungen Dritter herbeiführen kann (etwa eines Konkurrenten, der keine Begünstigungen erhält). Aus diesem Grund ist es nötig, in solchen Fällen, in welchen die Subventionsvergabe für Dritte grundrechts-relevant i.S.d. Wesentlichkeitstheorie wird, ein parlamentarisch beschlossenes Subventionsgesetz als Rechtsgrundlage zu ver-langen.

Beispiel: Führt eine Subventionsvergabe an ein Wirtschaftsunternehmen dazu, dass dessen Konkurrenten ihren Beruf nicht mehr ausüben können, etwa weil sie allein aufgrund der Subventionen keine Aufträge mehr be-kommen, müsste nach der letztgenannten Auffassung, aufgrund der Grundrechtsrelevanz (Art. 12 I GG) i.S.d. Wesentlichkeitstheorie, eine parlamentarisch beschlossene Ermächtigungsgrundlage vorhanden sein.

D. Ermessen und unbestimmter Rechtsbegriff

Räumen die Gesetze der Verwaltung Handlungsmöglichkeiten ein, ist danach zu fragen, ob und wie die Verwaltung im Rahmen der gesetzlichen Grundlagen handeln muss. Teilweise sind die gesetz-lichen Vorschriften so ausgestaltet, dass sie unter dem Vorliegen bestimmter Tatbestandsvoraussetzungen eine bestimmte Rechts-folge verlangen (bspw. § 58 I LBO-BW: Baugenehmigung *ist* zu erteilen, *wenn keine öffentlich-rechtlichen Vorschriften entgegen-stehen*). Demgegenüber gibt es jedoch Normen, die der Behörde eine gewisse Entscheidungsfreiheit einräumen. Solche Normen zeichnen sich entweder dadurch aus, dass sie der Behörde ein **Ermessen** zubilligen, ob und wie sie von einer normierten Rechts-folge Gebrauch macht. Oder aber es werden Tatbestandsvoraus-

---

[40] Siehe zur Wesentlichkeitstheorie: *Detterbeck,* AT, § 7 RN 264 ff.; *Maurer,* AT, § 6 RN 12; *Kopp/Ramsauer,* VwVfG, § 40 RN 22.
[41] *Detterbeck,* AT, § 7 RN 287.

24

setzungen verwendet, die der Behörde einen gewissen **Beurteilungsspielraum** belassen (sog. unbestimmte Rechtsbegriffe).

Beispiel: In § 20 I BImSchG *kann* die Behörde den Betrieb einer Anlage unter bestimmten Voraussetzungen untersagen (=Ermessen). Sie *muss* dies jedoch nicht notwendigerweise tun.

Beispiel: Nach § 13 I 1 Nr. 2 PBefG darf eine Genehmigung zur gewerblichen Personenbeförderung nur erteilt werden, wenn keine Tatsachen vorliegen, die die *Unzuverlässigkeit* des Antragstellers begründen (=unbestimmter Rechtsbegriff).

I. Ermessen

Die Einräumung von **Ermessen** bedeutet für die Verwaltung, dass sie nicht notwendigerweise handeln (sog. Entschließungsermessen; „ob") bzw. auf eine bestimmte Weise (sog. Auswahlermessen; „wie") handeln muss. Der Spielraum der Verwaltung bezieht sich hier auf die Rechtsfolgenseite einer Norm,[42] d.h. sind die Tatbestandvoraussetzungen einer Norm erfüllt, steht die hieraus resultierende Rechtsfolge im Ermessen der Behörde. Hierdurch soll der Verwaltung ermöglicht werden, eigenverantwortlich die für den konkreten Fall nötige Einzelfallgerechtigkeit herzustellen.[43]

Beispiel: Konrad möchte Beamter werden. Er erfüllt auch die hierzu erforderlichen Voraussetzungen gemäß § 7 BBG. Hat er auf die Ernennung einen Anspruch? Nach § 7 BBG ist die Ernennung für die Verwaltung nicht obligatorisch. Vielmehr *darf* eine Person in das Beamtenverhältnis berufen werden, wenn sie die entsprechenden Voraussetzungen erfüllt. Die Ernennung (=Rechtsfolge) steht daher im Ermessen der Behörde. Konrad hat somit keinen Anspruch auf die Ernennung; allerdings hat er einen Anspruch auf ermessensfehlerfreie Entscheidung der Behörde (dazu gleich).

---

[42] *Peine,* AT, § 4 RN 203.
[43] *Peine,* AT, § 4 RN 206.

Ob eine Vorschrift der Behörde ein Ermessen einräumt oder nicht, ergibt sich aus der Formulierung des Gesetzestextes. Formulierungen wie „kann", „darf", „ist berechtigt", „im Ermessen" „soweit erforderlich" oder „soweit angemessen" räumen ein entsprechendes Ermessen ein, während Formulierungen wie „muss", „darf nicht" oder „hat zu erteilen" eine Ermessensnorm ausschließen.[44]

Anmerkung: Eine besondere Art der Ermessensnorm stellt die „**Soll-Vorschrift**" dar (bspw. § 12 IV WPflG). Diese bildet gleichsam eine Zwischenstufe zwischen der klassischen Ermessensnorm („kann") und der bindenden Norm. Die Behörde hat sich hier unter normalen Umständen nach der angeordneten Rechtsfolge zu richten. Ein Ermessen steht der Behörde nur zu, wenn ein Sonderfall gegeben ist.[45]

Nach dem BVerwG gibt es neben den „Soll-Vorschriften" noch andere Vorschriften, aus deren Zusammenhang herausgelesen werden kann, dass eine bestimmte Rechtsfolge bei Anwendung der Norm vom Gesetzgeber im Normalfall beabsichtigt ist (sog. „**intendiertes Ermessen**").[46] In der Konsequenz will es das BVerwG bei solcherart von Vorschriften zulassen, dass die Behörde ohne das Anstellen von Ermessenserwägungen und ohne eine Begründung ihrer Entscheidung der gesetzlichen Intention folgt. Etwas anderes soll allein dann gelten, wenn besondere Umstände vorliegen, die ein Abweichen vom Normalfall rechtfertigen würden. Dieser Rechtsfigur des „intendierten Ermessens" wird in der Literatur zu Recht mit Skepsis begegnet.[47] Problematisch ist hierbei schon, eine Regelung zu finden, die entsprechend ihrem Gesamtzusammenhang ein „intendiertes

---

[44] Vgl. *Wolff/Decker,* VwGO/VwVfG, § 114 VwGO RN 6; *Kopp/Ramsauer,* VwVfG, § 40 RN 41.
[45] *Wolff/Decker,* VwGO/VwVfG, § 114 VwGO RN 13. Vgl. auch das Beispiel bei *Maurer,* AT, § 7 RN 11.
[46] BVerwGE 91, 82, 90; 105, 55, 57 f.
[47] Vgl. *Detterbeck,* AT, § 8 RN 323; *Peine,* AT, § 4 RN 213.

Ermessen" aufweist.[48] Kritisch ist zudem anzumerken, dass der Gesetzgeber, will er im Regelfall eine bestimmte Entscheidung einer Behörde erzielen, auch den eindeutigeren Weg über eine „Soll-Vorschrift" beschreiten könnte. Die Rechtsfigur wird daher teilweise auch ganz abgelehnt.[49]

Wird der Verwaltung ein Auswahl- oder Entschließungsermessen eingeräumt, ist diese in ihrer Entscheidung allerdings nicht frei. Stattdessen ist eine Ermessensentscheidung nach § 40 VwVfG nur innerhalb der gesetzlichen Grenzen des Ermessens und entsprechend dem Zweck der Ermächtigung nach zu treffen. Die Verwaltung hat daher bei der Ausübung ihres Ermessens gewisse Schranken zu beachten. Beachtet sie diese nicht, übt sie ihr Ermessen fehlerhaft aus (sog. **Ermessensfehler**). Im Folgenden werden die möglichen Ermessensfehler im Einzelnen dargestellt.

Anmerkung: Allein die Fehlerlosigkeit der Ermessensausübung unterliegt der Kontrolle der Verwaltungsgerichtsbarkeit (vgl. § 114 S. 1 VwGO).[50] Handelt eine Behörde ermessensfehlerhaft, ist die entsprechende Handlung rechtswidrig. In der Fallbearbeitung wird der Bearbeiter regelmäßig die Rechtmäßigkeit einer Handlung und damit im Fall einer Ermessensentscheidung die Fehlerlosigkeit einer Ermessensausübung zu prüfen haben. Entsprechend ist die Handlung im Fall von eingeräumtem Ermessen auf die nachfolgenden Fehler zu prüfen.[51] Zu beachten ist jedoch, dass eine Kontrolle auf Ermessensfehler erst erfolgen kann, wenn die Tatbestandsvoraussetzungen der Norm positiv geprüft wurden, da diese bei ihrem Vorliegen ein entsprechendes Ermessen überhaupt erst eröffnen.[52]

---

[48] Als Beispiel kann hier § 135 V 1 BauGB herangezogen werden. Nach dieser Norm muss im Regelfall der Erschließungsbeitrag erhoben werden. Siehe zu weiteren Beispielen *Kopp/Ramsauer,* VwVfG, § 40 RN 46.

[49] So bspw. *Maurer,* AT, § 7 RN 12 und *Peine,* AT, § 4 RN 213, mit vorstehender Begründung. Ferner *Volkmann,* DÖV 1996, 282, 288.

[50] Siehe *Wolff/Decker,* VwGO/VwVfG, § 114 VwGO RN 1.

[51] Eine gerichtliche Überprüfung findet jedoch nicht im Hinblick auf die Zweckmäßigkeit der Ermessensausübung statt. D.h. das Gericht hat das ausgeübte Ermessen der Behörde zu akzeptieren, soweit keine Ermessensfehler festgestellt werden können.

[52] *Peine,* AT, § 4 RN 215.

➤ Im Fall des **Ermessensnichtgebrauchs** (Ermessensausfall) übt die Behörde ihr Ermessen überhaupt nicht aus. Räumt das Gesetz der Behörde jedoch ein Ermessen ein, ist diese verpflichtet, von dem Ermessen Gebrauch zu machen,[53] d.h. sie *muss* Ermessenserwägungen anstellen.

Beispiele: Die Behörde übersieht, dass ihr ein Ermessen eingeräumt wurde; Behörde nimmt irrig eine Gebundenheit ihrer Entscheidung an.

➤ Die **Ermessensüberschreitung** kennzeichnet sich dadurch, dass die Behörde sich nicht im Rahmen der gesetzlichen Ermächtigung hält, d.h. eine Rechtsfolge wählt, die das Gesetz so nicht vorsieht.[54]

Beispiel: Die Behörde erteilt eine Genehmigung für zehn Jahre, obwohl der Gesetzeswortlaut ausdrücklich festhält, dass „eine Genehmigung für einen Zeitraum von bis zu fünf Jahren erteilt werden kann".

Beispiel: Eine Maßnahme einer Behörde belastet den Betroffenen in unverhältnismäßigem Maße. Die Behörde ist bei der Ausübung ihres Ermessens an den allgemeinen Grundsatz der Verhältnismäßigkeit gebunden, nach welchem die Maßnahme zu wählen ist, die den Betroffenen am wenigsten belastet. Beachtet die Behörde diesen Grundsatz nicht, liegt eine Ermessensüberschreitung vor.[55]

Eine Ermessensüberschreitung kann auch dann vorliegen, wenn die Verwaltung sich für eine Handlungsalternative entscheidet, obwohl das Ermessen der Verwaltung zu Gunsten einer anderen Handlungsalternative auf Null reduziert ist („**Ermessensreduzierung auf Null**"). Dies ist der Fall, wenn Grundrechte des Einzelnen durch die

---

[53] Vgl. *Maurer,* AT, § 7 RN 21.
[54] Vgl. *Kopp/Ramsauer,* VwVfG, § 40 RN 64; *Peine,* AT, § 4 RN 217.
[55] Siehe dazu ausführlich: *Treder/Rohr,* Prüfungsschemata Verwaltungsrecht, RN 172 ff.; *Kopp/Ramsauer,* VwVfG, § 40 RN 65; *Wolff/Decker,* VwGO/VwVfG, § 114 VwGO RN 27.

Maßnahme betroffen werden.[56] Die Grundrechtsbetroffen-
heit kann dazu führen, dass letztlich nur noch *eine*
Entscheidungsalternative der Verwaltung als rechtmäßig
anzusehen ist.

Beispiel: Polizist P beobachtet eine Mutter, die ihr Baby in einem
Fluss ertränken will. In dieser Konstellation ist das nach der polizeilichen Generalklausel eröffnete Entschließungsermessen des P,
im Hinblick auf das gefährdete Rechtsgut des Babys aus Art. 2 II 1
GG, auf Null reduziert. P muss daher eingreifen. Ihm bleibt lediglich
ein Auswahlermessen im Hinblick auf die Art und Weise des Eingriffs (bspw. Baby der Frau entreißen; Aufforderung das Ertränken
zu unterlassen etc.).

Anmerkung: Ein häufig einschlägiges Grundrecht in diesem Bereich
stellt Art. 3 I GG dar. Hat sich die Verwaltung einmal zu einer
bestimmten Praxis bei der Handhabung eines Ermessensbegriffs
entschlossen, reduziert Art. 3 I GG die Ausübung ihres Ermessens für
künftige Fälle auf Null (sog. **Selbstbindung der Verwaltung**), da
andernfalls eine Ungleichbehandlung zwischen den betroffenen
Personen gegeben wäre. Eine Abweichung der Verwaltung von ihrer
ständig geübten Praxis kommt allein dann in Betracht, wenn ein
atypischer Ausnahmefall vorliegt oder die Verwaltung die *Ausübung*
ihres Ermessens künftig nachhaltig ändern will.[57]

➢ Die Fallgruppe des **Ermessensfehlgebrauchs** lässt sich
unterteilen in die Zweckverfehlung, das Abwägungsdefizit
und den Ermessensmissbrauch.[58] Eine *Zweckverfehlung* ist
gegeben, wenn der Zweck des eingeräumten Ermessens
nicht hinreichend beachtet wurde. Ein *Abwägungsdefizit* ist
zu bejahen, wenn nicht alle abwägungsrelevanten Belange
bei der Abwägung berücksichtigt wurden, die nach Lage der
Dinge und nach Maßgabe der gesetzlichen Vorgaben zu

---

[56] *Maurer*, AT, § 7 RN 25; *Peine*, AT, § 4 RN 224. Ferner können auch sonstige
Verfassungssätze eine Ermessensreduzierung bewirken.
[57] *Kopp/Ramsauer*, VwVfG, § 40 RN 31.
[58] *Detterbeck*, AT, § 8 RN 330 ff.

berücksichtigen waren.[59] Im Fall des *Ermessensmiss-brauchs* stellt die Behörde in die Abwägung sachfremde Belange ein bzw. berücksichtigt zwar alle relevanten Belange, bewertet diese jedoch unzutreffend.

Beispiel: Der zu einem Verkehrsunfall hinzu gerufene Polizist P bemerkt beim Eintreffen am Unfallort sofort, dass die unfall-beteiligten Fahrzeuge in einer Art und Weise auf der Fahrbahn stehen, die eine große Unfallgefahr für die anderen Verkehrs-teilnehmer birgt. In diesem Fall kommt P ein durch die polizeiliche Generalklausel (vgl. §§ 1 I, 3 MEPolG[60]) eingeräumtes Ermessen im Hinblick auf die Beseitigung der Gefahrensituation zu. P entschließt sich aus erzieherischen Gründen, die Fahrzeuge noch ein wenig länger auf der Fahrbahn stehen zu lassen, damit die anderen Verkehrsteilnehmer sehen, wie leicht ein Unfall passieren kann. Zweck des Polizeirechts ist die Gefahrenabwehr. Der Ent-schluss des P, aus erzieherischen Gründen mit der Räumung der Fahrbahn zu warten, läuft daher dem Zweck des eingeräumten Ermessens zuwider. Das Ermessen wurde daher fehlerhaft ausgeübt (=Zweckverfehlung).

Beispiel: Eine Behörde berücksichtigt bei der Erteilung eines Dis-penses vom Bebauungsplan nach § 31 II BauGB bestimmte nach-barliche Interessen bei der Abwägung gar nicht (=Abwägungs-defizit).

Beispiel: Eine Behörde lädt einen Verkehrssünder nach § 48 StVO deswegen zum Verkehrsunterricht vor, weil der Kurs noch nicht ausgelastet ist (=Ermessensmissbrauch).[61]

Anmerkung: Wird eine Ermessensentscheidung einer Behörde geprüft, ist zu beachten, dass die Behörde nach **§ 114 S. 2 VwGO** die Möglichkeit hat, ihre Ermessenserwägungen auch noch im ver-waltungsgerichtlichen Verfahren zu ergänzen. Die Behörde kann somit eine unzureichende Ermessensausübung auch noch nach

---

[59] *Detterbeck,* AT, § 8 RN 332.
[60] Der MEPolG (Musterentwurf eines einheitlichen Polizeigesetzes) findet sich bspw. abgedruckt bei *Schenke,* PolizeiR, Anhang.
[61] Beispiel nach *Detterbeck,* AT, § 8 RN 333.

Klageerhebung **heilen**. Ergänzt sie ihre Erwägungen nach § 114 S. 2 VwGO und wird die Ermessensbetätigung hierdurch rechtmäßig, ist eine Klage, die auf Ermessensfehler gestützt war, abzuweisen.[62] Demgegenüber ist jedoch nur eine Ergänzung der Behördenentscheidung möglich, *nicht* jedoch eine *vollständige Nachholung* der Ermessensbetätigung.[63] Wird die Klage allein aufgrund der erfolgten Nachholung abgewiesen, muss der Kläger im Übrigen nicht die Prozesskosten tragen.

II. Unbestimmter Rechtsbegriff

Einen Beurteilungsspielraum der Verwaltung *kann* auch der **unbestimmte Rechtsbegriff** beinhalten. Im Gegensatz zum „Ermessen" bezieht sich der unbestimmte Rechtsbegriff jedoch nicht auf die Rechtsfolgenseite, sondern auf die Tatbestandsseite einer Norm.[64] Der unbestimmte Rechtsbegriff ist durch eine besonders weite Formulierung geprägt. Exemplarisch für unbestimmte Rechtsbegriffe im öffentlichen Recht sind Formulierungen wie „Gemeinwohl", „öffentliches Interesse", „wichtiger Grund", „zuverlässig", „angemessen" oder „zumutbar".[65]

Beispiele: § 4 I Nr. 1 GastG („Zuverlässigkeit"); § 13 I 1 Nr. 2 PBefG („Unzuverlässigkeit") oder § 13 II 1 Nr. 3 PBefG („öffentliche Verkehrsinteressen").

Die Auslegung der unbestimmten Rechtsbegriffe unterliegt regelmäßig der verwaltungsgerichtlichen Kontrolle.[66] Problematisch ist hierbei, ob der Verwaltung im Hinblick auf einige Normen dennoch ein der gerichtlichen Kontrolle entzogener Beurteilungsspielraum zukommt.

---

[62] BVerwGE 106, 351.
[63] BVerwGE 107, 164, 169. Siehe auch *Kluckert*, DVBl. 2013, 355; *Wolff/Decker,* VwGO/VwVfG, § 114 VwGO RN 57.
[64] *Wolff/Decker,* VwGO/VwVfG, § 114 VwGO RN 65.
[65] Siehe auch *Peine*, AT, § 4 RN 225.
[66] Das Gericht stellt sonach für ein unbestimmtes Tatbestandsmerkmal *die* richtige Auslegung fest (siehe Art. 19 IV GG). Vgl. *Wolff/Decker,* VwGO/VwVfG, § 114 VwGO RN 60.

> **Anmerkung:** Taucht ein unbestimmter Rechtsbegriff in der Fallbearbeitung auf und sind die Erfolgsaussichten einer Klage zu prüfen, hat sich der Bearbeiter also regelmäßig mit der Frage auseinanderzusetzen, inwieweit überhaupt gerichtlich überprüft werden kann, ob der unbestimmte Rechtsbegriff durch die Behörde richtig ausgelegt wurde. Als grob verfehlt ist es indes anzusehen, wenn der Bearbeiter allein aufgrund des Vorhandenseins eines unbestimmten Rechtsbegriffs auf einen entsprechenden Einschätzungsspielraum der Behörde schließt. Ein solcher Einschätzungsspielraum ist eher die Ausnahme und in der Fallbearbeitung zu begründen.[67]

In der Fallbearbeitung ist daher zu ermitteln, ob der Behörde bei einem unbestimmten Rechtsbegriff ein unüberprüfbarer Entscheidungsspielraum zukommt, der die Beurteilung einer bestimmten Konstellation zur Letztentscheidung der Verwaltung zuweist. Ob dies der Fall ist, ist anhand einer Auslegung der einschlägigen Norm festzustellen.[68] Anhaltspunkte dafür, dass der Gesetzgeber einen Beurteilungsspielraum gewähren wollte, sind darin zu sehen, dass Amtsträger für die Beurteilung mit einer besonderen Qualifikation betraut wurden bzw. dass eine besonders pluralistische Zusammensetzung eines mit einer Entscheidung betrauten Gremiums gegeben ist. Ferner, dass die entscheidungserhebliche Situation nicht wiederholt werden kann.[69]

Folgende Beurteilungen entziehen sich daher der gerichtlichen Kontrolle:

> ➢ Prüfungsentscheidungen und prüfungsähnliche Entscheidungen (Grund: besondere Qualifikation der Prüfer; keine Wiederholbarkeit der Prüfungssituation; u.U. Zusammensetzung des Prüfungsgremiums).[70]

---

[67] So auch explizit *Detterbeck,* AT, § 8 RN 361.

[68] *Kopp/Ramsauer,* VwVfG, § 40 RN 72; *Detterbeck,* AT, § 8 RN 357. Teilweise wird überdies vertreten, dass im Hinblick auf Art. 19 IV GG ein unüberprüfbarer Beurteilungsspielraum der Verwaltung gänzlich abzulehnen ist. Siehe dazu *Maurer,* AT, § 7 RN 34 m.w.N.

[69] Vgl. *Kopp/Ramsauer,* VwVfG, § 40 RN 72a; *Wolff/Decker,* VwGO/VwVfG, § 114 VwGO RN 74.

[70] Siehe dazu *Peine,* AT, § 4 RN 231.

Beispiele: Staatsexamen; Versetzungsentscheidung in der Schule.

➢ Beamtenrechtliche Leistungsbeurteilungen (Grund: besondere Beurteilungsfähigkeit des Vorgesetzten; u.U. Zusammensetzung des Gremiums).[71]

Beispiele: Entscheidung über den Aufstieg in eine höhere Besoldungsgruppe; Wehrdienstfähigkeit einer Person.

➢ Wertende Entscheidungen der Behörden, insbesondere durch weisungsfreie Gremien, die aufgrund besonderer Kriterien zusammengesetzt sind (Grund: pluralistische Zusammensetzung des Gremiums - etwa mit Sachverständigen und Interessenvertretern -, dessen pluralistische Bewertung ein Gericht nicht ersetzen kann).[72]

Beispiele: Entscheidungen der Bundesprüfstelle hinsichtlich der Indizierung jugendgefährdender Schriften (§ 18 JuSchG); Beurteilung von Wein durch eine Weinprüfungskommission.

➢ Prognose- und Risikoentscheidungen (Grund: Prognose- bzw. Risikosituation ist im Nachhinein nicht rekonstruierbar).[73]

Beispiel: Festsetzung des Abschussplans durch die Jagdbehörde (§ 21 BJagdG).

Achtung! Die Entscheidungen sind nur *soweit* nicht gerichtlich überprüfbar, wie ein Einschätzungsspielraum durch die oben genannten Anhaltspunkte **sachlich gerechtfertigt ist**. So wird bspw. die Bewertung einer Prüfungsleistung im Rahmen des Staatsexamens insoweit gerichtlich überprüfbar sein, wie sie sachfremde Erwägungen beinhaltet und nicht prüfungsspezifisch ist (Bsp.: Prüfer gibt dem Prüfling eine schlechtere Note, weil er der Ansicht ist, dass man mit einer Körpergröße unter 1,80 m keine guten Noten erzielen kann).

---

[71] Siehe dazu *Wolff/Decker*, VwGO/VwVfG, § 114 VwGO RN 78.
[72] Dazu *Detterbeck*, AT, § 8 RN 372 ff.
[73] Dazu *Wolff/Decker*, VwGO/VwVfG, § 114 VwGO RN 81 ff.

Ferner sind auch Willkür, ein fehlerhaft zu Grunde gelegter Sachverhalt oder der Verstoß gegen einschlägige Verfahrensvorschriften der gerichtlichen Kontrolle unterworfen, weil es hier nicht um eine Bewertung geht, die in der besonderen prüfungsspezifischen Situation ihre Grundlage hat.[74]

Zu beachten ist, dass es Normen gibt, die auf der Tatbestandsseite einen unbestimmten Rechtsbegriff enthalten *und* auf der Rechtsfolgenseite einen Ermessensspielraum eröffnen (sog. **Koppelungsvorschriften** oder **Mischtatbestände**).

Beispiel: § 7 III BBG: „kann" und „dienstliches Bedürfnis".

Diese Mischtatbestände verhalten sich grundsätzlich nach den oben beschriebenen Regeln,[75] wonach zunächst zu prüfen wäre ob der Tatbestand (und damit der unbestimmte Rechtsbegriff) gegeben ist und anschließend, ob die hierdurch eröffnete Ermessensbetätigung als rechtmäßig anzusehen ist.

Es gibt jedoch auch Normen, in welchen bereits im Rahmen der Prüfung des unbestimmten Rechtsbegriffs alle für die Ermessensentscheidung relevanten Gesichtspunkte geprüft werden. Hier sind Beurteilungsspielraum und Ermessen zu einem einheitlichen Entscheidungsspielraum zusammenzufassen.[76] Ist der unbestimmte Rechtsbegriff zu bejahen, wird die Ermessensentscheidung gleichsam vorweg genommen. Ein weiteres Ermessen ist hier nicht eröffnet. Die Behörde hat daher (trotz der „Kann-Vorschrift") die entsprechende Rechtsfolge auszusprechen (sog. **„Ermessensschwund"**).[77]

Beispiel:[78] Gemäß § 35 II BauGB *können* bestimmte Vorhaben zur Bebauung im Außenbereich zugelassen werden, wenn *öffentliche Belange* nicht beeinträchtigt werden. Der unbestimmte Rechtsbegriff („öffentliche

---

[74] Siehe dazu auch *Peine,* AT, § 4 RN 231.
[75] *Detterbeck,* AT, § 8 RN 381 f.; *Maurer,* AT, § 7 RN 48.
[76] *Detterbeck,* AT § 8 RN 384.
[77] *Maurer,* AT, § 7 RN 49.
[78] Zu diesem Beispiel: BVerwGE 18, 247, 250 f.

Belange") beinhaltet hier sämtliche Erwägungen, die die Behörde im Rahmen ihrer Ermessensentscheidung nach § 35 II BauGB zu berücksichtigen hat. Stehen nach der Prüfung der „öffentlichen Belange" einer Bebauung keine Einwände entgegen, ist daher ein Ermessensschwund gegeben. Das Bauvorhaben *muss* im Ergebnis zugelassen werden.

Weiterführende Literatur

📖 **Voßkuhle**, JuS 2008, 117 (Grundlagenwissen)

📖 **Beaucamp**, JA 2006, 74 (Grundlagenwissen)

📖 **Schoch**, Jura 2004, 462 und 612 (Grundlagenwissen)

📖 **Skript** Verwaltungsrecht BT 1, S. 68 (Ermessen im Polizeirecht)

📖 **Skript** Standardfälle Verwaltungsrecht AT, Fall 4

E.   Verwaltungsakt

Die Verwaltung kann durch unterschiedlichste Handlungsformen handeln. Einen numerus clausus der Handlungsformen gibt es nicht.[79] Die wichtigste Form des **Verwaltungshandelns** – und damit auch die für die Fallbearbeitung relevanteste – stellt der Verwaltungsakt dar.

Die Frage, ob ein Verwaltungsakt vorliegt oder nicht, hat erhebliche Konsequenzen für die Fallbearbeitung: Hiervon kann insbesondere abhängen, ob eine Anfechtungs- oder eine Verpflichtungsklage statthaft ist. Außerdem werden an den Verwaltungsakt, im Vergleich zu anderen Formen des Verwaltungshandelns (bspw. Rechtsverordnung, Verwaltungsvertrag), andere Rechtmäßigkeitsanforderungen gestellt.

Verwaltungsakte können die unterschiedlichsten Inhalte aufweisen. Im Folgenden wird eine kurze Übersicht über die relevantesten Klassifizierungen von Verwaltungsakten gegeben:[80]

> ➢   Nach ihrem materiellem Inhalt zu unterscheiden sind **befehlender** (bspw. Unterlassungsverfügung), **gestaltender**

---

[79] *Detterbeck,* AT, Kapitel 2 RN 419; *Peine,* AT, § 6 RN 308.
[80] Siehe dazu auch *Maurer,* AT, § 9 RN 44 ff.; *Treder/Rohr,* Prüfungsschemata Verwaltungsrecht, RN 60 ff., mit weiteren Kategorisierungen.

(begründet, ändert oder hebt unmittelbar ein Rechts-verhältnis auf; bspw. Fahrerlaubniserteilung) oder **fest-stellender Verwaltungsakt** (stellt Rechtslage verbindlich fest; bspw. Anerkennung als Kriegdienstverweigerer).

➤ Nach ihrer Wirkung zu unterscheiden sind **begünstigende** (bspw. Baugenehmigung) und **belastende Verwaltungs-akte** (bspw. Ablehnung einer Baugenehmigung) bzw. solche mit belastender *und* begünstigender Wirkung **gleichzeitig** (bspw. Beamtenernennung).

➤ Ferner kann man **Vollakt, Vorbescheid** und **Teilgenehmi-gung** unterscheiden.[81]

I.   Begriff des Verwaltungsakts, § 35 VwVfG

§ 35 VwVfG (Legaldefinition) fordert für das Vorliegen eines Verwaltungsaktes fünf Voraussetzungen, die objektiv gegeben sein müssen.

1. Hoheitlich

Es muss sich zunächst um eine **hoheitliche Maßnahme** handeln. Dies ist dann zu bejahen, wenn die Maßnahme dem öffentlichen Recht zuzurechnen ist.[82] Darüber hinaus wird teilweise verlangt, dass die Maßnahme auch einseitig von der Behörde erlassen werden muss.[83] Der Bürger darf daher keinen rechtlichen Einfluss auf den Inhalt der Maßnahme haben.

---

[81] Siehe zu den Begriffen „Vorbescheid" und „Teilgenehmigung" unten S. 101 f.

[82] *Maurer,* AT, § 9 RN 11. Insofern deckt sich das Merkmal mit der Formulierung „auf dem Gebiet des öffentlichen Rechts" in § 35 VwVfG. Aus § 1 VwVfG folgt, dass mit „öffentlichem Recht" das Verwaltungsrecht gemeint ist. Für die Frage, wann eine Maßnahme auf dem Gebiet des öffentlichen Rechts erfolgt, müssen die **Abgrenzungstheorien** zwischen privatem und öffentlich-rechtlichem Handeln bemüht werden. Siehe dazu oben S. 11 ff.

[83] *Stelkens/Bonk/Sachs,* VwVfG, § 35 RN 104. Die Einseitigkeit ist in jedem Fall ein Merkmal des Verwaltungsaktes. Allein die Begründungen zu diesem Merkmal variieren. *Maurer* begründet bspw. das Erfordernis einer Einseitigkeit des Verwal-tungsaktes mit der Gesetzesformulierung „durch eine Behörde" (vgl. *Maurer,* AT,

> **Achtung!** Die Einseitigkeit einer Maßnahme darf im Hinblick auf die sog. **„mitwirkungsbedürftigen Verwaltungsakte"** nicht leichtfertig verneint werden. Hierbei handelt es sich um Verwaltungsakte, die nur mit Zustimmung des Betroffenen zustande kommen können (bspw. Genehmigungen, die eines Antrags bedürfen). Entscheidend ist hier, ob der Mitwirkende auch auf die inhaltliche Ausgestaltung rechtlich Einfluss genommen hat (i.S. eines Aushandelns) oder ob die Behörde vollumfänglich in letzter Instanz über den Inhalt entschieden hat. Die Bewertung ist letztlich vom jeweiligen Sachverhalt abhängig und in der Fallbearbeitung durch eine sorgfältige Interpretation des gebotenen Faktenmaterials vorzunehmen.

Das Merkmal „hoheitlich" dient letztlich dem Zweck, den Verwaltungsakt von privatrechtlichem Handeln der Verwaltung bzw. dem Verwaltungsvertrag abzugrenzen.

Beispiel: Eine Gemeinde kündigt einem Angestellten den Arbeitsvertrag. Hier liegt privatrechtliches Handeln vor, da sich die Kündigung nach dem BGB richtet. Folglich ist keine hoheitliche Maßnahme gegeben.

2. Behörde

Eine **Behörde** ist „jede Stelle, die Aufgaben der öffentlichen Verwaltung wahrnimmt" (§ 1 IV VwVfG). Das Merkmal stellt somit auf die Funktion des Handelnden ab. Neben organisatorisch in die Verwaltung eingegliederten Stellen sind daher auch Beliehene, Verwaltungshelfer und sonstige staatliche Organe als Behörden zu qualifizieren, wenn sie Verwaltungsaufgaben wahrnehmen.[84] Die betreffende Stelle muss jedoch mit Hoheitsrechten ausgestattet sein. Es genügt nicht, dass sie lediglich im öffentlichen Interesse handelt.[85] Behörden sind niemals die Verwaltungsträger selbst

---

§ 9 RN 6). Andere sehen dieses Erfordernis in dem Merkmal „Regelung" begründet. Vgl. auch *Wolff/Decker*, VwGO/VwVfG, § 35 VwVfG RN 28.
[84] *Kahl*, Jura 2001, 505, 507.
[85] Siehe *Kopp/Ramsauer*, VwVfG, § 35 RN 68.

(bspw. die Gemeinde, der Landkreis), sondern deren Organe (bspw. Bürgermeister, Gemeinderat, Landrat).

Beispiel: Der Bundestagpräsident erteilt einem renitenten Störer im Bundestagsgebäude Hausverbot. Obwohl der Bundestagpräsident ein verfassungsrechtliches Organ ist, nimmt er in dieser Situation funktionell Verwaltungsaufgaben wahr. Er ist daher hier als Behörde zu qualifizieren.[86]

Beispiel: Bürgermeister B verteilt in seiner Freizeit Flugblätter mit privatem Inhalt. Hier nimmt der Bürgermeister funktionell keine Aufgaben der öffentlichen Verwaltung wahr. Zwar ist er in seiner Funktion als Bürgermeister eine Behörde, allerdings reicht diese Funktion nur soweit er auch tatsächlich Verwaltungsaufgaben wahrnimmt.

Exkurs: Beliehene und Verwaltungshelfer

Beliehene sind Private, denen durch oder aufgrund eines Gesetzes Hoheitsrechte übertragen wurden (bspw. TÜV oder Schornsteinfeger).[87] Beliehene führen öffentliche Aufgaben *selbstständig in eigenem Namen* durch.

Verwaltungshelfer sind Private, die öffentliche Aufgaben im Auftrag und nach Weisung eines Verwaltungsträgers wahrnehmen. Im Gegensatz[88] zu den Beliehenen handeln sie dabei *unselbstständig* und *im Namen der Verwaltung* (bspw. Schülerlotsen; mittlerweile auch Abschleppunternehmer[89]).

---

3. Regelung

Ein Verwaltungsakt muss **Regelungscharakter** haben, d.h. eine Willenserklärung enthalten, die auf die *Setzung einer Rechtsfolge* gerichtet ist.[90] Daran fehlt es bei einem rein tatsächlichen Verwaltungshandeln (sog. Realakte). Hierzu zählen Handlungen

---

[86] Siehe zu diesem Beispiel auch VG Berlin, NJW 2002, 1063; *Kopp/Ramsauer,* VwVfG, § 35 RN 69.
[87] *Wolff,* JA 2006, 749, 750.
[88] Zur Abgrenzung: *Burgi,* JuS 1997, 1106, 1107.
[89] Vgl. *Kopp/Ramsauer,* VwVfG, § 1 RN 64.
[90] Vgl. *Wolff/Decker,* VwGO/VwVfG, § 35 VwVfG RN 31 f.

und Erklärungen, die gerade keine unmittelbaren Rechtsfolgen herbeiführen sollen.

Beispiel: Ein Polizist gibt dem hilfesuchenden Passanten eine Auskunft.

Beispiel: Eine Behörde weist den Bürger B, der fortwährend seinen Hund auf öffentlichen Wegen sein „Geschäft" verrichten lässt, auf die bestehende Rechtslage hin, nach welcher ein solches Verhalten verboten ist. Hier will die Behörde keine unmittelbare Rechtsfolge herbeiführen, sondern sie belehrt den Bürger lediglich. Anders wäre der Fall zu beurteilen, wenn die Behörde dem B gegenüber feststellen will, dass dieser gegen die bestehenden Regelungen verstoßen hat. Die Herbeiführung einer Rechtsfolge wäre hier in der verbindlichen Feststellung dieses Verstoßes zu sehen.[91]

> **Achtung!** Zu beachten ist jedoch, dass ein tatsächliches Verhalten einer Behörde u.U. einen **konkludenten Verwaltungsakt** beinhalten kann. Hier ist wiederum der Sachverhalt richtig zu interpretieren. Entscheidend ist, ob der Handlung ihrem objektiven Sinngehalt nach ein Regelungswille entnommen werden kann.[92]

Beispiel: Ein Polizist durchsucht einen Verdächtigen. Neben dem Realakt der Durchsuchung enthält die Maßnahme nach überwiegender Ansicht noch einen konkludenten Verwaltungsakt dergestalt, dass der zu Untersuchende verpflichtet wird, die Untersuchung auch zu Dulden (sog. konkludente Duldungsverfügung).[93]

Am Regelungscharakter einer Maßnahme fehlt es auch bei **vorbereitenden Maßnahmen und Teilakten.** Diese stellen keine abschließende Regelung dar, sondern zielen als Vorstufe darauf ab, dass eine solche noch erlassen wird (sog. unselbstständige Verfahrenshandlungen, § 44a VwGO).

Beispiele: Anhörungsschreiben; Ladung zur mündlichen Prüfung.

---

[91] Siehe zur Abgrenzung zwischen bloßen Hinweisen und feststellenden Verwaltungsakten ausführlich: *Kahl,* Jura 2001, 505, 510.
[92] Siehe zur Abgrenzung zwischen Verwaltungsakt und Realakt auch unten S. 124.
[93] Siehe dazu *Kopp/Ramsauer,* VwVfG, § 35 RN 115 m.w.N.

Beispiel: Leopold (L) hat seine schulischen Verpflichtungen im Fach „Deutsch" im letzten Schuljahr etwas schleifen lassen. Im Zeugnis wurde er sodann in diesem Fach mit der Note „mangelhaft" bewertet. L möchte nun gegen diese „offensichtliche Willkür" vorgehen. Kann die Note im Wege der Anfechtungsklage angegangen werden?

Die Beantwortung der Frage hängt davon ab, ob die Klassenarbeit einen Verwaltungsakt darstellt, da nur dann die Anfechtungsklage statthaft wäre (§ 42 I VwGO). Die einzelne Zeugnisnote müsste somit der Legaldefinition nach § 35 VwVfG genügen. Fraglich ist allerdings, ob die Note Regelungscharakter aufweist. Dies ist mit der überwiegenden Ansicht zu *verneinen.* Die Einzelnote stellt lediglich einen Teilakt für den Erlass eines Gesamtergebnisses dar und noch keine endgültige Regelung einer Behörde.[94] Mit derselben Argumentation wird weitergehend von einem Teil der Literatur sogar dem Endzeugnis insgesamt hinsichtlich seiner Qualität die Einordnung als Verwaltungsakt verwehrt. Den einzigen Regelungscharakter, den ein solches Zeugnis hiernach aufweisen soll, ist die Anordnung oder Nichtanordnung der Versetzung. Die einzelnen Noten würden darüber hinaus nur der Begründung dieser Versetzungsentscheidung dienen.

Vertreten wird aber auch, dass sämtliche Noten eines Abschlusszeugnisses jeweils einen selbstständigen Verwaltungsakt darstellen, da die einzelne Note eine verbindliche und abschließende Bewertung der Leistungen in dem betreffenden Fach ist.[95] In jedem Fall haben einzelne Zeugnisnoten zumindest dann Regelungsqualität, wenn ihnen im Einzelfall eine eigenständige rechtliche Bedeutung zukommt (bspw. wenn die einzelne Zeugnisnote der Zulassung zu einem Studium (Stichwort: numerus clausus) im Wege steht).[96] Im vorliegenden Fall kann L somit nach überwiegender Ansicht im Ergebnis nicht gegen die Zeugnisnote mit

---

[94] Gleiches gilt bspw. im Hinblick auf eine Klausur im Rahmen der juristischen Staatsprüfung. Siehe dazu *Maurer,* AT, § 9 RN 9. Hier kann nach neuerer Rspr. indes die (i.d.R. dem Landesrecht angehörende) Prüfungsordnung die Verwaltungsaktqualität der einzelnen Prüfungsleistung (konkludent) bestimmen. Lesen Sie dazu BVerwG, NJW 2012, 2901. Grundlegend zur Frage der Verwaltungsaktqualität von Zeugnisnoten: *Hufen,* JuS 2013, 191; *Löwer,* DVBl. 1980, 952.

[95] So *Detterbeck,* AT, § 10 RN 453.

[96] In diesem Fall wird die Note teilweise als selbstständig anfechtbarer Teilakt eines Verwaltungsaktes i.S.d. § 113 Abs. 1 S. 1 VwGO („Soweit") qualifiziert (vgl. *Maurer,* AT, § 9 RN 9), teilweise als selbstständiger Verwaltungsakt (so OVG Berlin, DVBl. 1975, 731).

der Anfechtungsklage vorgehen. In Betracht käme allenfalls eine allgemeine Leistungsklage auf Neubewertung der schulischen Leistung.[97]

Ferner sind auch **rechtserhebliche Willenserklärungen** einer Behörde, die keine verbindliche Rechtsfolge anordnen, keine Verwaltungsakte.

Beispiele: Fristsetzung (diese enthält keine verbindliche Anordnung einer Rechtsfolge); Behördliche Aufrechnungserklärung (hier treten die Rechtsfolgen per Gesetz ein); Stundung einer Forderung.

Achtung! Keinen Regelungsgehalt haben auch sog. bloße **wiederholende Verfügungen**, bei welchen allein ein weiterer Bescheid mit demselben Inhalt wie der Erstbescheid übermittelt wird.[98] Hiervon zu unterscheiden sind sog. **Zweitbescheide**, bei welchen es nach erneuter Prüfung zu einer neuen Entscheidung kommt, die jedoch möglicherweise dasselbe Ergebnis wie der Erstbescheid aufweist. Diese Zweitbescheide stellen selbstständige Verwaltungsakte dar. Entscheidend für die Abgrenzung ist, ob eine *erneute Sachprüfung* durchgeführt wurde.

4. Einzelfall

Das Merkmal zur Regelung eines **Einzelfalls** dient der Abgrenzung zu staatlichen Rechtsnormen.

Anmerkung: Die **Abgrenzung** zwischen Verwaltungsakt und Rechtsnorm richtet sich *zunächst* nach der **äußeren Form** und nicht nach dem Inhalt einer Maßnahme.[99] Auf den Inhalt einer Maßnahme darf nur dann abgestellt werden, wenn der Sachverhalt keine Anhaltspunkte für eine entsprechende Form liefert. In der Fallbearbeitung bedeutet dies, dass im Rahmen der Zulässig-

---

[97] Vgl. VGH München, NJW 1988, 2632;
Stelkens/Bonk/Sachs, VwVfG, § 35 RN 205 m.w.N.
[98] Siehe dazu *Peine,* AT, § 13 RN 1006 f.
[99] *Wolff/Decker,* VwGO/VwVfG, § 35 VwVfG RN 69; *Detterbeck,* AT, § 10 RN 480;
Kopp/Ramsauer, VwVfG, § 35 RN 120 m.w.N.

keit (Statthaftigkeit der Klage) eine inhaltliche Überprüfung der Maßnahme nicht notwendigerweise erfolgen muss. Die Frage, ob eine Maßnahme ihrem Inhalt nach als Verwaltungsakt oder als Rechtsnorm zu qualifizieren ist, kann jedoch im Rahmen der Begründetheit eine Rolle spielen. Nutzt eine Behörde nämlich die Form eines Verwaltungsaktes für eine Regelung, die inhaltlich einer Rechtsnorm entspricht, ist die Maßnahme rechtswidrig. In der Fallbearbeitung ist – sofern die Rechtsnatur einer Maßnahme zweifelhaft ist – im Rahmen der Begründetheit daher zunächst die Frage zu beantworten, ob materiell ein Verwaltungsakt oder eine andere Handlungsform der Verwaltung gegeben ist. Erst danach kann auf die Rechtmäßigkeit der Maßnahme eingegangen werden, da sich die Rechtmäßigkeitsvoraussetzungen nach der Rechtsnatur der Maßnahme richten.

Beispiel: Eine von einer Behörde erlassene „Allgemeinverfügung" (dazu gleich) wurde mit dem Hinweis „Verwaltungsakt" überschrieben und hat eine Rechtsmittelbelehrung beigefügt bekommen. Die Maßnahme erfüllt damit äußerlich die Merkmale eines Verwaltungsaktes i.S.d. § 35 VwVfG. Dies genügt, um im Rahmen der Zulässigkeitsprüfung (statthafte Klageart) einen Verwaltungsakt zu bejahen. Bestehen jedoch Anhaltspunkte, dass die „Allgemeinverfügung" inhaltlich eigentlich eine Rechtsverordnung ist, muss im Rahmen der Begründetheit geprüft werden, ob es sich auch dem Inhalt nach um eine Allgemeinverfügung handelt. Ist dies nicht der Fall, ist die Maßnahme formell rechtswidrig erlassen worden.

Im Gegensatz zum Verwaltungsakt regelt eine Rechtsnorm eine unbestimmte Zahl von Fällen und betrifft eine unbestimmte Zahl von Personen (sog. **abstrakt-generelle Regelung**).[100] Demgegenüber regelt ein Verwaltungsakt einen konkreten Einzelfall (sog. **konkret-individuelle Regelung**) oder mehrere konkrete Einzelfälle (sog. **konkret-generelle Regelung**).[101]

---

[100] *Maurer*, AT, § 9 RN 14.
[101] An dieser Stelle könnte noch die theoretische Variante einer abstrakt-individuellen Regelung aufgeführt werden. Allerdings ist eine Grenze zwischen abstrakt-individueller Regelung und konkret-individueller Regelung letztlich nur theoretisch denkbar. Wird einem Individuum nämlich eine Handlungspflicht für eine Mehrzahl nach allgemeinen Kriterien bestimmten Fällen auferlegt, so wird ihm

> **Begriffe:**[102] **Konkret** ist eine Maßnahme, wenn sich der Sachverhalt nach Zeit, Ort und den sonstigen Umständen in seiner wesentlichen Eigenart nur einmal ereignen kann. **Abstrakt** ist sie, wenn sie sich auf eine unbestimmte Vielzahl möglicher Sachverhalte bezieht. **Individuell** ist eine Maßnahme, wenn sie sich an bestimmte oder der Zahl nach feststehende Personen richtet. **Generell** ist eine Maßnahme, wenn bei ihrem Erlass noch nicht feststeht, welche Personen von der Regelung individuell betroffen sein werden.

Beispiel: Anna bekommt eine Verfügung von der Gemeindeverwaltung, in welcher sie dazu aufgefordert wird, ihr abgemeldetes Fahrzeug von einer öffentlichen Straße zu entfernen (=konkret-individuelle Regelung).

Beispiel: Anna bekommt eine Verfügung von der Gemeindeverwaltung, nach welcher ihr aufgegeben wird, immer wenn es zu Glatteisbildung kommt, den Bürgersteig vor ihrem Haus zu streuen (=konkret-individuelle Regelung oder abstrakt-individuelle Regelung).

Eine Maßnahme kann auch dann als individuell eingestuft werden, wenn sie sich nicht an eine Person richtet, jedoch an einen individuell bestimmten oder individuell bestimmbaren Personenkreis. Entscheidend ist, ob der Adressatenkreis zur Zeit des Erlasses schon individualisiert werden kann, oder ob die Regelung diesbezüglich noch offen und erweiterungsfähig ist.[103]

Beispiel: Im vorgenannten Bsp. bekommt nicht A die Streuverfügung, sondern sie wird allen Mietern des Wohnkomplexes gegenüber erlassen (konkret-individuelle-Regelung).

Die Form der **konkret-generellen Regelung** hat in § 35 S. 2 VwVfG eine Normierung gefunden. Dieser Unterfall des Verwaltungsaktes nennt sich **Allgemeinverfügung**. Auch die

---

letztlich eine Handlungspflicht für den *konkreten* Fall aufgegeben, sofern die vorher bestimmten Kriterien in einer bestimmten Situation zutreffen. Siehe auch *Detterbeck,* AT, § 10 RN 474 ff.; *Maurer,* AT, § 9 RN 20.
[102] Siehe zu den Begriffsbestimmungen: *Treder/Rohr,* Prüfungsschemata Verwaltungsrecht, RN 51.
[103] *Maurer,* AT, § 9 RN 16.

Allgemeinverfügung muss alle Merkmale eines Verwaltungsaktes aufweisen.

Exkurs: Allgemeinverfügung in § 35 S. 2 VwVfG

Die Frage, ob eine Allgemeinverfügung oder ein „regulärer" Verwaltungsakt gegeben ist, hat im Rahmen einiger besonderer Verfahrensregelungen Bedeutung (siehe § 28 Abs. 2 Nr. 4, § 39 Abs. 2 Nr. 5 und § 41 Abs. 3 S. 2 VwVfG). § 35 S. 2 VwVfG unterscheidet zwischen der personenbezogenen (Var. 1), der dinglichen (Var. 2) und der benutzungsregelnden Allgemein-verfügung (Var. 3).

Bei der personenbezogenen Allgemeinverfügung wird nur der Adressatenkreis und kein einzelner Adressat bestimmt, wobei der Adressatenkreis jedoch genau bestimmbar ist (bspw. alle Mitarbeiter eines bestimmten Betriebes; alle Nutzer eines Schwimmbades).

Die dingliche Allgemeinverfügung bezieht sich nicht auf eine Person, sondern auf eine Sache. Hierdurch werden jedoch mittelbar Rechte und Pflichten von Personen geregelt (bspw. Widmung eines ehemals privaten Schwimmbades zu einem öffentlichen Schwimmbad).

Hieran knüpft die benutzungsregelnde Allgemeinverfügung an. Diese betrifft nicht die grundsätzliche Nutzbarkeit einer Sache, sondern beschäftigt sich mit den Benutzungsregeln für eine öffentlich-rechtliche Sache (bspw. regeln Verkehrszeichen die Nutzung öffentlich-rechtlicher Straßen).[104]

Die Abgrenzung zwischen einer Allgemeinverfügung und einer Rechtsnorm (bspw. Rechtsverordnung, Satzung) kann im Einzelfall erhebliche Schwierigkeiten bereiten, da die Grenzen fließend sind. Eine Abgrenzung darf jedoch, im Hinblick auf die unterschiedlichen Rechtmäßigkeitsvoraussetzungen, Rechts-

---

[104] Vgl. *Wolff/Decker,* VwGO/VwVfG, § 35 VwVfG RN 98 f.

schutzmöglichkeiten und auch die Folgen einer Rechtswidrigkeit, nicht unterbleiben. Als Hilfskriterien für die Abgrenzung bieten sich die Geltungsdauer und der Geltungsbereich der Regelung an. Je kürzer die Geltungsdauer und je kleiner der Geltungsbereich ist, desto eher wird eine Maßnahme Verwaltungsaktscharakter haben.[105]

Beispiel: An einem Baum am Eingang eines wenige Quadratmeter großen Waldstücks findet sich ein Anschlag der Gemeindeverwaltung, nach welchem das Betreten des Waldstücks für die Zeit vom 24.12.-26.12. verboten ist. Die Regelung ist in jedem Fall „generell", weil der betroffene Personenkreis (nämlich die Personen, die an dem Schild vorbeigehen) noch nicht bestimmbar ist. Dafür, dass die Regelung konkret ist, d.h. *einen* Sachverhalt regelt, spricht jedoch, dass das Verbot in zeitlicher und räumlicher Hinsicht sehr begrenzt ist. Es ist daher von einer konkret-generellen Regelung auszugehen, mithin von einer Allgemeinverfügung.

5. Außenwirkung

Ein Verwaltungsakt muss ferner **Außenwirkung** aufweisen, d.h. in tatsächlicher Hinsicht und seinem Zweck nach („auf [...] gerichtet") den verwaltungsinternen Bereich überschreiten. In einem Verwaltungsakt müssen demnach Rechte und Pflichten für den Bürger oder sonstige außerhalb der Verwaltung stehende Personen geregelt werden.[106] Eine Abgrenzung soll hierdurch zu den innerdienstlichen Weisungen oder sonstigen verwaltungsinternen Abläufen erreicht werden.

Beispiel:[107] A beantragt bei der zuständigen Behörde – dem Landratsamt L – eine Baugenehmigung (=Verwaltungsakt) für ein Bauvorhaben im Innenbereich (§ 34 BauGB). Die hiervon betroffene Gemeinde G erteilt ihr Einvernehmen nach § 36 Abs. 1 S. 1 BauGB nicht. L verweigert daraufhin

---

[105] Vgl. *Maurer*, AT, § 9 RN 19. Allerdings kann man diesen Satz nicht umkehren, d.h. nur weil eine Regelung eine gewisse Dauer aufweist, muss sie keine Rechtsnorm darstellen.
[106] Vgl. *Kopp/Ramsauer*, VwVfG, § 35 RN 124.
[107] Siehe zu diesem Bsp. auch *Maurer*, AT, § 9 RN 30.

die Erteilung der Baugenehmigung. Kann A gegen das verweigerte Einvernehmen der G im Wege der Verpflichtungsklage vorgehen?

Die Lösung des Falles hängt davon ab, ob man die Weigerung der G als Verwaltungsakt qualifizieren kann. Problematisch erscheint hier das Merkmal der Außenwirkung. Das verweigerte Einvernehmen war gerade nicht an A gerichtet, sondern an L. Allein L tritt dem A gegenüber als Baugenehmigungsbehörde in Erscheinung. Das verweigerte Einvernehmen ist daher als Maßnahme im verwaltungsinternen Bereich zu begreifen und somit kein Verwaltungsakt. A kann daher lediglich gegen die verweigerte Baugenehmigung seitens L vorgehen.

Anmerkung: Einen Verwaltungsakt – wie denjenigen im vorgenannten Beispiel – bei dem eine andere Behörde im Vorfeld mitwirken muss, nennt man „**mehrstufigen Verwaltungsakt**". Der Mitwirkungsakt der anderen Behörde ist hierbei nur dann als selbstständiger Verwaltungsakt zu qualifizieren, wenn die mitwirkende Behörde, nach der ihr gesetzlich eingeräumten Mitwirkungsmöglichkeit, auch selbstständig nach außen wirken darf.[108] Im Zweifel handelt es sich bei einem Mitwirkungsakt um ein Verwaltungsinternum.[109]

Beispiel: Ein Beamter bekommt von seinem Vorgesetzten die Anweisung, einen bestimmten Verwaltungsakt nicht zu erlassen. Hier ist die Anweisung nur ein Verwaltungsinternum und kein Verwaltungsakt.

Zu beachten ist allerdings, dass eine innerdienstliche Weisung nur dann vorliegt, wenn sie dem innerbehördlichen Adressaten ausschließlich als Amtswalter gegenüber getroffen wird (sog. *Betriebsverhältnis*). Richtet sie sich hingegen ihrem objektiven Sinn nach gegen eine selbstständige Person, d.h. nicht den Beamten als Amtswalter sondern den Beamten als selbst Betroffenen, liegt ein Verwaltungsakt dieser Person gegenüber vor.[110]

---

[108] *Stelkens/Bonk/Sachs*, VwVfG, § 35 RN 169, mit Beispielen in RN 172.
[109] *Stelkens/Bonk/Sachs*, VwVfG, § 35 RN 169.
[110] *Detterbeck*, AT, § 10 RN 489.

Beispiele: Beförderung, Beamtenernennung, Feststellung der Besoldung und vorzeitige Pensionierung treffen den Beamten als eigenständige Person (daher: Außenwirkung). Dienstliche Arbeitsanweisungen oder eine Umsetzung (=Zuweisung eines neuen Aufgabenbereichs innerhalb derselben Behörde)[111] werden dem Amtswalter gegenüber angeordnet (daher: keine Außenwirkung).

Anmerkung: Könnte der Adressat als solcher ausgetauscht werden, ist dies ein Indiz dafür, dass nur der Amtswalter betroffen ist, mithin allein das *Betriebsverhältnis* berührt wird.

Prüfungsschema Verwaltungsakt

1. Liegt eine *hoheitliche Maßnahme* vor oder ist privatrechtliches Handeln bzw. ein öffentlich-rechtlicher Vertrag gegeben?

2. Hat eine *Behörde* im funktionellen Sinne (§ 1 Abs. 4 VwVfG) gehandelt oder eine Privatperson bzw. die Legislative/Rechtsprechung?

3. Hat die Maßnahme *Regelungscharakter*, d.h. ist sie auf die unmittelbare Herbeiführung einer Rechtsfolge gerichtet, oder handelt es sich um rein tatsächliches Verwaltungshandeln?

4. Liegt eine *Einzelfallregelung* vor (ein Fall und eine oder mehrere individuell bestimmte oder bestimmbare Personen; Allgemeinverfügung) oder eine *Rechtsnorm* (unbestimmte Vielzahl von Fällen und Personen)?

5. Zeitigt die Maßnahme Wirkung gegenüber einer *außenstehenden* Person (insb. Bürger) oder hat die Maßnahme nur verwaltungsinterne Wirkung bzw. ist eine solche ausschließlich beabsichtigt?

Abschließendes Übungsbeispiel: Michael wohnt in einem dicht besiedelten Stadtgebiet, in welchem regelmäßig nicht genügend Parkplätze für die Anwohner zu Verfügung stehen. Als sich eines Tages die Stadtverwaltung entschließt, ein Halteverbotsschild (§ 41 I StVO Zeichen 283) an einer Stelle aufzustellen, die Michael üblicherweise zum Parken nutzt,

---

[111] BVerwGE 60, 144. Im Gegensatz zur *Ver*setzung zu einer anderen Behörde, die einen Verwaltungsakt darstellt, da hier der Beamte persönlich betroffen wird.

sieht er sich gezwungen, gegen diesen „Missgriff der Verwaltung"
vorzugehen. Stellt das Halteverbotsschild einen Verwaltungsakt dar, den
Michael im Wege der Anfechtungsklage angehen könnte?

Lösung: Die Einordnung von Verkehrsschildern als Verwaltungsakte war
früher umstritten. So wurde Verkehrsschildern oftmals ein generell-
abstrakter Charakter unterstellt, weswegen diese im Ergebnis nicht als
Verwaltungsakte, sondern als Rechtsnormen qualifiziert worden sind
(fehlende Einzelfallregelung). Zur Begründung wurde angeführt, dass die
Zeichen nicht die Benutzung eines konkreten Straßenabschnitts regeln
sollten, sondern das Verkehrsverhalten einer unbestimmten Anzahl von
Personen in einer unbestimmten Anzahl von Fällen.

Dennoch ist es heute nahezu allgemeine Ansicht, dass Verkehrszeichen
Verwaltungsakte (genauer: Allgemeinverfügungen nach § 35 S. 2 Var. 3
VwVfG) darstellen.[112] Begründet wird dies damit, dass Verkehrszeichen
ein Ersatz für entsprechende Verkehrsregelungen durch Polizeivollzugsbeamte sind. Das BVerwG sieht ferner bei Klagen gegen Verkehrs-
schilder jeden Verkehrsteilnehmer unabhängig von seinem Wohnsitz als
klagebefugt an.[113] Im Ergebnis könnte Michael somit gegen die Auf-
stellung des Verkehrsschildes mit der Anfechtungsklage vorgehen.

Weiterführende Literatur

📖 **Kahl**, Jura 2001, 505 (Grundlagenwissen)

📖 **Fehling**, JA 1997, 482 (Grundlagenwissen)

📖 **Skript** Standardfälle Verwaltungsrecht AT, Fall 2

II. Bekanntgabe des Verwaltungsaktes

Ein Verwaltungsakt muss *jedem* gegenüber, der von ihm betroffen
ist, bekannt gegeben werden (**§§ 41 I, 43 I 1 VwVfG**).[114] Fehlt eine
Bekanntgabe ganz, ist kein rechtswidriger Verwaltungsakt gegeben, vielmehr liegt überhaupt kein Verwaltungsakt vor (sog. Nicht-
Verwaltungsakt).[115]

---

[112] BVerwG, NVwZ 2007, 340; *Kopp/Ramsauer,* VwVfG, § 35 RN 170;
Stelkens/Bonk/Sachs, VwVfG, § 35 RN 330.

[113] BVerwG, NJW 2004, 698.

[114] Muss der Verwaltungsakt verschiedenen Personen zugestellt werden, kann dies
dazu führen, dass er den Betroffenen gegenüber zu unterschiedlichen Zeitpunkten
wirksam wird (vgl. § 43 I VwVfG).

[115] *Detterbeck,* AT, § 10 RN 612; *Maurer,* AT, § 9 RN 65.

48

Achtung! Die Bekanntgabe eines Verwaltungsaktes sollte in der Fallbearbeitung grundsätzlich nur dann angesprochen werden, wenn der Sachverhalt entsprechende Probleme aufweist!

„Bekanntgabe" bedeutet die Eröffnung des Verwaltungsaktes (d.h. Mitteilung, dass ein Verwaltungsakt ergeht *und* Mitteilung seines Inhalts) mit Wissen und Wollen der zuständigen Behörde, nach den dafür jeweils maßgeblichen Rechtsvorschriften.[116]

Die Bekanntgabe setzt somit folgendes voraus:

> Der Verwaltungsakt muss durch die erlassende Behörde mit Wissen und Wollen eröffnet werden. Dies kann auch eine andere Behörde erledigen, wenn die erlassende Behörde dies will.[117]
>
> **Beispiele für fehlende Bekanntgabe:** Eine Privatperson erlässt einen Verwaltungsakt; es wird zufällig bekannt (d.h. ohne Wissen und Wollen der Behörde), dass ein Verwaltungsakt erlassen worden ist.

Anmerkung: Ein Bekanntgabewille der zuständigen Behörde kann auch wieder aufgehoben werden, sofern der Verwaltungsakt den Bereich der Behörde noch nicht verlassen hat.[118] Ferner ist zu beachten, dass die örtliche Unzuständigkeit einer Behörde für die Bekanntgabe des Verwaltungsaktes i.d.R. nach § 46 VwVfG unbeachtlich ist. Zumindest führt sie jedoch nicht zur Nichtigkeit des Bescheids (vgl. § 44 III Nr. 1 VwVfG).

> Die Bekanntgabe muss vom Amtswalter in amtlicher Eigenschaft veranlasst werden.
>
> **Beispiel für fehlende Bekanntgabe:** Ein Beamter der zuständigen Behörde eröffnet dem Betroffenen den Verwaltungsakt in einer privaten Mitteilung.

---

[116] *Wolff/Decker*, VwGO/VwVfG, § 41 VwVfG RN 6; *Kopp/Ramsauer*, VwVfG, § 41 RN 6.
[117] Vgl. *Kopp/Ramsauer*, VwVfG, § 41 RN 8.
[118] *Kopp/Ramsauer*, VwVfG, § 41 RN 7.

➢ Der Verwaltungsakt muss *dem Betroffenen* individuell zugehen. Zugang meint, dass der Verwaltungsakt derart in den Machtbereich des Adressaten gelangt sein muss, dass dieser bei gewöhnlichem Verlauf unter normalen Umständen die Möglichkeit der Kenntnisnahme hat (Zugang i.S.d. § 130 BGB).[119] Ausnahmsweise darf ein Verwaltungsakt nach § 41 III VwVfG[120] öffentlich bekannt gemacht werden i.S.d. § 41 IV VwVfG (bspw. durch Veröffentlichung in einer Tageszeitung oder durch Aushang im Rathaus). Dies gilt insbesondere für Allgemeinverfügungen, wenn die Behörde bei einer individuellen Bekanntgabe erheblichen Schwierigkeiten entgegensehen müsste.[121]

> **Anmerkung:** Von der Frage, ob überhaupt eine Bekanntgabe gegeben ist, die einen wirksamen Verwaltungsakt bedingt, ist die Frage zu unterscheiden, ob diese Bekanntgabe **ordnungsgemäß** erfolgt ist, d.h. nicht unter Verstoß gegen Bekanntgabevorschriften (z.B. § 41 und § 37 II-IV VwVfG). Denn ist eine Bekanntgabe in irgendeiner Form gegeben, führt eine Fehlerhaftigkeit derselben nach überwiegender Ansicht[122] nicht zur Nichtigkeit des Verwaltungsaktes, sondern allein zu dessen formeller Rechtswidrigkeit.[123] Ein solcher Fehler kann u.U. nach § 46 VwVfG unbeachtlich sein.

Eine besondere Form der Bekanntgabe ist die förmliche Zustellung. Diese Art der Bekanntgabe ist immer dann zu wählen, wenn eine Spezialregelung eine förmliche Zustellung fordert.[124] Die Zustellung geht der gewöhnlichen Bekanntgabe vor (§ 41 V VwVfG).

---

[119] *Kopp/Ramsauer,* VwVfG, § 41 RN 7b.
[120] Siehe zu solchen Rechtsvorschriften bspw.: § 69 III 2 und § 74 V 1 VwVfG; § 50 I BauGB.
[121] Vgl. § 41 III 2 VwVfG. Ferner *Wolff/Decker,* VwGO/VwVfG, § 41 VwVfG RN 24.
[122] So BVerwGE 112, 78, 79 f.; *Maurer,* AT, § 9 RN 67; *Detterbeck,* AT, § 10 RN 581. Anders bspw. *Peine,* AT, § 7 RN 554, der auch hier eine Nichtigkeit des Verwaltungsaktes annimmt. Hiergegen spricht jedoch schon § 43 I VwVfG, der die Wirksamkeit des Verwaltungsaktes allein an die Bekanntgabe knüpft.
[123] Siehe dazu sogleich die Ausführungen zur Rechtswidrigkeit von Verwaltungsakten.
[124] Siehe bspw. § 69 II 1 VwVfG und § 73 III 1 VwGO (wichtig!).

Die Voraussetzungen der förmlichen Zustellung werden durch das VwZG bzw. die jeweiligen Landes-VwZG geregelt.

III.　Rechtswidrigkeit des Verwaltungsaktes

Entspricht ein Verwaltungsakt in formaler oder materieller Hinsicht nicht den gesetzlichen Vorgaben ist er formell und/oder materiell **rechtswidrig**. Hieraus darf allerdings nicht geschlossen werden, dass der Verwaltungsakt auch nichtig ist. Die Nichtigkeit eines Verwaltungsaktes ist vielmehr allein dann gegeben, wenn die speziellen Voraussetzungen nach § 44 VwVfG erfüllt sind. Das Gesetz macht somit für Verwaltungsakte eine Ausnahme von der allgemeinen Regel, dass die Rechtswidrigkeit einer staatlichen Maßnahme auch deren Nichtigkeit zur Folge haben muss (so bspw. bei einer rechtswidrigen Rechtsnorm).[125] Im Folgenden wird zunächst die Frage erörtert, wann genau ein Verwaltungsakt formell oder materiell rechtswidrig ist. Sodann muss die Frage gestellt werden, welche Konsequenzen eine solche Rechtswidrigkeit nach sich zieht.

1.　Rechtmäßigkeitsprüfung

Erste Voraussetzung für den rechtmäßigen Erlass eines Verwaltungsaktes ist im Hinblick auf den Grundsatz des Gesetzesvorbehalts[126] das Vorhandensein einer **Rechtsgrundlage** (bspw. formelles Gesetz, Rechtsverordnung, Satzung).[127] Hierbei genügt es, dass die Verwaltung zum Handeln ermächtigt wird; sie muss

---

[125] Vgl. *Peine*, AT, § 7 RN 673.
[126] Siehe oben S. 21. Eine Ermächtigungsgrundlage kann daher im Rahmen der Leistungsverwaltung u.U. entbehrlich sein.
[127] Umstritten ist in diesem Zusammenhang, ob die Verwaltung *gesetzlich begründete* Leistungsansprüche ihrerseits (bspw. rechtsgrundlos bezahltes „BAföG"; Ansprüche gegen Beamten aus Beamtenverhältnis) im Wege eines Verwaltungsaktes durchsetzen kann. Hierfür: BVerwGE 52, 183, 185 f.; *Maurer*, AT, § 10 RN 7. Dagegen bspw.: *Renck*, JuS 1965, 129, 132 (daher nur allgemeine Leistungsklage), unter Verweis auf eine fehlende Rechtsgrundlage für den Verwaltungsakt.

somit nicht gerade zu einem Handeln *durch* einen Verwaltungsakt ermächtigt sein (sog. Verwaltungsaktsbefugnis).[128]

Beispiel: Die polizeirechtliche Generalklausel (§§ 1 I, 3 MEPolG) ermächtigt die Verwaltung nicht ausdrücklich zu einer Vorgehensweise in Form des Verwaltungsaktes. Gleichwohl kann die Verwaltung freilich einen Verwaltungsakt erlassen um eine Gefahr abzuwehren.

Anmerkung: Im Prüfungspunkt „Rechtsgrundlage" wird lediglich die für den Sachverhalt einschlägige gesetzliche Grundlage ermittelt. Kommen mehrere Vorschriften in Betracht, ist hier zu prüfen, welche die richtige Grundlage ist. Speziellere Gesetze gehen den allgemeineren vor (bspw. VersG oder LBO vor dem PolG). Der Versuch einer Subsumtion unter die Tatbestandsvoraussetzungen der gefundenen Regelung erfolgt indes erst im Rahmen der materiellen Rechtmäßigkeit des Verwaltungsaktes. Die Rechtsgrundlage für den Erlass eines Verwaltungsaktes muss *deshalb* zuerst genannt werden, weil von ihr die im Anschluss zu prüfenden formellen und materiellen Voraussetzungen für den Erlass abhängen.

Der Verwaltungsakt muss zweitens **formell rechtmäßig** erlassen werden.

> ➢ Hierzu gehört, dass die sachlich, örtlich und instanziell (betrifft Zuständigkeitsverteilung zwischen den sachlich zuständigen Behörden) zuständige Behörde gehandelt hat.
>
> Die örtliche Zuständigkeit ergibt sich aus § 3 VwVfG (Reihenfolge der Nummern des Abs. 1 ist strikt zu beachten!), soweit nicht anderweitige Regelungen in Spezialgesetzen bestehen (bspw. in den Polizeigesetzen der

---

[128] *Maurer*, AT, § 10 RN 5. A.A. *Stelkens/Bonk/Sachs*, VwVfG, § 35 RN 25. Diese Gegenansicht behilft sich mit einer weiten Auslegung der Ermächtigungsgrundlagen. Zur Methodik dabei: *Detterbeck*, AT, § 10 RN 597.

Länder)[129]. Die sachliche und die instanzielle Zuständigkeit bestimmen sich nach den für die Falllösung einschlägigen Spezialgesetzen im besonderen Teil des Verwaltungsrechts.[130] Die Zuständigkeitsverteilung kann nicht durch eine Vereinbarung geändert werden, es sei denn, es existiert eine entsprechende Spezialregelung, die selbiges erlaubt.[131]

> Ferner müssen die gesetzlich geregelten Verfahrensvorschriften eingehalten werden, die insbesondere in Teil II des VwVfG (lesen!) und in Spezialgesetzen (bspw. § 36 BauGB) festgehalten worden sind.[132]

Besonders prüfungsrelevant ist die Anhörungspflicht nach **§ 28 VwVfG**.[133] Diese sichert dem Beteiligten seinen Anspruch auf rechtliches Gehör. Zu berücksichtigen ist, dass eine versäumte Anhörung nach 45 I 3 VwVfG geheilt werden kann bzw. nach § 46 VwVfG unbeachtlich ist. Eine Nachholung der Anhörung kann insbesondere im Rahmen des Widerspruchsverfahrens[134] erfolgen, da dort der Betroffene Gelegenheit bekommt, sich zur Entscheidung der Aus-

---

[129] Siehe dazu: *Schenke*, PolizeiR, § 9 RN 458 f. Studierende aus Bayern sollten zudem die Sonderregelung gemäß § 3b BayVwVfG beachten.

[130] Studierende aus Bayern sollten insb. die Sonderregelung gemäß § 3b BayVwVfG beachten. Siehe ferner zur sachlichen und instanziellen Zuständigkeit im Polizeirecht: *Schenke*, PolizeiR, § 9 RN 453 ff. <u>Tipp:</u> Schreiben Sie sich die Normen der prüfungsrelevanten Spezialgesetze zur sachlichen und instanziellen Zuständigkeit bei § 3 VwVfG an den Rand, sofern dies die jeweilige Prüfungsordnung zulässt.

[131] *Stelkens/Bonk/Sachs*, VwVfG, § 3 RN 13.

[132] Ausführlich dazu *Maurer*, AT, § 19. Neben einfachen Verfahren gibt es noch das kaum prüfungsrelevante förmliche Verfahren nach den §§ 63 ff. VwVfG, dass allerdings nur Anwendung findet, wenn dies durch Rechtsvorschrift angeordnet wird. Selbiges gilt für das ebenfalls wenig klausurrelevante Planfeststellungsverfahren gemäß §§ 72 ff. VwVfG und das neu eingeführte Verfahren über eine einheitliche Stelle nach §§ 71a ff. VwVfG.

[133] Nach BVerwGE 66, 184, 186 f., gilt § 28 VwVfG seinem Wortlaut nach („Rechte […] eingreift") nur für den Erlass belastender Verwaltungsakte, nicht jedoch wenn ein begünstigender Bescheid verwehrt wird. Gleiches soll nach dieser Entscheidung gelten, wenn ein früherer begünstigender Verwaltungsakt aufgehoben wird. A.A. die h.L.: *Kopp/Ramsauer*, VwVfG, § 28 RN 26 ff. m.w.N.

[134] § 68 ff. VwGO. Siehe dazu unten S. 196 ff.

gangsbehörde zu äußern.[135] Umstritten ist in diesem Zusammenhang, ob auch bei Ermessensentscheidungen eine nicht mit der Ausgangsbehörde identische Widerspruchsbehörde die Anhörung nachholen kann. Problematisch ist dies deshalb, weil die Widerspruchsbehörde im Fall der Rechtsaufsicht die Ermessensentscheidung der Ausgangsbehörde nur auf Ermessensfehler überprüft, jedoch nicht die Ermessensausübung kontrolliert. Der Bürger kann sich daher nicht effektiv zur Zweckmäßigkeit der Ermessensentscheidung äußern. Aus diesem Grunde muss eine Heilung der Anhörungspflicht durch die Widerspruchsbehörde in diesen Fällen scheitern.[136]

➢ Weiterhin muss der Verwaltungsakt der gesetzlich vorgegebenen Form entsprechen. Grundsätzlich gilt beim Erlass eines Verwaltungsaktes das Prinzip der Formfreiheit (vgl. § 10 und § 37 II VwVfG; beachte auch § 3a VwVfG). Ausnahmen finden sich in Spezialgesetzen, aber auch in § 37 III VwVfG.

Beispiele: § 5 PBefG; § 10 VII BImSchG; eine Baugenehmigung bedarf nach den Ländergesetzen regelmäßig der Schriftform (siehe bspw. § 58 I 2 LBO BW).

➢ Letztlich müssen schriftliche oder schriftlich bestätigte Verwaltungsakte gemäß § 39 I 1 VwVfG mit einer Begründung versehen werden (lesen Sie § 39 I 2 VwVfG!). § 39 II VwVfG statuiert Ausnahmefälle von diesem Begründungserfordernis.[137] Die Begründung muss sich auf den konkreten

---

[135] Vgl. *Wolff/Decker*, VwGO/VwVfG, § 28 VwVfG RN 27.
[136] *Hufen*, JuS 1999, 313, 316; *Wolff/Decker*, VwGO/VwVfG, § 28 VwVfG RN 29 f. m.w.N.; *Kopp/Ramsauer*, VwVfG, § 45 RN 26.
[137] Abgestufte Anforderungen ergeben sich insbesondere im Hinblick auf die sog. „Soll-Vorschriften" und beim sog. „intendierten Ermessen". Hier genügt in der Regel, d.h. sofern kein Ausnahmefall von der gesetzlichen Regelung *möglich* erscheint, ein Hinweis auf die gesetzlich vorgesehene Rechtsfolge.

Einzelfall beziehen und darf sich nicht in formelhaften, allgemeinen und nichts sagenden Darlegungen erschöpfen.[138]

Unbeachtlich ist, ob die Begründung auch inhaltlich richtig ist (soweit nur die Voraussetzungen nach § 39 I 2 VwVfG gewahrt werden), da § 39 VwVfG allein in formeller Hinsicht eine Begründung verlangt.[139]

Achtung! Sind die formellen Voraussetzungen des Erlasses unproblematisch gegeben, darf keine ausführliche Prüfung der formellen Rechtmäßigkeit erfolgen. Vielmehr genügt dann ein Verweis auf die einschlägigen Normen, die die Zuständigkeit der handelnden Behörde begründen, und der kurze Hinweis, dass die Verfahrens- und Formvorschriften im Übrigen gewahrt worden sind. Bietet der Sachverhalt hingegen Hinweise für formelle Fehler, sind freilich weitergehende Ausführungen unumgänglich.

In einem dritten Prüfungspunkt ist nach der **materiellen Rechtmäßigkeit** des Verwaltungsaktes zu fragen. Materiell rechtmäßig ist der Verwaltungsakt, wenn die gefundene Rechtsgrundlage den erlassenen Bescheid deckt, also wenn deren Tatbestandsvoraussetzungen gegeben sind. Außerdem darf kein Verstoß gegen sonstiges Recht gegeben sein.

Anmerkung: Zumindest gedanklich muss man sich hier auch die Vorfrage stellen, ob die nun zu prüfende **Rechtsgrundlage** ihrerseits überhaupt **rechtmäßig**, insbesondere ob sie verfassungsgemäß ist. Dies spielt deshalb eine Rolle, weil rechtswidrige Satzungen oder Rechtsverordnungen nichtig und rechtswidrige formelle Gesetze vom Bundesverfassungsgericht, im Verfahren nach Art. 100 I GG gemäß § 78 S. 1 BVerfGG, für nichtig zu erklären sind. Ist die Rechtsgrundlage jedoch nichtig, muss auch der Verwaltungsakt rechtswidrig (nicht notwendigerweise

---

[138] *Kopp/Ramsauer,* VwVfG, § 39 RN 19.
[139] *Kopp/Ramsauer,* VwVfG, § 39 RN 2.

nichtig!)[140] sein, da dem Grundsatz des Vorbehalts des Gesetzes nicht genüge getan wäre. Die Rechtmäßigkeit der Rechtsgrundlage wird regelmäßig unproblematisch zu bejahen sein, insbesondere, wenn das einschlägige Gesetz eine klassische Ermächtigungsgrundlage aus dem Polizei- oder Baurecht ist. Als grob verfehlt wäre es in einem solchen Fall anzusehen, wenn der Bearbeiter Ausführungen zur Rechtmäßigkeit einer solchen Rechtsgrundlage macht. Lassen sich jedoch Anhaltspunkte für eine Rechtswidrigkeit der Ermächtigungsgrundlage erkennen, dann (und nur dann!) sollte der Bearbeiter an dieser Stelle in eine Rechtmäßigkeitsprüfung einsteigen.[141] Insbesondere, wenn Gegenstand eines Übungsfalles eine in der Realität nicht existierende Regelung ist, sollte hierfür eine erhöhte Sensibilität beim Bearbeiter herrschen.

Beispiel: Der in der baden-württembergischen Gemeinde G lebende Brutus bekommt von seiner Heimatgemeinde einen Verwaltungsakt, der auf eine in G erlassene Polizeiverordnung gestützt wurde. Laut dem Verwaltungsakt wird Brutus verboten, nach 23 Uhr seine Wohnung zu verlassen. In § 2 der Polizeiverordnung von G heißt es auch tatsächlich, dass die Gemeinde ein entsprechendes Ausgehverbot erlassen kann, wenn ein Einwohner den Vornamen „Brutus" trägt. Die Polizeiverordnung wurde aufgrund von § 10 I PolG-BW erlassen. Ist der Verwaltungsakt materiell rechtmäßig?

Eine Rechtsgrundlage für den Erlass ist im Hinblick auf § 2 der Polizeiverordnung gegeben. Ebenso sind auch die Tatbestandsvoraussetzungen der Rechtsgrundlage gegeben. Allerdings ist hier fraglich, ob nicht § 2 der Polizeiverordnung seinerseits rechtswidrig und somit nichtig sein könnte. Zu prüfen ist daher, ob § 2 der Verordnung formell und materiell rechtmäßig ist. Mangels Angaben im Sachverhalt ist von der formellen Rechtmäßigkeit der Verordnung auszugehen. In materieller Hinsicht müsste die Vorschrift § 10 I i.V.m. § 1 PolG-BW genügen. Hiernach können Polizeiverordnungen nur zur Gefahrenabwehr erlassen werden. Vorliegend ist

---

[140] Vgl. *Kopp/Ramsauer,* VwVfG, § 44 RN 30.
[141] Diese besteht ihrerseits wiederum aus einer formellen und materiellen Rechtmäßigkeitsprüfung. Zu prüfen ist daher, ob die Rechtsgrundlage ihrerseits mit höherrangigem Recht übereinstimmt.

indes nicht ersichtlich, welche spezifischen Gefahren von Menschen ausgehen sollen, die den Vornamen „Brutus" tragen. Im Ergebnis sind daher die Voraussetzungen für den Erlass einer Polizeiverordnung nicht gegeben gewesen. § 2 der Verordnung ist folglich materiell rechtswidrig und somit nichtig. Demzufolge fehlt es an einer wirksamen Rechtsgrundlage für den Verwaltungsakt. Mithin ist dieser materiell rechtswidrig.

Der Schwerpunkt einer verwaltungsrechtlichen Klausur liegt oftmals darin, die Tatbestandsvoraussetzungen der Rechtsgrundlage zu prüfen. Liegen die Voraussetzungen nicht vor, ist der Verwaltungsakt rechtswidrig. Hat die Verwaltung ausweislich der Rechtsgrundlage einen Ermessens- oder Beurteilungsspielraum, so ist an dieser Stelle zu prüfen, ob die Verwaltung die entsprechenden Grenzen eingehalten hat.[142]

Einen wichtigen Punkt, im Rahmen der materiellen Rechtmäßigkeit, bildet häufig die Prüfung des **Verhältnismäßigkeitsgrundsatzes**. Jedes belastende staatliche Handeln hat verhältnismäßig zu sein,[143] somit auch der Erlass eines Verwaltungsaktes. Die Verhältnismäßigkeitsprüfung besteht aus vier Schritten:

1. Die Verwaltungsmaßnahme (hier: Verwaltungsakt) muss einen bestimmten *rechtmäßigen* (insb. Verfassungsgemäßen) *Zweck* verfolgen. Die zulässigen Zwecke ergeben sich aus den Zielen, die mit der Rechtsgrundlage verfolgt werden. Diese sind in der Fallbearbeitung zu ermitteln. Verfolgt die Verwaltungsmaßnahme einen anderen Zweck als die Rechtsgrundlage zulässt, ist sie rechtswidrig.

2. Die Verwaltungsmaßnahme muss ferner dazu *geeignet* sein, den verfolgten Zweck zu erfüllen. Dies ist sie allein dann *nicht*, wenn sie den Zweck in keiner Weise fördert.[144]

---

[142] Siehe dazu oben S. 26 ff.
[143] *Detterbeck,* AT, § 6 RN 229. Dies ergibt sich bereits aus Art. 20 III GG.
[144] VGH München, NVwZ 2000, 454, 456; *Detterbeck,* AT, § 6 RN 234.

Beispiel: Gegenüber allen stadtbekannten Drogensüchtigen werden Verwaltungsakte dergestalt erlassen, dass die Personen bestimmte Bereiche einer Gemeinde, in denen sie regelmäßig gemeinschaftlich Drogen konsumieren, nicht mehr aufsuchen dürfen. Hierdurch soll der Drogenhandel und -konsum eingedämmt werden. An dieser Regelung könnte zweifelhaft sein, ob der Zweck durch das Verbot erreicht werden kann. U.U. verlagert sich das Problem nämlich lediglich auf andere Stadtteile. Allerdings ist eine Maßnahme nur dann ungeeignet, wenn sie den Zweck in keiner Weise fördert. Es ist jedoch nicht unwahrscheinlich, dass die Maßnahme zumindest in gewissem Umfang eine Eindämmung der Probleme bewirkt. Im Ergebnis ist daher die Geeignetheit zu bejahen.

3. Die Verwaltungsmaßnahme muss auch *erforderlich* sein, d.h. es darf *kein milderes ebenso effektives Mittel* zur Verfügung stehen. Ein Verwaltungsakt ist somit auch dann erforderlich, wenn zwar mildere Mittel zur Verfügung stehen, diese aber keinen vergleichbaren Erfolg erzielen.

4. Letztlich muss die Verwaltungsmaßnahme *angemessen* (d.h. verhältnismäßig i.e.S.) sein. Im Rahmen dieses Prüfungspunktes muss eine Gesamtabwägung erfolgen, die das Ausmaß der Belastungen beim Betroffenen mit dem Interesse der Allgemeinheit an der Maßnahme in ein Verhältnis setzt. Die Verwaltungsmaßnahme ist nur dann unangemessen, wenn das betroffene Interesse des Einzelnen ersichtlich *wesentlich* schwerer wiegt als das verfolgte öffentliche Interesse.[145]

Beispiel: Obwohl bei einem unter Verstoß gegen Bauvorschriften errichteten Haus möglicherweise die Tatbestandsvorrausetzungen für eine Abbruchsanordnung (bspw. nach § 65 LBO-BW) gegeben sind, kann nicht ohne Beachtung des Verhältnismäßigkeitsgrundsatzes eine solche erlassen werden. Rührt die Rechtswidrigkeit der Bebauung daher, dass die Abstandsflächen nur einen Zentimeter überschritten wurden, überwiegt das Interesse des Einzelnen an

---

[145] BVerfGE 44, 353, 373.

dem Erhalt des Gebäudes das Allgemeininteresse an der Einhaltung der bauordnungsrechtlichen Vorschriften (auch im Hinblick auf den Nachbarschutz) wesentlich. Die Angemessenheit der Verfügung müsste somit verneint werden, weswegen eine Abbruchverfügung rechtswidrig wäre.

Anmerkung: Im Rahmen der Angemessenheitsprüfung ist Argumentationsfähigkeit gefragt. Häufig liefert der Sachverhalt schon einige wertvolle Hinweise, die letztlich innerhalb des Argumentationsstranges verwertet werden können.

Ein rechtmäßiger Verwaltungsakt muss ferner inhaltlich **bestimmt** sein (§ 37 I VwVfG).[146] Der Empfänger muss somit eindeutig erkennen können, was die Behörde will.[147] Rechtmäßigkeitsvoraussetzung ist außerdem, dass der Verwaltungsakt in **rechtlicher und tatsächlicher** Hinsicht überhaupt **befolgt werden kann**.

Beispiele: Nicht befolgt werden kann eine Abbruchverfügung bezüglich eines Hauses, das bereits bei einem Orkan zerstört worden ist (=tatsächliche Unmöglichkeit); ein Hauseigentümer bekommt Bescheid, dass er eine noch vermietete Wohnung räumen soll (=rechtliche Unmöglichkeit).

Letztlich darf auch kein Verstoß gegen sonstiges Recht gegeben sein (insb. Verfassungsrecht). Ist im Rahmen der formellen oder materiellen Rechtmäßigkeitsprüfung ein Verstoß zu konstatieren, ist der Verwaltungsakt rechtswidrig.

Anmerkung: Von der Rechtswidrigkeit ist die offenbare Unrichtigkeit zu unterscheiden. Offenkundige Fehler, bei denen *Wille* und *Erklärung* der Behörde auseinander fallen (bspw. Schreibfehler, Rechenfehler etc.), können nach § 42 VwVfG durch die Behörde berichtigt werden. In diesem Fall gilt der berichtigte

---

[146] Dieser allgemeine Grundsatz (Bestimmtheit staatlicher Maßnahmen) ergibt sich schon aus dem Rechtsstaatsprinzip.
[147] *Maurer*, AT, § 10 RN 18.

Bescheid als der ursprünglich Erlassene.[148] **„Offenbar unrichtig"** ist der Fehler allein dann, wenn sich der Widerspruch zwischen dem Gewollten und dem Erklärten für jedermann aufdrängen muss und tatsächlich erkennbar ist, was die Behörde positiv gewollt hat.[149]

Prüfungsschema: Rechtmäßigkeit eines Verwaltungsakts

1. Rechtsgrundlage für den Erlass
2. Formelle Rechtmäßigkeit: Zuständigkeit der Behörde; Verfahrensvorschriften; Formvorschriften; Begründung
3. Materielle Rechtmäßigkeit:
   a. Ggf. Rechtmäßigkeit der Rechtsgrundlage?
   b. Voraussetzungen der Rechtsgrundlage erfüllt (insbesondere: Beurteilungsspielräume durch unbestimmte Rechtsbegriffe? Ermessen der Verwaltung?)?
   c. Verhältnismäßigkeitsgrundsatz gewahrt?
   d. Bestimmtheitsgrundsatz gewahrt?
   e. Tatsächlich und rechtlich befolgbar?
   d. Verstoß gegen sonstiges Recht?

---

2. Fehlerfolgen

Im Folgenden wird erläutert, welche Folgen aus einem rechtswidrigen Verwaltungsakt erwachsen.[150]

Wie bereits ausgeführt, ist ein Verwaltungsakt nicht bereits aufgrund seiner Rechtswidrigkeit nichtig. **Nichtig** ist ein Verwaltungsakt allein unter den Voraussetzungen des **§ 44 VwVfG**. Ein nichtiger Verwaltungsakt ist gemäß § 43 III VwVfG unwirksam. Er kann daher keine Rechte und Pflichten begründen.[151] Bei der

---

[148] *Kopp/Ramsauer*, VwVfG, § 42 RN 13.
[149] Vgl. *Maurer*, AT, § 10 RN 4.
[150] Eine informative Übersicht über die erdenklichen Fehler und ihre Folgen findet sich bei *Treder/Rohr*, Prüfungsschemata Verwaltungsrecht, RN 98 ff.
[151] Ein nichtiger Verwaltungsakt kann daher auch nicht als Titel im Vollstreckungsrecht fungieren (vgl. *Peine*, AT, § 7 RN 690).

60

Prüfung des § 44 VwVfG sollte mit Abs. 2 (spezielle Nichtigkeitsgründe) begonnen werden, danach folgen Abs. 3 (Ausnahmen von
Abs. 1) und anschließend Abs. 1 (Generalklausel).[152] Zunächst
sollten Sie den Gesetzestext des § 44 VwVfG lesen!

> § 44 II Nr. 1 VwVfG: Grund für die Nichtigkeit ist hier der
> Umstand, dass der Empfänger nicht weiß, von wem der
> Bescheid herrührt; mithin fehlt die Möglichkeit, diesen
> anzufechten.[153]

> § 44 II Nr. 2 VwVfG: Siehe bspw. § 10 II 1 BBG. Wird der
> gesetzlich vorgeschriebene Wortlaut bei der inhaltlichen
> Ausgestaltung der Urkunde nicht beachtet, ist dies allerdings
> kein Nichtigkeitsgrund.[154]

> § 44 II Nr. 3 VwVfG: Ein Verstoß gegen die örtliche (nicht
> die sachliche!) Zuständigkeit bei solchen Angelegenheiten,
> die sich *allein* auf unbewegliches Vermögen oder ein orts-
> gebundenes Recht oder Rechtsverhältnis beziehen, führt
> zur Nichtigkeit.

Beispiel: Eine Baugenehmigung für ein Bauvorhaben wird von
einer örtlich unzuständigen Behörde erteilt.

> § 44 II Nr. 4 VwVfG: Hier ist allein die objektive tatsächliche
> Unmöglichkeit gemeint, nicht hingegen die subjektive (sog.
> Unvermögen).[155]

Beispiele: Abbruchverfügung, die ein bereits eingestürztes Haus
betrifft; Baugenehmigung für ein nicht existierendes Grundstück;
nicht hingegen: Betroffenen mangelt es an Geld, um einer erlassenen baurechtlichen Abbruchsverfügung nachzukommen
(dann nur Unvermögen).

---

[152] Die Ausnahme des Abs. 3 ist deshalb vor Abs. 1 zu prüfen, weil, sofern die
Voraussetzungen des Abs. 3 gegeben sind, eine Nichtigkeit nach Abs. 1 ausgeschlossen ist.
[153] *Maurer,* AT, § 10 RN 33.
[154] *Peine,* AT, § 7 RN 698.
[155] *Stelkens/Bonk/Sachs,* VwVfG, § 44 RN 144.

➤ § 44 II Nr. 5 VwVfG: Nicht vom Wortlaut erfasst wird die *Erlaubnis* zu strafbaren Handlungen. Hier wird jedoch regelmäßig § 44 I VwVfG einschlägig sein.[156]

➤ § 44 II Nr. 6 VwVfG: Der Begriff der guten Sitten entspricht dem in § 138 I BGB.

Beispiel: Bürgermeister B erlässt Autoverkäufer A gegenüber aus einer Laune heraus einen Verwaltungsakt mit dem Inhalt, dass dieser sich die Haare schneiden lassen muss. Eine Rechtsgrundlage für den Bescheid gibt es nicht. Muss A den Verwaltungsakt beachten?

Unbeachtlich wäre der Verwaltungsakt für A dann, wenn dieser nichtig und somit unwirksam wäre. Nur dann würden aus dem Bescheid keine (durchsetzbaren) Pflichten für A erwachsen. Ein Nichtigkeitsgrund könnte hier in einem Verstoß gegen die guten Sitten gemäß § 44 II Nr. 6 VwVfG zu sehen sein. Gegen die guten Sitten verstoßen insbesondere Maßnahmen, die auf reiner Willkür beruhen und für die kein denkbarer sachlicher Grund spricht.[157] Die Haarschneidepflicht ist nicht auf einen *sachlichen* Grund zurückzuführen. Entsprechend ist eine Nichtigkeit nach § 44 II Nr. 6 VwVfG anzunehmen. A muss den Verwaltungsakt somit nicht beachten.

Achtung! Ein Verwaltungsakt, der auf keiner gesetzlichen Grundlage beruht, verstößt nicht immer gegen die guten Sitten, da er nur in seltenen Fällen auf reiner Willkür beruht. Im *Regelfall* werden die Nichtigkeitsgründe i.S.d. § 44 VwVfG hier nicht greifen (auch nicht Abs. 1),[158] so dass ein solcher Verwaltungsakt allein als rechtswidrig zu qualifizieren wäre.

Ist ein Nichtigkeitsgrund nach Abs. 2 gegeben, ist der Verwaltungsakt in jedem Fall nichtig (sog. absolute Nichtigkeitsgründe). Sonstige Fehler führen allein dann zur Nichtigkeit, wenn die Voraussetzungen nach § 44 I VwVfG gegeben sind (sog. relative Nichtigkeitsgründe).

---

[156] Vgl. *Stelkens/Bonk/Sachs*, VwVfG, § 44 RN 150.
[157] *Kopp/Ramsauer*, VwVfG, § 44 RN 50.
[158] Vgl. *Detterbeck*, AT, § 10 RN 617. Nach *Kopp/Ramsauer*, VwVfG, § 44 RN 30, führt hier nur die „absolute Gesetzlosigkeit" zur Nichtigkeit eines Verwaltungsaktes.

Anmerkung: Es kann auch lediglich ein Teil des Verwaltungsaktes nichtig sein. Abweichend von § 139 BGB ordnet **§ 44 IV VwVfG** im Zweifel an, dass der von dem Nichtigkeitsgrund unbehelligte Teil des Verwaltungsaktes wirksam bleibt. Der Verwaltungsakt bleibt teilweise wirksam, wenn die Behörde bei *objektiver Betrachtungsweise*[159] den Verwaltungsakt auch ohne den nichtigen Teil erlassen hätte *und* der verbleibende Teil noch eine *selbstständige Bedeutung* aufweist bzw. durch die Nichtigkeit nicht einen *anderen Sinn* erhalten und dadurch der Zweck des Bescheids gefährdet würde.[160]

Ein nach § 44 I VwVfG nichtiger Verwaltungsakt muss zweierlei Voraussetzungen erfüllen: Erstens an einem *schwerwiegenden Fehler* leiden. Zweitens hat dieser Fehler bei verständiger Würdigung aller in Betracht kommender Umstände *offensichtlich* zu sein. Der Verwaltungsakt muss aus Sicht eines aufmerksamen verständigen Bürgers evident rechtswidrig sein.[161] Dem Verwaltungsakt muss daher sozusagen „die Rechtswidrigkeit auf die Stirn geschrieben sein".[162] Ist eine genauere (juristische) Prüfung erforderlich, kann eine solche Evidenz nicht angenommen werden.

Achtung! An die Nichtigkeit nach § 44 I VwVfG werden hohe Anforderungen gestellt. Ein einfacher Verstoß gegen gesetzliche Regelungen genügt nicht. Erst wenn ein solcher Verstoß den Verwaltungsakt als *schlechthin unerträglich* erscheinen lässt, d.h. mit tragenden Verfassungsprinzipien oder den der Rechtsordnung immanenten Vorstellungen unvereinbar ist, kann ein besonders schwerwiegender Fehler angenommen werden.[163] Für die Begründung eines solchen Fehlers sollten (soweit möglich) die Wer-

---

[159] Die Frage ob die Behörde den Verwaltungsakt auch in verkürzter Form erlassen hätte, orientiert sich am Sinn und Zweck der dem Verwaltungsakt zu Grunde liegenden Normen.
[160] Vgl. *Kopp/Ramsauer*, VwVfG, § 44 RN 61 f.; *Wolff/Decker*, VwGO/VwVfG, § 44 VwVfG RN 23 f.
[161] Vgl. *Maurer*, AT, § 10 RN 32.
[162] Siehe auch *Peine*, AT, § 7 RN 704.
[163] Siehe *Wolff/Decker*, VwGO/VwVfG, § 44 VwVfG RN 7 m.w.N.

> tungen nach § 44 II, III VwVfG und § 45 I VwVfG herangezogen werden.

Beispiele:[164] Ein Verwaltungsakt ist völlig unbestimmt oder unverständlich; Einberufung einer Frau zum Wehrdienst (vgl. Art. 12a GG); Versetzung eines Nichtbeamten in den Ruhestand.

Ein **rechtswidriger Verwaltungsakt** begründet im Gegensatz zum nichtigen Verwaltungsakt Rechte und Pflichten für den Betroffenen.[165] Um die Wirkungen des rechtswidrigen Verwaltungsaktes beseitigen zu können, muss dieser durch ein Gericht oder die Behörde aufgehoben werden.

Wehrt sich ein Betroffener gegen einen rechtswidrigen Verwaltungsakt auf gerichtlichem Wege oder im Wege des Widerspruchs, muss der Bescheid indes *nicht* in jedem Fall aufgehoben werden. Vielmehr können **Verfahrens- und Formfehler** nach § 46 VwVfG unbeachtlich sein oder gemäß § 45 VwVfG geheilt werden. Im Rahmen von Fallbearbeitungen wird § 45 VwVfG regelmäßig vor § 46 VwVfG geprüft.

> **Achtung!** Fehler, die einen Verwaltungsakt nach § 44 VwVfG als nichtig qualifizieren, können nicht geheilt werden oder unbeachtlich sein!

Gemäß **§ 45 I VwVfG** können die dort genannten Förmlichkeiten (lesen!) nachgeholt werden, mit der Folge, dass der Verwaltungsakt dann als formell rechtmäßig anzusehen ist. Die Nachholung ist zeitlich bis zum Abschluss der letzten Tatsacheninstanz eines verwaltungsgerichtlichen Verfahrens möglich (nicht mehr im Revisionsverfahren vor dem BVerwG). Nach § 45 I Nr. 2 VwVfG kann auch die erforderliche Begründung i.S.d. § 39 I VwVfG nachträglich gegeben werden. Die Norm betrifft allerdings nicht den Fall, dass eine fehlerhafte Begründung

---

[164] Siehe zu weiteren Einzelfällen: *Kopp/Ramsauer*, VwVfG, § 44 RN 14 ff.
[165] Der Verwaltungsakt kann daher auch vollstreckt werden.

abgegeben wird, sondern allein denjenigen, dass eine Begründung insgesamt fehlt.

§ 45 I Nr. 2 VwVfG erfasst somit nicht das Nachschieben von Gründen, sondern lediglich die Nachholung der Begründung an sich.[166]

Wurde zwar eine Begründung nach § 39 I VwVfG gegeben, ist diese aber inhaltlich unzureichend, stellt sich die Frage, ob die Begründung auch in inhaltlicher Hinsicht korrigiert werden kann, m.a.W. ob **Gründe nachgeschoben** werden können. Dies wird von der h.M. bejaht, die davon ausgeht, dass der Inhalt der Begründung kein Teil des Verwaltungsaktes ist.[167] Die Begründungspflicht ist hiernach ein rein formales Erfordernis (§ 39 I VwVfG). Hierfür spricht zum einen § 46 VwVfG der allein darauf abzielt, dass der Verwaltungsakt den gesetzlichen Vorgaben (insb. der Ermächtigungsgrundlage) entspricht.[168] Ferner kann § 114 S. 2 VwGO angeführt werden.[169] Das Nachschieben von Gründen ist allerdings nur zulässig, wenn

➢ die nachgeschobenen Gründe *schon* bei Erlass des Verwaltungsaktes *existiert* haben,

➢ das Nachschieben den Verwaltungsakt *nicht in seinem Wesen verändert* und

➢ der Betroffene *nicht in seiner Rechtsverteidigung beeinträchtigt* wird.[170]

---

[166] Vgl. auch *Detterbeck,* AT, § 10 RN 634; *Maurer,* AT, § 10 RN 40.

[167] BVerwGE 64, 356, 358; *Maurer,* AT, § 10 RN 40. A.A. *Schenke,* NVwZ 1988, 1, 8 f. Nach dieser Gegenansicht, die auch die inhaltliche Richtigkeit der Begründung als Teil des Verwaltungsaktes ansieht, ist ein Nachschieben von Gründen ausgeschlossen.

[168] So *Peine,* AT, § 7 RN 724.

[169] Im Rahmen von Ermessensentscheidungen sind allerdings die Grenzen von § 114 S. 2 VwGO zu beachten. Es ist allein eine Ergänzung möglich, nicht jedoch eine substanzielle Veränderung der Begründung.

[170] Siehe zu diesen vom BVerwG aufgestellten Voraussetzungen: *Wolff/Decker,* VwGO/VwVfG, § 113 VwGO RN 53 ff.

Beispiel: Gustav (G) betreibt ein Gaststättengewerbe. Nachdem der zuständigen Behörde zu Ohren kommt, dass G mehrfach Alkohol an 12-jährige Jugendliche ausgeschenkt und somit wiederholt gegen § 9 I Nr. 2 JuSchG verstoßen habe, widerruft die Behörde G gegenüber nach § 15 II GastG die Gaststättenerlaubnis. Während G gerichtlich gegen die Entscheidung vorgeht, stellt sich heraus, dass es entsprechende Verstöße gegen das JuSchG in der Vergangenheit nie gegeben hat. Allerdings wird noch vor der mündlichen Verhandlung bekannt, dass G schon seit einiger Zeit alkoholkrank ist. Wird das angerufene Gericht dem Anfechtungsbegehren des G nachkommen?

Dies wird das Gericht nur, wenn der Widerruf rechtswidrig in Rechte des G eingreift. Der Widerruf könnte indes nach § 15 II i.V.m. § 4 I 1 Nr. 1 GastG rechtmäßig sein. Zunächst ist festzustellen, dass der Widerruf der Erlaubnis nicht darauf gestützt werden kann, dass zu befürchten steht, dass G die Vorschriften des Jugendschutzes nicht einhalten werde. Allerdings ist der alkoholkranke G „dem Trunke ergeben". Zweifelhaft ist indes, ob die Behörde diesen Einwand noch geltend machen kann. Ein Nachschieben von Gründen ist nach h.M. grundsätzlich möglich, wobei jedoch die hierfür geltenden Grenzen zu beachten sind. Vorliegend könnte die Begründung zu einer Wesensänderung des Verwaltungsaktes geführt haben. Eine Wesenänderung ist regelmäßig dann gegeben, wenn eine Begründung völlig ausgewechselt oder die Ermächtigungsgrundlage bei Ermessensentscheidungen ausgetauscht wird.[171]

Festzuhalten ist, dass vorliegend keine Beeinträchtigung des G in dessen Rechtsverteidigung in Betracht kommt. Dieser Voraussetzung ist dadurch Genüge getan, dass G die Möglichkeit zur Stellungnahme hinsichtlich der neuen Begründung in der mündlichen Verhandlung gegeben wird. Gleichwohl wurde vorliegend die Begründung für den Widerruf komplett verändert. Es erscheint daher im Hinblick auf die völlige Auswechslung der Begründung angezeigt, die Grenze für das zulässige Nachschieben von Gründen als überschritten anzusehen. Das Gericht muss daher dem Anfechtungsbegehren des G nachkommen. Die Behörde wird einen neuen Widerruf erlassen müssen.

---

[171] Vgl. *Stelkens/Bonk/Sachs,* VwVfG, § 46 RN 48 ff.; *Wolff/Decker,* VwGO/VwVfG, § 113 VwGO RN 53 ff.

§ 46 VwVfG erklärt einige formelle Fehler für unbeachtlich. Die Norm erhebt einen rechtswidrigen Verwaltungsakt zwar nicht zu einem rechtmäßigen, stellt jedoch klar, dass eine Aufhebung im Hinblick auf bestimmte Fehler nicht verlangt werden kann. § 46 VwVfG greift jedoch nicht bei einer Verpflichtungsklage auf Erlass eines form- oder verfahrensfehlerhaft abgelehnten Verwaltungsaktes.[172] Die in der Norm erwähnte „örtliche Zuständigkeit" betrifft nur solche Fälle, die nicht unter § 44 II Nr. 3 VwVfG fallen. „Offensichtlichkeit" i.S.d. § 46 VwVfG ist dann gegeben, wenn ein Einfluss des Fehlers auf die Sachentscheidung nach *jeder* Betrachtungsweise auszuschließen ist (sog. tatsächliche Alternativlosigkeit).[173] Eine Unbeachtlichkeit des Fehlers scheidet demgegenüber schon dann aus, wenn die *Möglichkeit* besteht, dass eine andere Entscheidung ohne den vorhandenen Fehler getroffen worden wäre.

Beispiel: Bürger B bekommt von der zuständigen Gemeindebehörde einen materiell rechtmäßigen Bescheid mit dem Inhalt, dass es ihm künftig untersagt ist, Tauben in der Innenstadt zu füttern. B wurde im Vorfeld nicht angehört. Nach der dem Verwaltungsakt zu Grunde liegenden Norm, „kann" die Fütterung von Tauben verboten werden. Greift hier § 46 VwVfG?
Eine Unbeachtlichkeit der unterlassenen Anhörung nach § 46 VwVfG hängt davon ab, ob die Verletzung des § 28 I VwVfG nach jeder Betrachtungsweise eine Beeinflussung der getroffenen Sachentscheidung ausschließt oder nicht. Vorliegend hatte die Behörde einen Ermessensspielraum („kann") bei dem Erlass des Bescheides. Es ist daher durchaus denkbar, dass die Anhörung für die Behörde neue Gesichtspunkte zu Tage gebracht hätte, die letztlich die Ermessensentscheidung in eine andere Richtung gelenkt hätten.[174] Eine Unbeachtlichkeit des Fehlers nach § 46 VwVfG kann daher nicht angenommen werden.

---

[172] *Stelkens/Bonk/Sachs*, VwVfG, § 46 RN 11.
[173] *Detterbeck*, AT, § 10 RN 636.
[174] Bei Ermessensentscheidungen oder wenn der Behörde ein Beurteilungsspielraum eingeräumt wurde, ist aus diesem Grunde § 46 VwVfG fast nie verwirklicht (*Detterbeck*, AT, § 10 RN 638 m.w.N.), es sei denn es ist eine Ermessensreduzierung auf Null gegeben. Bei einer solchen Ermessensreduktion hätte die Behörde demgegenüber auch ohne die Verletzung von Verfahrens- oder Formfehlern entsprechend dem Ausgangsbescheid entscheiden müssen. Gleiches gilt für gebun-

Anmerkung: Unter den Voraussetzungen des § 47 VwVfG (lesen!) kann ein rechtswidriger Verwaltungsakt in einen rechtmäßigen umgedeutet werden. Dies gilt nach h.M. auch für nichtige Verwaltungsakte.[175] Die Umdeutung tritt kraft Gesetzes ein (str.).[176] Abzugrenzen ist die Umdeutung – die den ursprünglichen Verwaltungsakt gleichsam austauscht – von der Auslegung des Verwaltungsaktes, der Berichtigung nach § 42 VwVfG und dem Nachschieben von Gründen. Da § 47 VwVfG in der Praxis eher zurückhaltend angewendet wird,[177] sollte auch in der Fallbearbeitung eine eher restriktive Handhabung erfolgen.

Beispiele: Keine Umdeutung von Baugenehmigung in Bauvorbescheid; keine Umdeutung einer Zustimmung zum Verwaltungsakt in einen entsprechenden Verwaltungsakt; eine Umdeutung einer Rücknahme nach § 48 VwVfG in einen Abhilfebescheid nach § 72 VwGO ist aber möglich.

Weiterführende Literatur

📖 **Schnapp/Henkenötter**, JuS 1998, 524 und 624 (Grundlagenwissen)

IV. Aufhebung von Verwaltungsakten

Die Aufhebung von Verwaltungsakten erfolgt vor allem durch Gerichtsurteile (vgl. § 113 I 1 VwGO) oder im Rahmen des Widerspruchsverfahrens (vgl. § 72 VwGO). Unter bestimmten Voraussetzungen ist eine Behörde aber auch ermächtigt, einen Verwaltungsakt außerhalb eines Rechtsmittelverfahrens aufzuheben, d.h. dessen rechtliche Wirkungen wieder zu beseitigen. Die Behörde hat hier die Optionen der **Rücknahme** (§ 48 VwVfG) oder des **Widerrufs** (§ 49 VwVfG).

---

dene Entscheidungen. Hier ist daher immer eine tatsächliche Alternativlosigkeit zu bejahen.

[175] VGH Mannheim, NVwZ 1985, 349; *Kopp/Ramsauer,* VwVfG, § 47 RN 3. A.A. *Knack/Henneke,* VwVfG, § 47 RN 8.

[176] *Kopp/Ramsauer,* VwVfG, § 47 RN 8 f.; *Peine,* AT, § 7 RN 744. A.A. *Knack/Henneke,* VwVfG, § 47 RN 27.

[177] *Maurer,* AT, § 10 RN 45.

Daneben können vorrangig zu prüfende Spezialregelungen existieren, die eine Aufhebung durch die Behörde gestatten.

Beispiele: § 15 GastG; § 33d IV, V GewO; § 25 PBefG; § 45 WaffG; § 21 BImSchG.

Die Aufhebung muss nicht ausdrücklich, sondern kann auch konkludent erfolgen.

Beispiel: Unternehmer Ullrich wurden per Leistungsbescheid Subventionen gewährt. Die zuständige Behörde will diese Subventionen zurückfordern, nachdem sie erfahren hat, dass Ullrich die Gelder zweckwidrig verwendet. Sie erlässt daher einen Rückforderungsbescheid. Der Rückforderungsbescheid stellt hier gleichzeitig eine konkludente Aufhebung des Bewilligungsbescheids dar.

Anmerkung: Die Rücknahme und der Widerruf sind selbst als Verwaltungsakte zu qualifizieren, so dass auch hiergegen die Einlegung eines Widerspruchs oder die Erhebung einer Klage möglich ist. Da die allgemeinen Regeln über Verwaltungsakte Anwendung finden, ist bspw. auch die Rücknahme der Rücknahme möglich.[178] Wird eine Rücknahme oder ein Widerspruch aufgehoben (auch im Rahmen eines Rechtsmittelverfahrens), gilt der ursprüngliche Bescheid weiter![179]

Rücknahme oder Widerruf müssen nicht notwendigerweise den gesamten Verwaltungsakt erfassen. Denkbar ist auch eine **teilweise Aufhebung**. Voraussetzung hierfür ist allerdings, dass der Verwaltungsakt *teilbar* ist und die *Voraussetzungen* der Aufhebung hinsichtlich des dafür vorgesehenen Teils *gegeben sind*.

---

[178] Demgegenüber soll der Widerruf eines Widerrufs nach h.M. nicht möglich sein, da die Ausgangsbehörde hier den rechtmäßigen Verwaltungsakt schlichtweg wieder neu erlassen könnte (vgl. *Maurer,* AT, § 11 RN 20 m.w.N.).

[179] *Peine,* AT, § 12 RN 919.

Beispiele: Ein auf 500 € lautender Leistungsbescheid wird auf 300 € reduziert; ein Verwaltungsakt mit Dauerwirkung (bspw. Rentenbescheid über monatliche Geldleistungen) wird nicht ex tunc sondern ex nunc aufgehoben.

§ 49 VwVfG erfasst die Aufhebung rechtmäßiger Verwaltungsakte durch die Behörde, während **§ 48 VwVfG** auf rechtswidrige Verwaltungsakte bezogen ist. Beide Normen unterscheiden innerhalb des Tatbestandes danach, ob der aufzuhebende Verwaltungsakt begünstigende (§ 49 II-IV und § 48 I 2, II-IV VwVfG) oder belastende (§ 49 I und § 48 I 1 VwVfG) Wirkung entfaltet. Zweck der Rücknahme ist es, den Fehler des Erlasses eines rechtswidrigen Verwaltungsaktes zu korrigieren. Durch den Widerruf soll einer Behörde die Möglichkeit erhalten bleiben, auf eine Änderung der tatsächlichen oder rechtlichen Verhältnisse, die eine Aufhebung des Verwaltungsaktes indizieren, zu reagieren.

Anmerkung: Ob ein Verwaltungsakt rechtmäßig oder rechtswidrig i.S.d. vorgenannten Normen ist, bestimmt sich nach dem **Zeitpunkt seines Erlasses**.[180] Es ist somit für die Einordnung unerheblich, ob zu einem späteren Zeitpunkt der ursprünglich rechtmäßige Verwaltungsakt als rechtswidrig eingestuft werden müsste (bspw. wenn sich die Rechtslage ändert) oder umgekehrt der rechtswidrige Bescheid rechtmäßig wird.

Beispiel: Eine Behörde will einen Verwaltungsakt aufheben, der seinerzeit auf ein Gesetz gestützt wurde, welches schon zum damaligen Zeitpunkt rechtswidrig war. Das Gesetz wurde in der Zwischenzeit vom BVerfG für nichtig erklärt (§ 78 S. 1 BVerfGG). Muss der Bescheid nach § 48 oder nach § 49 VwVfG aufgehoben werden?
Maßgeblich für die Beantwortung der Frage ist, ob der Verwaltungsakt zum Zeitpunkt seines Erlasses rechtswidrig oder rechtmäßig gewesen ist. Vorliegend ist die Rechtsgrundlage, auf die der Verwaltungsakt gestützt worden ist, rechtswidrig gewesen. Folglich ist auch der Verwaltungsakt

---

[180] *Detterbeck,* AT, § 10 RN 680; *Peine,* AT, § 12 RN 915. Bei einem Widerspruchsbescheid: dessen Erlass (vgl. § 79 I Nr. 1 VwGO).

zum Zeitpunkt seines Erlasses als materiell rechtswidrig zu qualifizieren. Der Bescheid kann daher allein nach § 48 VwVfG zurückgenommen werden.

Umstritten ist, ob auch **nichtige Verwaltungsakte** aufgehoben werden können.[181] Gegen eine Aufhebung spricht, dass § 44 V VwVfG eine andere Möglichkeit für den Umgang mit nichtigen Verwaltungsakten einräumt. Hierbei gibt es insbesondere Unterschiede in der Rechtsfolge (vgl. nur § 48 III VwVfG: Vermögensausgleich). Ferner ist auch § 43 II VwVfG zu beachten. Für eine Aufhebung spricht die Verfahrensökonomie.

Liest man den Gesetzestext der §§ 48 f. VwVfG aufmerksam, fällt auf, dass begünstigende Verwaltungsakte unter viel restriktiveren Voraussetzungen aufgehoben werden können als belastende. Grund hierfür ist die jeweils unterschiedliche Interessenlage des Bürgers im Hinblick auf den in Rede stehenden Verwaltungsakt. Während der Bürger ein Erhaltungsinteresse an begünstigenden Verwaltungsakten hat, wird er an der Aufhebung belastender Bescheide regelmäßig nichts auszusetzen haben. Hinsichtlich der begünstigenden Verwaltungsakte musste der Gesetzgeber daher das zu schützende Vertrauen des Bürgers in den Bestand der Maßnahme berücksichtigen (Vertrauensschutz).

Entscheidend für die Frage, unter welchen Voraussetzungen eine Aufhebung in Betracht kommt ist aus diesem Grund, ob ein begünstigender oder belastender Verwaltungsakt gegeben ist. Die Beurteilung wird vom Standpunkt des Bürgers vorgenommen.[182] Regelmäßig dürfte die Einordnung unproblematisch sein.

Beispiele: Gewerberechtliche Genehmigung (=begünstigender Verwaltungsakt); Bußgeldbescheid (=belastender Verwaltungsakt).

---

[181] Dafür: *Peine*, AT, § 12 RN 929; *Kopp/Ramsauer*, VwVfG, § 48 RN 18 (analog). Dagegen: *Detterbeck*, AT, § 10 RN 685; *Maurer*, AT, § 11 RN 16.
[182] *Maurer*, AT, § 11 RN 15.

Problematisch ist die Einordnung allerdings, wenn ein Verwaltungsakt für denselben Betroffenen zugleich begünstigend und belastend wirkt.

Beispiele: Die Beamtenernennung birgt Rechte und Pflichten zugleich. Wird auf einen Leistungsantrag nur ein Teil der begehrten Leistung zugesprochen, birgt der Verwaltungsakt mit dem Zuspruch zwar ein begünstigendes Element, gleichzeitig enthält die Maßnahme aber auch eine Belastung, nämlich die Ablehnung der beantragten Leistung.

Ist in diesen Fällen eine Teilbarkeit des Verwaltungsaktes in einen begünstigenden und einen belastenden Teil möglich, so müssen die entsprechenden Teile voneinander isoliert zurückgenommen und widerrufen werden. Ist eine Teilbarkeit demgegenüber nicht gegeben, gelten für den Verwaltungsakt – als milderes Mittel – die Vorschriften über begünstigende Verwaltungsakte.[183]

Problematisch sind ferner solche Verwaltungsakte, die Drittwirkung entfalten, d.h. solche, die für eine Person begünstigend und für eine andere belastend wirken.

Beispiele: Eine Baugenehmigung wirkt für den Bauherrn begünstigend, für dessen Nachbarn jedoch belastend. Umgekehrt würde die Ablehnung einer Baugenehmigung den Nachbarn begünstigen und den Bauherrn belasten.

Ob ein Verwaltungsakt hier begünstigend oder belastend ist, richtet sich nach der Sicht des Adressaten.[184] In der ersten Variante des vorgenannten Beispiels liegt somit ein begünstigender Verwaltungsakt vor, in der zweiten Variante ein belastender.

Teilweise werden auch solche Verwaltungsakte als begünstigend eingestuft, die zwar an sich eine Belastung beinhalten, jedoch eine geringere Belastung aufbürden als gesetzlich möglich.

---

[183] *Kopp/Ramsauer,* VwVfG, § 48 RN 72 f.; *Wolff/Decker,* VwGO/VwVfG, § 48 VwVfG RN 18.
[184] *Detterbeck,* AT, § 10 RN 688.

Beispiel: Albert bekommt einen Beitragsbescheid über 1.000 €. In seinem Fall wäre es allerdings auch möglich gewesen, einen Beitragsbescheid über 1.500 € zu erlassen.

Nach h.M. wird demgegenüber ein Verwaltungsakt, der eine geringere Belastung als möglich beinhaltet, grundsätzlich nicht zu einem begünstigenden Verwaltungsakt.[185] Es bleibt daher eine Aufhebung nach den Vorschriften über belastende Verwaltungsakte möglich. Eine Qualifizierung als begünstigender Verwaltungsakt ist demgegenüber dann möglich, wenn durch den Verwaltungsakt (ausdrücklich oder konkludent) *verbindlich* klargestellt wird, dass keine zusätzlichen Belastungen erfolgen.

Beispiele: Der Verwaltungsakt enthält einen Verzicht oder Erlass von Beiträgen; aus dem Verwaltungsakt lässt sich ableiten, dass die Erhebung endgültig sein soll.

Anmerkung: Widerspruchsbescheide teilen die Qualifizierung des Verwaltungsaktes, den sie bestätigen.[186]

Im Folgenden werden die **Voraussetzungen des Widerrufs** und **der Rücknahme** erläutert:

Anmerkung: Zu beachten ist dabei, dass die §§ 48 f. VwVfG einen Interessenkonflikt zu bewältigen versuchen, der sich insbesondere auf die Interpretation der Vorschriften auswirkt. Hierbei stehen sich die Prinzipien der Rechtssicherheit und des Vertrauensschutzes, die für die Bestandskraft einer Maßnahme streiten, und das Prinzip der Gesetzmäßigkeit gegenüber, das die Verwaltung zur Beachtung der geltenden Rechtslage verpflichtet.

---

[185] Vgl. *Kopp/Ramsauer*, VwVfG, § 48 RN 69 m.w.N.
A.A. wohl *Maurer*, AT, § 11 RN 15.
[186] *Kopp/Ramsauer*, VwVfG, § 48 RN 63.

1. Voraussetzungen der Rücknahme

§ 48 I 1 VwVfG betrifft die **Rücknahme** rechtswidriger belastender Verwaltungsakte. Die Rücknahme ist ohne besondere Voraussetzungen im Rahmen der Ausübung pflichtgemäßen Ermessens („kann") immer möglich.[187] Die Rücknahme kann sowohl den vollständigen Verwaltungsakt erfassen oder auch nur Teile davon. Sie ist mit Wirkung für die Zukunft möglich, kann aber auch die Vergangenheit erfassen.

Anmerkung: Die geringe Hürde bei der Rücknahme rechtswidriger belastender Verwaltungsakte basiert auf dem Gedanken, dass hier das Prinzip der Gesetzmäßigkeit der Verwaltung eine Aufhebung fordert und gleichzeitig kein schützenswertes Vertrauen des Bürgers auf den Erhalt der Maßnahme besteht. Allenfalls der Gesichtspunkt der Rechtssicherheit streitet für die Aufrechterhaltung des Verwaltungsaktes.

Einen Anspruch des Bürgers auf Rücknahme des Verwaltungsaktes gibt es grundsätzlich nicht; auch nicht unter dem Gesichtspunkt der Gesetzmäßigkeit der Verwaltung.[188] Das Ermessen ist daher bei der Rücknahme nicht allein deshalb auf Null reduziert, weil der Verwaltungsakt rechtswidrig ist.[189] Eine Ermessensreduzierung auf Null kommt indes dann in Betracht, wenn der Bestand des Verwaltungsaktes *schlechthin unerträglich* ist.[190]

---

[187] Hier sind daher die oben genannten (S. 26 ff.) Ermessenfehler zu prüfen.
[188] Der Bürger hatte schließlich schon vorab die Möglichkeit gegen den rechtswidrigen Verwaltungsakt Widerspruch einzulegen oder Anfechtungsklage zu erheben. Es wäre widersinnig (bspw. unter dem Gesichtspunkt Rechtsmittelfristen) ihm hier gleichsam durch die Hintertür einen Anspruch einzuräumen, wenn er es versäumt hat, die Rechtsmittel im Vorfeld erfolgreich auszuschöpfen. Vgl. dazu *Peine*, AT, § 12 RN 932; *Detterbeck*, AT, § 10 RN 692.
[189] Dies ergibt sich auch schon aus der klaren gesetzlichen Regelung, die die Rücknahme eines rechtswidrigen Verwaltungsaktes bewusst in das Ermessen der Behörde gestellt hat.
[190] BVerwG, NVwZ 1985, 265; NVwZ 2007, 709, 710. Zudem wenn der Verwaltungsakt gegen EU-Recht verstößt (*Kopp/Ramsauer*, VwVfG, § 48 RN 79).

Ferner sind Konstellationen relevant, bei welchen in ähnlich gelagerten Fällen eine Rücknahme erfolgte und somit eine Selbstbindung der Verwaltung zu bejahen ist (Art. 3 I GG).[191]

Beispiel: Eine Behörde hat selbst in vorwerfbarer Weise dazu beigetragen, dass der Verwaltungsakt unanfechtbar geworden ist (bspw. durch starke Einflussnahme auf den Betroffenen). Hier wäre die Aufrechterhaltung des Bescheids schlechthin unerträglich und somit eine Ermessensreduzierung auf Null zu bejahen.

Strittig ist, ob eine Ermessensreduzierung auf Null immer anzunehmen ist, wenn ein rechtswidriger Verwaltungsakt noch nicht unanfechtbar geworden ist.[192] Für eine solche Bewertung wird angeführt, dass – mangels Unanfechtbarkeit – auch der Gesichtspunkt der Rechtssicherheit nicht für eine Aufrechterhaltung des Verwaltungsakts spricht. Mit der Rechtsprechung ist demgegenüber ein Antrag auf Rücknahme des Verwaltungsaktes als Widerspruch gemäß § 69 VwGO auszulegen.[193]

Achtung! Die Behörde kann dem Bürger gegenüber auf ihr Rücknahmerecht verzichten. Eine Rücknahme ist sodann nicht mehr möglich.

Prüfungsschema § 48 I 1 VwVfG

1. Zuständigkeit: Örtliche nach 48 V i.V.m. § 3 VwVfG; sachlich ist grundsätzlich die Ausgangsbehörde zuständig, daneben im Widerspruchsverfahren (bis zur Rechtskräftigkeit) auch die Widerspruchsbehörde.[194]
2. Verfahren und Form richtet sich nach den allgemeinen Vorschriften.
3. Rechtswidriger belastender Verwaltungsakt?
4. Ermessensfehler (insb. Ermessensreduzierung auf Null)?
5. Rücknahme gegenüber dem richtigen Adressaten?

---

[191] *Kopp/Ramsauer,* VwVfG, § 48 RN 79. Dazu oben S. 28 f.
[192] Dafür: *Detterbeck,* AT, § 10 RN 692.
[193] BVerwG, NJW 2002, 1137.
[194] *Kopp/Ramsauer,* VwVfG, § 48 RN 164.

Der Rücknahme rechtswidriger begünstigender Verwaltungsakte i.S.d **§ 48 I 2 VwVfG** liegen die Voraussetzungen nach § 48 I 1 VwVfG zu Grunde.[195] Die Rücknahmeentscheidung ist daher eine Ermessensentscheidung. Im Übrigen gelten zusätzlich die Voraussetzungen gemäß § 48 II-IV VwVfG.

Anmerkung: Die Rücknahme begünstigender Verwaltungsakte ist unter engeren Voraussetzungen möglich, da hier u.U. ein gewisses Vertrauen des Bürgers in den Erhalt der Begünstigung zu schützen ist. Auf der anderen Seite liefert das Prinzip der Gesetzmäßigkeit der Verwaltung einen Grund dafür, dass der Verwaltungsakt nicht in jedem Fall Bestand haben kann.

Hat der Begünstigte auf die Leistung einer der in § 48 II VwVfG aufgezählten Leistungsbescheide in schutzwürdigem Maße vertraut, *darf* der Verwaltungsakt nicht zurückgenommen werden. Der Verwaltungsakt muss hierbei die *Grundlage* der Leistungen gewesen sein. Folgende Leistungsbescheide werden in § 48 II 1 VwVfG aufgelistet:

> ➢ Gewährung einer einmaligen oder laufenden Geldleistung: „Geldleistung" bedeutet, dass die Leistung in Geld bezifferbar sein muss.[196]
>
> **Beispiele:** Bewilligung einer Subvention von 5000 € („einmalig"); Bewilligung von BaföG in Höhe von 300 € monatlich („laufend"); Verzicht der Behörde auf eine geschuldete Leistung.
>
> ➢ Gewährung einer teilbaren Sachleistung: „Teilbar" kann sowohl in sachlicher als auch in zeitlicher Hinsicht (Gewährung für einen bestimmten Zeitraum) zu verstehen sein.[197] Nicht hierunter zu fassen, ist die Gewährung immaterieller Vorteile.

---

[195] *Detterbeck,* AT, § 10 RN 694. Rechtsgrundlage der Rücknahme bleibt daher § 48 I 1 VwVfG.
[196] *Wolff/Decker,* VwGO/VwVfG, § 48 VwVfG RN 24.
[197] *Kopp/Ramsauer,* VwVfG, § 48 RN 88.

Beispiele: Zulassung zu öffentlichen Einrichtungen; Überlassung von Wohnraum; Bewilligung einer Waschmaschine[198]; nicht hingegen: Bewilligung von Dienstleistungen (Beratung o.ä.).

Der Verwaltungsakt darf nicht widerrufen werden, *soweit* der Begünstigte auf den Bestand des Verwaltungsaktes *vertraut* hat und sein Vertrauen unter *Abwägung* mit dem öffentlichen Interesse an einer Rücknahme schutzwürdig ist. Die Norm verlangt somit eine Abwägung zwischen dem Vertrauen des Begünstigten in den Erhalt der Leistung und dem öffentlichen Interesse an der Rücknahme. Ist der Verwaltungsakt teilbar, kann er nur *soweit* zurückgenommen werden, wie das Vertrauen nicht schutzwürdig ist.[199]

Voraussetzung ist demzufolge zunächst, dass der Begünstigte auf den Bestand des Leistungsbescheides **vertraut** hat. Ein solches Vertrauen ist regelmäßig zu bejahen.[200] Weitergehend legt § 48 II 3 VwVfG – allerdings nicht abschließend –[201] fest, wann ein Bestandsvertrauen nicht mehr **schutzwürdig** ist:

> ➢ § 48 II 3 Nr. 1 VwVfG: Nach h.M. bedeutet „erwirkt", dass Täuschung, Drohung oder Bestechung für die *Rechtswidrigkeit* des Verwaltungsaktes kausal gewesen sein müssen.[202]

> ➢ § 48 II 3 Nr. 2 VwVfG: Die Angaben sind in „wesentlicher Beziehung" unrichtig oder unvollständig, wenn sie für die Entscheidungsfindung der Behörde erforderlich gewesen sind.

---

[198] Letzteres Bsp. kann im Hinblick auf den Zweck der Vorschrift trotz des insoweit anderslautenden Wortlauts („teilbar") angeführt werden. Vgl. dazu *Kopp/Ramsauer,* VwVfG, § 48 RN 89.
[199] Handelt es sich jedoch um eine unteilbare Leistung, ist allein eine Rücknahme im Ganzen möglich (*Detterbeck,* AT, § 10 RN 696).
[200] Allenfalls dann, wenn der Begünstigte noch keine Kenntnis von dem Verwaltungsakt hat oder er fest damit rechnet, dass die Leistung zurückgefordert wird, ist ein entsprechendes Vertrauen zu verneinen.
[201] Siehe *Stelkens/Bonk/Sachs,* VwVfG, § 48 RN 149.
[202] Vgl. *Wolff/Decker,* VwGO/VwVfG, § 48 VwVfG RN 28; *Kopp/Ramsauer,* VwVfG, § 48 RN 113. Nach a.A. wird *zudem* eine Entscheidungserheblichkeit verlangt.

> § 48 II 3 Nr. 3 VwVfG: „Grob fahrlässige" Unkenntnis liegt vor, wenn es sich dem Leistungsempfänger im Rahmen einer Parallelwertung in der Laiensphäre hätte aufdrängen müssen, dass der Verwaltungsakt rechtswidrig ist.[203] Die Vorschrift ist allerdings nicht zu bejahen, wenn die falschen Angaben durch die Behörde verursacht wurden (bspw. durch irreführende Antragsformulare).[204]

Ist einer der oben genannten Ausschlusstatbestände gegeben, liegt kein *schutzwürdiges* Vertrauen vor. Andernfalls ist weiter zu prüfen, ob und inwieweit ein schutzwürdiges Vertrauen auf den Erhalt des Bescheids zu bejahen ist. § 48 II 2 VwVfG (lesen!) stellt an dieser Stelle Voraussetzungen auf, die eine Schutzwürdigkeit des Vertrauens indizieren (sog. Vertrauensbetätigung).

Beispiele: Subventionen werden in Form von Preissenkungen an den Verbraucher weitergegeben („Verbrauch")[205]; Abschluss eines Kaufvertrages über Maschinen, die für den Betrieb benötigt werden („Vermögensdisposition"); dagegen kein „Verbrauch": Schuldentilgung, da hier die Leistung wirtschaftlich gesehen – vergleicht man die Vermögenslage vor und nach der Tilgung – noch im Vermögen des Begünstigten ist. Gleiches gilt bei der Anschaffung noch vorhandener Güter[206].

Liegt eine entsprechende Vertrauensbetätigung vor, ist auch regelmäßig ein schutzwürdiges Vertrauen zu bejahen. Andererseits schließt das Nichtvorliegen einer Vertrauensbetätigung schutzwürdiges Vertrauen nicht aus, da die Vorschrift lediglich ein Regelbeispiel ist. Allerdings müssen dann besondere Umstände gegeben sein, die ein entsprechend schutzwürdiges Vertrauen begründen können.[207]

---

[203] *Kopp/Ramsauer,* VwVfG, § 48 RN 122.
[204] *Maurer,* AT, § 11 RN 31.
[205] Der Begriff „Verbrauch" entspricht inhaltlich im Wesentlichen der Entreicherung i.S.d. § 818 III BGB.
[206] Vgl. *Stelkens/Bonk/Sachs,* VwVfG, § 48 RN 142.
[207] *Maurer,* AT, § 11 RN 32. Regelmäßig wird hier daher ein schutzwürdiges Vertrauen auszuschließen sein.

Lässt sich ein schutzwürdiges Vertrauen in den Erhalt des Leistungsbescheids bejahen, ist sodann mit dem öffentlichen Interesse abzuwägen. Bei der Abwägung sind die *konkreten Umstände* und ihr *Gewicht* im Einzelfall maßgebend.[208]

Beispiele: Auswirkungen für den Betroffenen; Auswirkungen für die Allgemeinheit oder Dritte; Schwere der Rechtswidrigkeit; Zeit seit Erlass des Bescheids.

Ist die Regelvermutung nach § 48 II 2 VwVfG gegeben, überwiegt das öffentliche Interesse das Vertrauen auf den Erhalt des Verwaltungsaktes nur in Ausnahmefällen. Umgekehrt kann eine fehlende Vertrauensbetätigung das öffentliche Interesse ebenfalls nur in Ausnahmefällen überwiegen, da der Begünstigte durch die Rücknahme nicht übermäßig belastet wird.[209]

> **Anmerkung:** Je höher die Vertrauens*betätigung* ist, d.h. je mehr Dispositionen getätigt wurden und je weniger diese rückgängig zu machen sind, desto höher ist auch die Schutzwürdigkeit des Vertrauens im Rahmen der vorzunehmenden Abwägung.[210]
> Die Abwägung kann auch dazu führen, dass ein Verwaltungsakt zwar nicht ex tunc, aber ex nunc zurückgenommen werden kann. Dies wird regelmäßig bei Verwaltungsakten mit Dauerwirkung der Fall sein (bspw. monatliche Geldleistungen).[211]

Fehlt es an einem das öffentliche Interesse überwiegenden schutzwürdigen Vertrauen, entscheidet die Behörde über die Rücknahme gemäß § 48 I 1 VwVfG nach pflichtgemäßem Ermessen. Die Behörde muss somit den Verwaltungsakt nicht zurücknehmen, kann dies jedoch.[212] Liegt indes einer der Ausschlusstatbestände nach § 48 II 3 VwVfG vor, ist das Ermessen

---

[208] *Maurer,* AT, § 11 RN 33.
[209] *Detterbeck,* AT, § 10 RN 702.
[210] *Kopp/Ramsauer,* VwVfG, § 48 RN 96.
[211] *Maurer,* AT, § 11 RN 33.
[212] Hier sind die oben dargestellten (S. 27 ff.) Ermessensfehler durchzuprüfen.

nach § 48 II 4 VwVfG eingeschränkt. Der Verwaltungsakt *muss* hier in der Regel *ex tunc* zurückgenommen werden.[213] Im Umkehrschluss können solche Bescheide, die nicht unter § 48 II 3 VwVfG fallen, grundsätzlich nur ex nunc zurückgenommen werden.[214]

Prüfungsschema § 48 I 1, 2, II VwVfG

1. Zuständigkeit, Verfahren und Form (s.o.)
2. Rechtswidriger begünstigender Verwaltungsakt i.s.d. § 48 II 1 VwVfG?
3. Vertrauen des Begünstigten auf den Bestand des Leistungsbescheids?
4. Ist das Vertrauen in den Bestand schutzwürdig unter Abwägung mit dem öffentlichen Rücknahmeinteresse (insb. § 48 II 3 VwVfG und § 48 II 2 VwVfG)?
5. Sind die Voraussetzungen nach § 48 I 1 VwVfG gegeben (Ermessen; s.o.)?
6. Rücknahme gegenüber dem richtigen Adressaten?

Die Rücknahme eines rechtswidrigen begünstigenden Verwaltungsaktes, der keinen Leistungsbescheid i.s.d. § 48 II VwVfG darstellt, richtet sich nach **§ 48 I 1, III VwVfG**.

Beispiele: Baugenehmigung; Prüfungsentscheidungen; Einbürgerung.

Grundlage der Rücknahme bleibt § 48 I 1 VwVfG. Nach § 48 III VwVfG findet allerdings keine die Rücknahme betreffende Abwägung statt; eine Rücknahme ist vielmehr (im Rahmen der pflichtgemäßen Ermessensausübung) ohne weiteres möglich. § 48 III VwVfG statuiert allein eine Entschädigungspflicht (kein Bestandsschutz, sondern allein Vermögensschutz).

---

[213] *Kopp/Ramsauer,* VwVfG, § 48 RN 131.
[214] *Stelkens/Bonk/Sachs,* VwVfG, § 48 RN 165.

Umstritten ist, ob Aspekte des Vertrauensschutzes auch im Rahmen der zu treffenden Ermessensentscheidung eine Rolle spielen können (d.h. bei der Aufhebung an sich) oder ob diese allein bei der Frage etwaiger Ausgleichsansprüche maßgeblich werden.[215] Für die erstgenannte Auffassung spricht insbesondere die Bedeutung des Vertrauensschutzes im Rechtsstaat. Daher ist im Rahmen der Ermessensentscheidung zu fragen, ob ein schutzwürdiges Vertrauen des Bürgers auf den Erhalt des Verwaltungsaktes das öffentliche Interesse überwiegt. Hierbei sind die Kriterien nach § 48 II 2, 3 VwVfG heranzuziehen.

Anmerkung: Die Entschädigungsregelung engt nach dem Vorgesagten die Möglichkeiten der Behörde somit nicht ein, sondern erweitert sie, indem zu den Alternativen Rücknahme und Nichtrücknahme die Option Rücknahme gegen Entschädigung hinzutritt.

Entschließt sich die Behörde im Rahmen ihrer Ermessensausübung dazu, den Verwaltungsakt zurückzunehmen, steht dem Betroffenen ein Anspruch auf Ausgleich des hiermit verbundenen Vermögensnachteils zu, soweit dessen Vertrauen unter Abwägung mit dem öffentlichen Interesse schutzwürdig ist. Die Prüfung, ob schutzwürdiges Vertrauen besteht und ob dieses das öffentliche Interesse überwiegt, ist entsprechend den oben genannten Kriterien vorzunehmen.

Anmerkung: § 48 III 2 VwVfG verweist in diesem Zusammenhang ausdrücklich auf § 48 II 3 VwVfG. Obwohl ein Verweis auf Abs. 2 S. 2 nicht vorhanden ist, bedeutet dies nicht, dass jene Abwägungsüberlegungen nicht maßgeblich sind.[216]

---

[215] Für die erstgenannte Auffassung: *Detterbeck*, AT, § 10 RN 705; *Kopp/Ramsauer*, VwVfG, § 48 RN 137. Für die letztgenannte Auffassung: *Stelkens/Bonk/Sachs*, VwVfG, § 48 RN 178.
[216] *Kopp/Ramsauer*, VwVfG, § 48 RN 141.

Der Vermögensausgleich ist auf den Vertrauensschaden begrenzt, d.h. den Schaden den jemand erleidet weil er auf den Bestand des Bescheids vertraut hat (sog. negatives Interesse). Begrenzt wird der Ausgleich durch das positive Interesse (§ 48 III 3 VwVfG).

Beispiel: Die gegenüber Unternehmer U erlassene Genehmigung wird zurückgenommen. U hat im Vertrauen auf den Erhalt der Genehmigung Maschinen im Wert von 500.000 € angeschafft. Er kann die Maschinen lediglich für 300.000 € wiederverkaufen. Voraussichtlich hätte er mit den Maschinen einen Gewinn von 1.000.000 € erwirtschaftet. In diesem Beispiel kann U allein die Differenz zwischen der Anschaffung der Maschinen abzüglich des Widerverkaufwertes verlangen (d.h. 200.000 €). Den voraussichtlichen Gewinn kann er nicht ersetzt bekommen (keine Ersetzbarkeit des positiven Interesses). Das positive Interesse (hier: 1.000.000 €) begrenzt zudem (theoretisch) den Ausgleichsanspruch.

Die Rücknahme eines *begünstigenden*[217] Verwaltungsaktes ist zeitlich jedoch nicht unbeschränkt möglich. Die hierfür einschlägige Fristenregelung nach **§ 48 IV VwVfG** (lesen!) ist in dreifacher Hinsicht umstritten:

Strittig ist erstens, was unter dem Begriff „Tatsachen" i.S.d. § 48 IV VwVfG zu verstehen ist. Unstrittig erfasst „Tatsachen" den Sachverhalt, von dem die Behörde ausgeht (sog. Tatsachenirrtum). Von der h.M. wird überdies unter „Tatsachen" auch die falsche Auslegung oder Anwendung des Rechts subsumiert (sog. Rechtsirrtum), d.h. obwohl die Behörde den zutreffenden Sachverhalt kannte und allein eine Norm falsch ausgelegt oder angewendet hat, wird die Jahresfrist erst dann in Gang gesetzt, wenn die Behörde die falsche Auslegung oder Anwendung der Normen erkennt.[218]

---

[217] Für belastende Verwaltungsakte gilt § 48 IV VwVfG nicht (vgl. § 48 I 2 VwVfG).
[218] So BVerwG, NVwZ-RR 2005, 341, 342; *Peine,* AT, § 12 RN 953. A.A. OVG Koblenz, NVwZ 1988, 448, 449.

Ferner ist umstritten, welche Tatsachen zur Kenntnis der Behörde gelangt sein müssen.[219] Nach einer Ansicht genügt die Kenntnis der zutreffenden Tatsachen. Nach einer weitergehenden Ansicht – die überwiegend in der Literatur vertreten wird – muss der Behörde die *Rechtswidrigkeit* des Verwaltungsaktes bekannt sein.[220] Die Rechtsprechung verlangt darüber hinaus die Kenntnis der Rechtswidrigkeit des Verwaltungsaktes *und* aller für die Rücknahmeentscheidung maßgeblichen Tatsachen (insb. Ermessenserwägungen).[221]

Beispiel: Die Frist beginnt somit nach der Rechtsprechung – sofern die Rechtswidrigkeit bekannt ist – regelmäßig erst nach Abschluss eines durchgeführten Anhörungsverfahrens, in welchem die Gesichtspunkte für die Ermessensentscheidung ermittelt werden.

Anmerkung: Die h.L. sieht § 48 IV VwVfG daher als Bearbeitungsfrist an, da die maßgeblichen Tatsachen erst noch beschafft werden müssen. Nach der Rechtsprechung handelt es sich um eine Entschließungsfrist.

Drittens ist im Rahmen des § 48 IV VwVfG problematisch, wer „Behörde" i.S.d. Vorschrift ist. Einer Ansicht zufolge ist die Kenntnis der Behörde an sich (d.h. irgendeiner Stelle) entscheidend.[222] Nach der engeren h.M. muss der zuständige Amtswalter innerhalb der Behörde Kenntnis erlangt haben.[223]

---

[219] Erforderlich ist in jedem Fall *positive* Kenntnis. Fahrlässige Unkenntnis genügt nicht.
[220] *Weides,* DÖV 1985, 91, 94 f.; *Maurer,* AT, § 11 RN 35a; *Kopp/Ramsauer,* VwVfG, § 48 RN 153 f.
[221] BVerwGE 70, 356, 362; *Detterbeck,* AT, § 10 RN 714.
[222] *Maurer,* AT, § 11 RN 35a.
[223] BVerwG, NJW 1985, 819, 821; *Kopp/Ramsauer,* VwVfG, § 48 RN 158.

2. Voraussetzungen des Widerrufs

§ 49 VwVfG regelt den **Widerruf** rechtmäßiger Verwaltungsakte:

> **Anmerkung:** § 49 VwVfG ist trotz seines anderslautenden Wortlauts nach h.M. auch auf rechtswidrige Verwaltungsakte anwendbar.[224] Dies folgt daraus, dass ein Widerruf nur unter strengeren Voraussetzungen möglich ist als eine Rücknahme. Wenn daher schon ein rechtmäßiger Verwaltungsakt widerrufen werden kann, muss dies erst recht für einen rechtswidrigen Verwaltungsakt möglich sein.

Gegenstand des **§ 49 I VwVfG** sind belastende Verwaltungsakte.[225] Die Norm erfasst regelmäßig solche Fälle, bei welchen sich die Sach- oder Rechtslage nach Erlass des Verwaltungsaktes derart geändert hat, dass, würde man den Verwaltungsakt nunmehr noch einmal erlassen, dieser rechtswidrig wäre.

Beispiel: Bulli ist der Betrieb seines Gewerbes nach § 35 I 1 GewO untersagt worden, weil Tatsachen vorlagen, die seine Unzuverlässigkeit im Hinblick auf die Ausübung des Gewerbes bewiesen und die, im Fall der Ausübung des Gewerbes, zu einer Gefährdung der Allgemeinheit geführt hätten. Nach Erlass der Untersagungsverfügung ändern sich die entsprechenden Verhältnisse. Bulli ist nunmehr nicht mehr als unzuverlässig im Sinne des § 35 I 1 GewO anzusehen. Ein nochmaliger Erlass der Untersagungsverfügung wäre nun rechtswidrig.

> **Merke:** Der rechtmäßig erlassene Verwaltungsakt bleibt – wie bereits erwähnt – auch für die Zukunft rechtmäßig, da es bei der Beurteilung der Rechtmäßigkeit auf den Zeitpunkt des Erlasses ankommt.

---

[224] *Maurer*, AT, § 11 RN 19; *Kopp/Ramsauer*, VwVfG, § 49 RN 12.
A.A. *Erichsen/Ehlers*, AT, § 25 RN 1.
[225] Auch solche die unanfechtbar geworden sind.

Voraussetzung von § 49 I VwVfG ist, dass ein Verwaltungsakt gleichen Inhalts nicht erneut erlassen werden müsste. Bei Rechtsgrundlagen, die kein Ermessen bzw. keinen Beurteilungsspielraum einräumen, ist dies vergleichsweise einfach festzustellen.[226] War der Erlass des Verwaltungsakts eine Ermessensentscheidung, darf keine Ermessensreduzierung auf Null (mehr) gegeben sein.

Ein Widerruf kommt ferner dann nicht in Betracht, wenn dieser „aus anderen Gründen [...] unzulässig ist". Eine solche Unzulässigkeit des Widerrufs kann sich aus dem Sinn und Zweck einer gesetzlichen Regelung, aus allgemeinen Rechtsgrundssätzen oder auch aus der Natur des in Rede stehen Verwaltungsaktes ergeben.[227]

Die Widerrufsentscheidung liegt im Ermessen der Behörde.[228] Der Widerruf kann teilweise aber auch ganz erfolgen. Allerdings nur mit Wirkung für die Zukunft.[229] Eine Ermessensreduktion auf Null kommt insbesondere bei Verwaltungsakten mit Dauerwirkung in Betracht, wenn sich zu Gunsten des belasteten Bürgers etwas geändert hat.[230] Vor allem wenn der belastende Verwaltungsakt künftig nicht mehr erlassen werden dürfte, *muss* ein Widerruf erfolgen.[231]

---

[226] Hier kommt eine Rücknahme allein dann in Betracht, wenn sich entweder die Rechtsgrundlage oder aber tatsächliche Umstände, die für den Tatbestand der Rechtsgrundlage maßgeblich sind, entsprechend geändert haben. Siehe das Bsp. zuvor.

[227] *Wolff/Decker,* VwGO/VwVfG, § 49 VwVfG RN 7; *Kopp/Ramsauer,* VwVfG, § 49 RN 22. Angesichts der Schwierigkeiten, die mit der Herausarbeitung eines entsprechenden Widerrufsverbots verbunden sind (soweit es keine ausdrückliche gesetzliche Normierung gibt), ist es indes wenig realistisch, dass eine solche Fragestellung Gegenstand einer Klausur werden wird.

[228] Hier sind somit die oben dargestellten Ermessensfehler zu prüfen. Siehe S. 27 ff.

[229] Dies liegt in dem Umstand begründet, dass in der Vergangenheit ein wirksamer *rechtmäßiger* Verwaltungsakt vorhanden war.

[230] *Kopp/Ramsauer,* VwVfG, § 49 RN 9. Dies gilt allerdings dann nicht, wenn der Verwaltungsakt zugleich einen anderen Bürger begünstigt. Hier hat sich die Ermessensentscheidung anhand der allgemeinen Ermessensmaßstäbe zu orientieren.

[231] *Maurer,* AT, § 11 RN 52.

Beispiel: Eine Zeitschrift ist gemäß § 18 I JuSchG in die Liste jugendgefährdender Medien aufgenommen worden. Wird der Inhalt der Zeitschrift dahingehend geändert, dass das Medium nicht mehr jugendge-
fährdend ist, muss ein Widerruf der Aufnahme erfolgen.

Begünstigende (rechtmäßige) Verwaltungsakte können nach
§ 49 II, III VwVfG widerrufen werden. Der Widerruf liegt wiederum
im Ermessen der Behörde. Unabdingbare Voraussetzung des
Widerrufs ist allerdings, dass einer der Gründe i.S.d. § 49 II, III
VwVfG gegeben ist:

> ➤ § 49 II 1 Nr. 1 VwVfG: Spezielle Vorschriften i.S.d. Norm
> sind auch Rechtsverordnungen oder Satzungen. Zu be-
> achten ist, dass allein das Vorhandensein eines Wider-
> rufsvorbehalts den Widerruf noch nicht legitimiert. Ent-
> scheidend ist vielmehr, dass sachlich Gründe bestehen, die
> mit der Zweckbestimmung des Widerrufsvorbehalts im
> Einklang stehen.[232]

> **Beispiel:** Eine Genehmigung wurde mit einem Widerrufsvorbehalt
> versehen. Diese kann widerrufen werden, wenn bspw. der Ge-
> nehmigungsinhaber die Geeignetheit zum Innehaben der Ge-
> nehmigung nicht mehr aufweist. Sie kann hingegen nicht wider-
> rufen werden, weil der zuständige Amtswalter den Genehmigungs-
> inhaber nicht mehr leiden kann.

> ➤ § 49 II 1 Nr. 2 VwVfG: Das Merkmal „Auflage" ist i.S.d. § 36
> II Nr. 4 VwVfG zu verstehen.[233] Ein Verschulden für das
> Nichterfüllen der Auflage ist nicht erforderlich. Hier ist
> besonders der Verhältnismäßigkeitsgrundsatz zu beachten:
> Wird eine Auflage nicht erfüllt, muss die Behörde zunächst
> mildere Mittel als den Widerruf ausschöpfen (bspw. An-
> drohung des Widerrufs oder Vollstreckung der Auflage).[234]

---

[232] *Peine,* AT, § 12 RN 967. Zum Widerrufsvorbehalt siehe unten S. 92.
[233] Dazu sogleich auf. S. 92.
[234] *Detterbeck,* AT, § 10 RN 720.

86

> **Anmerkung:** Strittig ist, ob Widerrufsvorbehalt oder Auflage rechtmäßig sein müssen, damit ein Widerruf in Betracht kommt. Dies wird von der Rechtsprechung und Teilen der Literatur verneint, wenn Widerrufsvorbehalt oder Auflage mit dem dazugehörigen Verwaltungsakt unanfechtbar geworden sind.[235]

- § 49 II 1 Nr. 3 VwVfG: Kommt diese Variante in Betracht, ist vom Bearbeiter eines Falles zu prüfen, ob die Behörde den Verwaltungsakt unter den geänderten Bedingungen verweigern könnte. Unter den Begriff „Tatsachen" können auch neue wissenschaftliche Erkenntnisse subsumiert werden (bspw. Erkenntnis, dass ein bestimmter Stoff gesundheitsgefährdend ist), nicht jedoch eine Änderung der Rechtsprechung. Zwingende weitere Voraussetzung ist, dass der Nichtwiderruf das öffentliche Interesse gefährden würde. Hierfür genügt auch die Gefährdung fiskalischer Interessen (sparsame Verwendung öffentlicher Mittel).[236]

Beispiel: Eine Behörde will eine Genehmigung widerrufen, nachdem sie festgestellt hat, dass der Genehmigungsinhaber die Voraussetzungen für die Genehmigungserteilung noch nie aufgewiesen hat. In diesem Fall kann man nicht von „nachträglich eingetretenen" Tatsachen sprechen, da die Tatsachen die gleichen geblieben sind. Die Behörde hat den wahren Sachverhalt vielmehr erst nachträglich erkannt. Der Verwaltungsakt war daher nie rechtmäßig, sondern von Anfang an rechtswidrig. Die Rücknahme richtet sich daher nach § 48 VwVfG. § 49 II 1 Nr. 3 VwVfG ist nicht einschlägig.

- § 49 II 1 Nr. 4 VwVfG: Die Vorschrift entspricht § 49 II 1 Nr. 3 VwVfG, mit der Ausnahme, dass hier eine Rechtsvorschrift geändert worden sein muss und der Begünstigte von der Vergünstigung noch keinen Gebrauch gemacht bzw. Leistungen empfangen haben darf.

---

[235] BVerwG, NJW 1991, 766, 767; *Kopp/Ramsauer,* VwVfG, § 49 RN 37. A.A. *Maurer,* AT, § 11 RN 41.
[236] Vgl. *Wolff/Decker,* VwGO/VwVfG, § 49 VwVfG RN 18.

Beispiele: Ein Widerruf scheidet somit aus, wenn der Inhaber einer Baugenehmigung bereits angefangen hat, zu bauen oder der Subventionsbegünstigte bereits Subventionen ausbezahlt bekommen hat.[237]

> § 49 II 1 Nr. 5 VwVfG: Die Norm ist als Auffangtatbestand ausgestaltet und lediglich „Extremfällen"[238] vorbehalten. Hier müssen überragende Interessen der Allgemeinheit (Kriterium gleich dem im Rahmen des Art. 12 GG!) den Widerruf gebieten.

Beispiele: Gefährdung der Volksgesundheit oder der natürlichen Lebensgrundlagen.

Achtung! Der Widerruf nach § 49 II VwVfG ist, ebenso wie in Abs. 1, nur mit Wirkung für die Zukunft möglich!

Zusätzliche (!) Widerrufsoptionen hält § 49 III VwVfG vor; allerdings allein für die dort genannten Leistungsbescheide. Diese umfassen Leistungen, mit denen die Behörde einen bestimmten Zweck verfolgt, dem der Leistungsempfänger nachkommen muss.[239]

Anmerkung: Es wird daher mehr verlangt als eine bloße Zweckverfolgung durch die Behörden. Der Empfänger muss an den Zweck *gebunden* sein. Dies muss mit hinreichender Bestimmtheit und Deutlichkeit aus dem Verwaltungsakt hervorgehen.[240]

Ein Widerrufsgrund liegt zum einen vor, wenn die Leistung nicht, nicht alsbald nach der Erbringung oder nicht mehr für den bestimmten Zweck verwendet wird. „Alsbald" bedeutet kurz nach der

---

[237] Allerdings nur „soweit" (!) die Subventionen auch tatsächlich ausbezahlt wurden.
[238] *Detterbeck,* AT, § 10 RN 723; *Maurer,* AT, § 11 RN 44a.
[239] Im Übrigen entsprechen die dort genannten Leistungsbescheide denen in § 48 II 1 VwVfG.
[240] *Kopp/Ramsauer,* VwVfG, § 49 RN 65.

Erbringung; hierbei ist ein Zeitraum von zwei Monaten ange-
messen.[241] Zum anderen kann widerrufen werden, wenn eine
Auflage nicht oder nicht innerhalb einer gesetzten Frist erfüllt wird.
Die Regelung entspricht § 49 II 1 Nr. 2 VwVfG.[242]

Der Widerruf nach § 49 III VwVfG ist im Gegensatz zu den
Regelungen in Abs. 1 und 2 auch mit Wirkung für die Vergangenheit möglich.

> **Anmerkung:** Die Rechtsfolge hieraus bestimmt § 49a VwVfG
> (lesen!).[243] Die Norm stellt einen Unterfall des allgemeinen Er-
> stattungsanspruchs dar.

Hat der Bürger auf den Erhalt der Leistung vertraut, kann dies
lediglich im Rahmen der Ermessensentscheidung Berücksichtigung finden. Im Hinblick auf die verwaltungsrechtlichen Grundsätze der Wirtschaftlichkeit und Sparsamkeit der Verwaltung, wird
die Verwaltung im Regelfall indes kaum umhinkommen, den
Verwaltungsakt aufzuheben, wenn die Voraussetzungen nach
§ 49 III VwVfG gegeben sind. In § 49 III VwVfG ist somit das
Ermessen intendiert, d.h. ein Absehen vom Widerruf kommt nur
unter außergewöhnlichen Umständen in Betracht.[244]

> **Anmerkung:** Die problematische Regelung des § 48 IV VwVfG gilt
> auch für den Widerruf begünstigender Verwaltungsakte (vgl.
> § 49 II 2, III 2 VwVfG).

---

[241] Vgl. *Wolff/Decker*, VwGO/VwVfG, § 49 VwVfG RN 28.
[242] Sie unterscheidet sich allein in der Rechtsfolge von dieser Norm (dazu im Folgenden).
[243] Entsprechend gilt § 49a VwVfG freilich auch im Fall einer Rücknahme für die
Vergangenheit gemäß § 48 VwVfG.
[244] *Wolff/Decker*, VwGO/VwVfG, § 49 VwVfG RN 32;
Kopp/Ramsauer, VwVfG, § 49 RN 73; *Detterbeck*, AT, § 10 RN 727.

3. § 51 VwVfG

Während die §§ 48 f. VwVfG regeln, wann eine Behörde einen Verwaltungsakt aufheben *kann*,[245] beschäftigt sich **§ 51 VwVfG** mit der (prozessualen) Frage, unter welchen Voraussetzungen sich die Behörde mit der Aufhebung beschäftigen *muss*. Die Vorschrift gibt dem Bürger einen Anspruch auf erneute Prüfung des Verwaltungsaktes, d.h. auf eine neue Sachentscheidung.

Beispiel: Günther hat einen ihn belastenden Verwaltungsakt erhalten. Nachdem sich die für den Erlass des Verwaltungsaktes maßgeblichen Tatsachen geändert haben, will Günther, dass die neuen Tatsachen bei einer erneuten Prüfung berücksichtigt werden. Die §§ 48 f. VwVfG würden lediglich zu einer Ermessensentscheidung der Behörde führen, die zu dem Ergebnis führen könnte, dass die Behörde eine erneute Überprüfung des Verwaltungsaktes ablehnt. Eine Antragsstellung nach § 51 VwVfG gibt Günther die Möglichkeit, eine erneute Überprüfung zu erzwingen.

Stellt ein Bürger einen Antrag nach § 51 VwVfG, beinhaltet dieser streng genommen zwei (!) Anträge, nämlich einen Antrag auf Wiederaufgreifen des Verfahrens und einen zweiten auf Aufhebung des Bescheides. Die Entscheidungsmöglichkeiten der Behörde auf einen entsprechenden Antrag stellen sich wie folgt dar:

➢ Ablehnung des Wiederaufgreifens[246]

➢ Wiederaufgreifen und positive bzw. negative Sachentscheidung.

---

[245] D.h., wird ein Antrag auf Aufhebung nach den §§ 48 f. VwVfG gestellt, hat der Antragssteller allein einen Anspruch auf ermessensfehlerfreie Entscheidung darüber, ob eine Prüfung des Antrags erfolgt.
[246] Auch die Ablehnung stellt einen Verwaltungsakt dar.

Will sich ein Bürger gegen eine entsprechende Entscheidung wehren, muss er Verpflichtungsklage auf Aufhebung des ursprünglichen Verwaltungsaktes und, in der oben erstgenannten Variante, auf nochmalige Sachprüfung erheben.[247] Im Rahmen der Begründetheitsprüfung müssen vom Bearbeiter zunächst die Voraussetzungen nach § 51 VwVfG geprüft werden (Zulässigkeit des Antrags nach § 51 II, III VwVfG und Wiederaufgreifensgrund nach § 51 I VwVfG). Im Anschluss daran ist in die Prüfung einzusteigen, ob der Verwaltungsakt neu erlassen werden muss. Dies richtet sich nach der einschlägigen Rechtsgrundlage, d.h. nach dem materiellen Recht.[248]

Achtung! § 51 VwVfG gilt nur für *unanfechtbare* Verwaltungsakte!

Anmerkung: Abschließend muss beachtet werden, dass die Regelungen zur Rücknahme und zum Widerruf begünstigender Verwaltungsakte gemäß **§ 50 VwVfG** keine Anwendung finden, wenn ein Dritter einen ihn belastenden (aber den Adressaten begünstigenden) Verwaltungsakt anficht bzw. Widerspruch gegen ihn einlegt (Bsp.: Nachbar legt Widerspruch gegen die dem Bauherrn erteilte Baugenehmigung ein). Grund hierfür ist, dass aufgrund des eingelegten Rechtsbehelfs kein schutzwürdiges Vertrauen des Begünstigten entstehen kann und somit die Aufhebung des Verwaltungsaktes einfacher möglich sein muss. Die Norm ermächtigt somit die *Ausgangsbehörde* (nicht etwa das Gericht!) den Verwaltungsakt nach § 48 oder § 49 VwVfG ohne die Beachtung der vertrauensschützenden Teile der Normen aufzuheben.[249] Eine solche Aufhebung kommt allein dann in Betracht, wenn es die Ausgangsbehörde nach einem erfolgten Widerspruch

---

[247] Hierbei handelt es sich jedoch nicht um zwei Verpflichtungsklagen, sondern um eine.
[248] H.M.: *Wolff/Decker*, VwGO/VwVfG, § 51 VwVfG RN 29 m.w.N. A.A. *Maurer*, AT, § 11 RN 61: Neue Sachentscheidung richtet sich nach den §§ 48 f. VwVfG.
[249] Die Aufhebung erfolgt dann nach § 48 I 1 oder § 49 I 1 VwVfG.

versäumt hat, den Verwaltungsakt nach § 72 VwGO[250] aufzuheben und nunmehr einer Aufhebung durch die Widerspruchsbehörde oder das Gericht zuvorkommen möchte.

Voraussetzung des § 50 VwVfG ist zumindest, dass der Widerspruch bzw. die Klage zulässig ist. Darüber hinaus ist strittig, ob
der Rechtsbehelf auch begründet sein muss.[251]

Weiterführende Literatur

📖 **Richter**, JuS 1990, 991 und JuS 1991, 40, 121, 307, 385
   sowie 481 (Klausurfälle)

📖 **Skript** Standardfälle Verwaltungsrecht AT, Fall 11 und 12

📖 **Skript** Standardfälle Europarecht, Fall 8

V. Nebenbestimmungen zum Verwaltungsakt

Unter bestimmten Voraussetzungen hat eine Behörde die Option,
einem Verwaltungsakt **Nebenbestimmungen** hinzuzufügen, d.h.
den Verwaltungsakt an bestimmte Voraussetzungen zu knüpfen.
Diese Möglichkeit räumt der Behörde eine höhere Flexibilität bei
der Entscheidungsfindung ein. So kann sie u.U. einen beantragten
Verwaltungsakt – den sie eigentlich nicht erlassen dürfte – mit
einer Nebenbestimmung versehen, um den Tatsachen abzuhelfen,
die einem etwaigen Erlass entgegenstehen („Ja, aber").

Beispiel: Der dem Haschischkonsum besonders zugetane Beppo erhält
den Führerschein, allerdings mit der Auflage, regelmäßig Urinproben
durchführen zu lassen.

1. Arten

§ 36 II VwVfG enthält eine Aufzählung der in Betracht kommenden
Nebenbestimmungen und entsprechende Legaldefinitionen.[252]

---

[250] Siehe zum Verhältnis zwischen § 72 VwGO und der Aufhebung nach den
§§ 48 f. VwVfG ausführlich *Wolff/Decker,* VwGO/VwVfG, § 72 VwGO RN 15 ff.
[251] Vgl. *Wolff/Decker,* VwGO/VwVfG, § 50 VwVfG RN 8 ff. m.w.N.
[252] Nach h.M. soll § 36 II VwVfG nicht abschließend sein, mithin kommen hypothe-
tisch noch andere Nebenbestimmungen in Betracht. Allerdings sind weitere Arten
von Nebenbestimmungen in der Praxis kaum denkbar. Vgl. *Kopp/Ramsauer,*
VwVfG, § 36 RN 13 m.w.N.

Nebenbestimmungen sind demnach:

> Befristung: Dauer, Beginn oder Ende der Wirksamkeit des Verwaltungsaktes sind von einem *bestimmten* oder *bestimmbaren* Zeitpunkt abhängig.

   Beispiele: 01.01.2011; Weihnachten; erster Prüfungstermin im Jahr 2011.

> Bedingung: Wirksamkeit des Verwaltungsaktes ist vom Eintritt eines *ungewissen künftigen* Ereignisses abhängig. Unerheblich ist, ob die Herbeiführung der Bedingung vom Willen einer der Beteiligten abhängt (sog. Potestativbedingung).

   Beispiel: Wirksamkeit einer Baugenehmigung wird davon abhängig gemacht, dass zusätzliche Stellplätze gebaut werden.

Anmerkung: In Bezug auf die Ungewissheit der Maßnahme sind die Vorstellungen der Behörde maßgebend.[253]

> Widerrufsvorbehalt: Befugnis, den Verwaltungsakt zu widerrufen, wenn bestimmte *im Verwaltungsakt oder in gesetzlichen Vorschriften* näher definierte Umstände gegeben sind (gedankliche Verknüpfung: § 49 II Nr. 1 VwVfG).

> Auflage: Selbstständiger Verwaltungsakt neben dem eigentlichen Verwaltungsakt (sog. Hilfsverwaltungsakt), der den Betroffenen zusätzlich zu einem Tun, Dulden oder Unterlassen verpflichtet.

   Beispiele: Fahrerlaubnis mit der Auflage, regelmäßig einen Urintest durchzuführen; Erteilung einer Baugenehmigung mit der Auflage, weitere Stellplätze zu erstellen.

---

[253] *Kopp/Ramsauer,* VwVfG, § 36 RN 19.

> Auflagenvorbehalt: Eine beigefügte rechtserhebliche Ankündigung, dass später noch eine Auflage hinzugefügt bzw. eine bestehende geändert oder ergänzt werden kann.

Beispiel: Gustaf will die Genehmigung für den Betrieb eines Gewerbes. Die Behörde erteilt zwar die Genehmigung, behält sich jedoch vor, Auflagen zur Eindämmung von Emissionen zu erlassen, wenn die Umgebung durch den Gewerbebetrieb entsprechend belastet wird.

Trotz der Legaldefinitionen in § 36 II VwVfG kann die Abgrenzung der Nebenbestimmungen voneinander im Einzelfall Schwierigkeiten bereiten.

Beispiel: Die Baugenehmigung enthält den Zusatz, dass mehrere Stellplätze zu bauen sind. Auflage oder Bedingung?

Entscheidend für die **Abgrenzung** ist der Wille der Behörde, so wie er sich in ihren Erklärungen und den konkreten Umständen manifestiert. Wesentliche Bedeutung kommt hierbei dem Zweck zu, den die Behörde mit der Nebenbestimmung verfolgen wollte.[254] Lediglich Indizwirkung haben die Bezeichnung und die Zulässigkeit[255] der Nebenbestimmung im Einzelfall.

> **Anmerkung:** Die Abgrenzung der Nebenbestimmungen voneinander kann bei der Frage entscheidend werden, auf welche Weise der Bürger Rechtsschutz gegen die Nebenbestimmungen erlangen kann (dazu später).

---

[254] *Maurer,* AT, § 12 RN 17.
[255] Wäre daher eine Nebenbestimmung als Bedingung rechtswidrig, aber als Auflage zulässig, spricht etwas dafür, dass es sich um eine Auflage handeln soll.

Abgrenzungsprobleme ergeben sich insbesondere in folgenden Fällen:

> Befristung und Bedingung: Entscheidend ist hier, ob die Behörde mit dem sicheren Eintritt eines Ereignisses gerechnet hat (dann Befristung) oder nicht.

> Bedingung und Auflage: Im Fall einer Auflage ist der Verwaltungsakt sofort wirksam. Die Durchsetzung der Auflage kann daher im Wege der Verwaltungsvollstreckung erfolgen. Die Bedingung bedingt demgegenüber den Verwaltungsakt, d.h. wird sie nicht erfüllt, wurde kein wirksamer Verwaltungsakt erlassen. Plakativ kann man daher sagen: „Die Bedingung suspendiert, zwingt aber nicht, die Auflage zwingt, suspendiert aber nicht".[256] Für die Abgrenzung kommt es daher entscheidend darauf an, ob die Maßgabe für die Behörde so wichtig war, dass sie die Wirksamkeit des Verwaltungsaktes davon abhängig machen wollte (dann: Bedingung). Im Zweifelsfall ist eine Auflage als das weniger einschneidende Mittel anzunehmen.[257]

> **Anmerkung:** Allerdings darf ein „Zweifelsfall" nicht leichtfertig angenommen werden. In der Fallbearbeitung muss hier zunächst nach einschlägigen Hinweisen im Sachverhalt Ausschau gehalten werden. Auch das allgemeine Interesse an der Maßgabe kann eine Rolle spielen. Sollen lediglich Marginalien geändert werden, spricht viel dafür, von einer Auflage auszugehen.

Die Auflage ist ferner von der sog. **modifizierten Auflage** (oder auch modifizierten Genehmigung) zu unterscheiden. Bei der modifizierten Auflage handelt es sich um *keine* Nebenbestimmung.

---

[256] So *Carl Friedrich von Savigny*, vgl. dazu *Wolff/Decker*, VwGO/VwVfG, § 36 VwVfG RN 42 m.w.N.
[257] *Maurer*, AT, § 12 RN 17.

Die Behörde hat hier nicht – wie bei der Auflage – den beantragten Verwaltungsakt mit einem Zusatz erlassen, sondern den beantragten Verwaltungsakt inhaltlich qualitativ verändert.

Beispiel: Bauherr Bodo beantragt die Baugenehmigung für einen Bungalow. Erteilt bekommt er hingegen die Genehmigung für ein Haus mit Giebeldach.

Im Gegensatz zur Auflage wird bei der modifizierten Auflage somit kein weiterer (Hilfs-) Verwaltungsakt neben dem eigentlichen Verwaltungsakt erlassen, sondern lediglich ein einziger (vom Antrag etwas abweichender) Verwaltungsakt. Die Abgrenzung zwischen der Auflage und der modifizierten Auflage hat daher danach zu erfolgen, ob die Behörde den Bescheid mit einer zusätzlichen Anordnung wie beantragt erlassen wollte (dann: Auflage), oder ob die Behörde dem Antrag gerade nicht entsprechen, sondern vielmehr ein aliud genehmigen wollte (dann: modifizierte Auflage).

2. Rechtmäßigkeit von Nebenbestimmungen

In der Begründetheit einer Klage ist zu prüfen, ob die Nebenbestimmung, so wie sie erlassen worden ist, auch erlassen werden durfte. Hierbei ist zwischen Verwaltungsakten, auf die ein Anspruch besteht (§ 36 I VwVfG) und solchen zu unterscheiden, auf die kein Anspruch besteht (§ 36 II VwVfG; etwa bei eingeräumtem Ermessen oder Beurteilungsspielraum).

Nach **§ 36 I Var. 1 VwVfG** darf ein Verwaltungsakt, auf den ein Anspruch besteht, mit einer Nebenbestimmung versehen werden, wenn dies durch eine Rechtsvorschrift gedeckt ist.

Beispiel: § 5 GastG; § 12 II AufenthG.

Im Übrigen darf nach **§ 36 I Var. 2 VwVfG** ein Verwaltungsakt, auf den ein Anspruch besteht, nur dann mit einer Nebenbestimmung versehen werden, wenn sichergestellt werden soll, dass die gesetzlichen Voraussetzungen für den Erlass erfüllt werden.

Dies kommt nur dann in Betracht, wenn zum Zeitpunkt des Erlasses des Verwaltungsaktes, bestimmte gesetzliche Voraussetzungen des Erlasses noch nicht erfüllt sind.[258]

Beispiel: Eine Baugenehmigung darf nur erteilt werden, wenn keine bauordnungsrechtlichen Vorschriften (etwa Brandschutz) verletzt werden. Sind bestimmte Vorschriften (noch) nicht erfüllt, kann die Baugenehmigung, um die Einhaltung dieser Vorschriften sicherzustellen, mit entsprechenden Nebenbestimmungen versehen werden.

Besteht kein Anspruch auf den Erlass eines Verwaltungsaktes, ist die Ergänzung durch Nebenbestimmungen gemäß **§ 36 II VwVfG** grundsätzlich zulässig. Da die Beigabe der Nebenbestimmungen im Ermessen der Behörde steht, ist die Entscheidung auf Ermessensfehler hin zu überprüfen.[259]

Überdies ist zu beachten, dass nach **§ 36 III VwVfG** keine Nebenbestimmung dem Zweck des Verwaltungsaktes zuwider laufen darf, d.h. die Nebenbestimmung muss in einem sachlichen Zusammenhang mit dem Hauptverwaltungsakt stehen (sog. Koppelungsverbot).

Beispiel: Unzulässig wäre es daher, eine Baugenehmigung mit einer Bedingung dergestalt zu versehen, dass der Betroffene seine noch ausstehenden Steuern bezahlen muss (kein sachlicher Zusammenhang).

3. Rechtsschutz gegen Nebenbestimmungen

Besonders umstritten ist die Frage, wie man sich gegen Nebenbestimmungen als Betroffener wehren kann. Hierbei geht es darum, ob eine Nebenbestimmung isoliert vom Hauptverwaltungsakt angefochten werden kann oder ob die Nebenbestimmung untrennbar mit dem Hauptverwaltungsakt verbunden

---

[258] *Maurer*, AT, § 12 RN 19.
[259] Dazu oben S. 27 ff. Selbiges gilt im Übrigen auch für Nebenbestimmungen i.S.d. § 36 I VwVfG. Auch hier steht die Entscheidung im pflichtgemäßen Ermessen der Behörde („darf").

ist. In diesem Zusammenhang werden die unterschiedlichsten Ansätze vertreten:

- Einer Ansicht zufolge müsse der Betroffene immer Verpflichtungsklage auf Erlass des beantragten Verwaltungsaktes ohne die Nebenbestimmungen erheben.[260] Hiergegen spricht allerdings, dass die Auflage einen separaten Verwaltungsakt neben dem beantragten Verwaltungsakt darstellt. Mithin ist der eigentlich beantragte Verwaltungsakt auch so wie beantragt erlassen worden (eben mit dem Zusatz einer *selbstständigen* Belastung).

- Die früher h.M. unterschied nach der Art der Nebenbestimmung. Nur die Auflage und der Auflagenvorbehalt seien isoliert anfechtbar.[261] Bei den anderen Nebenbestimmungen müsse Verpflichtungsklage erhoben werden.

- Nach einer weiteren Ansicht ist nach der Art des Hauptverwaltungsaktes zu unterscheiden. Ermessensverwaltungsakte können hiernach nur mit der Verpflichtungsklage angegangen werden, während bei gebundenen Entscheidungen die Anfechtungsklage isoliert gegen die Nebenbestimmung statthaft ist.

- Die heute h.M. vertritt die Auffassung, dass bei Nebenbestimmungen immer die Anfechtungsklage gegen die Nebenbestimmung zielführend ist.[262] Für diese Auffassung spricht § 113 I 1 VwGO, der eindeutig eine Teilaufhebbarkeit des Verwaltungsaktes (und somit auch die Teilanfechtung von Nebenbestimmungen) zulässt („soweit"). Zu beachten ist hier allerdings, dass die modifizierte Auflage gerade keine Nebenbestimmung ist und ihr eine Teilbarkeit vom Hauptverwaltungsakt fehlt. Sie ist somit

---

[260] *Labrenz,* NVwZ 2007, 161, 164 f.
[261] *Pietzcker,* NVwZ 1995, 15, 20.
[262] BVerwGE 112, 221, 224; *Kopp/Schenke,* VwGO, § 42 RN 22.

nach dieser Ansicht *nicht* isoliert anfechtbar (Abgrenzung!).

Anmerkung: Dieser Meinungsstreit ist im Rahmen des Prüfungspunktes „statthafte Klageart" darzustellen (dazu unten).

Zu beachten ist ferner, dass aus der isolierten Anfechtbarkeit nicht notwendigerweise eine materiell-rechtliche Teilbarkeit resultiert. Im Rahmen der Begründetheit ist daher zusätzlich in einem eigenen Prüfungspunkt zu fragen, ob die Nebenbestimmung auch isoliert *aufheb*bar ist (materiell teilbar). Eine solche **materiell-rechtliche Teilbarkeit** wird verneint, wenn die verbleibende Regelung rechtswidrig oder sinnlos wäre.[263]

Beispiel: Heinz erhält eine Baugenehmigung mit der Auflage, bestimmte Brandschutzmaßnahmen zu treffen. Die isolierte Aufhebung der Auflage würde dazu führen, dass das Bauvorhaben gegen Brandschutzvorschriften verstößt. Die Baugenehmigung wäre somit ohne die Auflage rechtswidrig. Die materiell-rechtliche Teilbarkeit ist demnach zu verneinen.

Weiterführende Literatur

📖 **Axer**, Jura 2001, 748 (Grundlagenwissen)

📖 **Brenner**, JuS 1996, 281 (Grundlagenwissen)

📖 **Skript** Standardfälle Verwaltungsrecht AT, Fall 7

F.   Zusage und Zusicherung

Vom Verwaltungsakt sind andere behördliche Erklärungen zu unterscheiden, namentlich Zusage und Zusicherung.

Nach der Definition des BVerwG ist die **Zusage** eine „hoheitliche Selbstverpflichtung mit Bindungswillen zu einem späteren Tun oder Unterlassen".[264] Die Behörde verspricht dem Bürger hier

---

[263] *Maurer*, AT, § 12 RN 25.
[264] BVerwGE 26, 31, 36.

sozusagen, sich künftig auf eine bestimmte Art und Weise zu verhalten. Gesetzlich geregelt ist die Zusage nicht.

Beispiele: Der Bürgermeister verpflichtet sich, eine Polizeiverordnung zur Bekämpfung von Vandalismus im Innenstadtbereich zu erlassen; eine Behörde verpflichtet sich, Ausbesserungsarbeiten an städtischen Gebäuden vorzunehmen.

Umstritten ist die rechtliche Einordnung der Zusage. Nach einer Ansicht stellt sie einen selbstständigen Verwaltungsakt dar.[265] Von der Gegenansicht wird hiergegen angeführt, dass der Zusage der für einen Verwaltungsakt notwendige Regelungscharakter fehle.[266] Eine Regelung wird somit allenfalls in Aussicht gestellt. Hierfür spricht zumindest, dass mit § 38 VwVfG eine spezielle Regelung für die Zusicherung existiert (diese stellt einen Unterfall der Zusage dar), nach welcher bestimmte Regelungen über den Verwaltungsakt auch auf die Zusicherung Anwendung finden sollen. Dieser Vorschrift hätte es nicht bedurft, wenn die Maßnahme ohnehin als Verwaltungsakt zu qualifizieren wäre. Die Zusage ist daher schlicht als öffentlich-rechtliche Willenserklärung einzustufen.

Anmerkung: Die Einordnung ist für die Frage bedeutsam, ob die Vorschriften über den Verwaltungsakt Anwendung finden. Dies ist deshalb von Relevanz, weil ein rechtswidriger Verwaltungsakt – wie bereits gezeigt – nicht notwendigerweise nichtig ist und somit Bindungswirkung entfaltet. Würden die Vorschriften über den Verwaltungsakt Anwendung finden, wäre auch eine rechtswidrige Zusage bindend. Andernfalls müsste sie als nichtig eingestuft werden, mit der Konsequenz der Nichtbindungswirkung.[267]

---

[265] *Kopp/Ramsauer,* VwVfG, § 35 RN 99. A.A. *Peine,* AT, § 9 RN 873; *Detterbeck,* AT, § 10 RN 521.
[266] *Peine,* AT, § 9 RN 873.
[267] Dies gilt freilich insofern nicht für Zusicherungen, als auf diese über § 38 II VwVfG die Vorschriften über den Verwaltungsakt Anwendung finden. Im Fall einer Zusage die keine Zusicherung darstellt, kann § 38 VwVfG indes nicht zur Anwendung gelangen.

Rechtswidrige Zusagen – die keine Zusicherungen sind – entfalten somit grundsätzlich (nach der hier vertretenen Lösung) keine Bindungswirkung. Eine Ausnahme gilt allein für den Fall, dass der Bürger *tatsächlich* auf die Einhaltung der Zusage *vertraut* hat *und* der *Vertrauensschutz* gleichzeitig *Vorrang* vor dem öffentlichen Interesse an der Nichteinhaltung rechtswidriger Zusagen hat.[268] Die Frage der Verbindlichkeit von rechtswidrigen Zusagen ist in jedem Fall klausurrelevant.

Abzugrenzen ist die Zusage von der unverbindlichen Auskunft, dem Vorbescheid, dem öffentlich-rechtlichen Vertrag, der Teilgenehmigung und dem vorsorglichen Verwaltungsakt:

> ➤ Im Gegensatz zur Zusage will sich die Behörde bei einer **Auskunft** *nicht verpflichten,* etwas zu tun oder zu unterlassen. Die Auskunft ist daher eine bloße informatorische Mitteilung; d.h. auch keine Willenserklärung, sondern ein Realakt. Es erwachsen aus ihr somit keine Ansprüche des Bürgers.[269]
>
> **Beispiel:** Die Behörde B verweist einen interessierten Bürger auf die geltende Rechtslage.

Anmerkung: Die Frage, ob ein Verpflichtungswille bestanden hat, ist nicht anhand des inneren Willens der Behörde zu beurteilen, sondern anhand der erklärten Willens, wie ihn der Erklärungsempfänger bei objektiver Würdigung *aller maßgeblichen Begleitumstände* und des *Zwecks der Äußerung* verstehen durfte.[270]

---

[268] Vgl. *Detterbeck*, AT, § 10 RN 523. Diese Ausnahme folgt aus dem Rechtsstaatprinzip. Die letztere der beiden Voraussetzungen wird indes nur in absoluten Ausnahmefällen zu bejahen sein. Allenfalls wenn der Bürger in beachtlichem Maße irreversible Dispositionen getroffen hat, lässt sich darüber nachdenken.

[269] Abgesehen von etwaigen Schadensersatzansprüchen, die durch rechtswidrige Auskünfte begründet sein könnten.

[270] VGH Mannheim, NVwZ 2000, 1304, 1305.

- ➢ Im **Vorbescheid** wird verbindlich über einzelne Genehmigungsvoraussetzungen einer Genehmigung entschieden. Der Vorbescheid enthält daher keine Zusicherung einer bestimmten Genehmigung, sondern er entscheidet abschließend selbst über Teile der Genehmigung. Der Vorbescheid ist daher auch als Verwaltungsakt zu qualifizieren.

  Beispiel: Walther will eine Baugenehmigung für ein komplexes Bauvorhaben. Über einzelne für die Baugenehmigung erforderliche bauordnungsrechtliche Voraussetzungen wird im Wege des Vorbescheides schon entschieden.

- ➢ Der **öffentlich-rechtliche** Vertrag unterscheidet sich von der Zusage durch seine Zweiseitigkeit, im Gegensatz zur *einseitigen* Zusage.

- ➢ Die **Teilgenehmigung** stellt im Gegensatz zur Zusage einen Verwaltungsakt dar. Durch die Teilgenehmigung wird über einen *sachlich abgrenzbaren Teil* eines größeren Projekts abschließend entschieden.[271]

  Beispiel: Walther will die Baugenehmigung für ein Hochhaus. Die Behörde genehmigt zunächst den Bau der ersten drei Stockwerke, während der Rest näherer Überprüfung bedarf. Walther hat nun bereits eine Genehmigung und kann mit dem Bau der ersten drei Stockwerke beginnen.

- ➢ Eine Kreation der Rechtsprechung stellt der sog. „**vorsorgliche Verwaltungsakt**" dar. Dieser stellt im Gegensatz zur Zusage einen abschließenden Verwaltungsakt dar. Allerdings wird er unter dem Vorbehalt erteilt, dass eine

---

[271] Die Abgrenzung erfolgt daher ähnlich wie beim Vorbescheid. Im Gegensatz zum Vorbescheid wird im Rahmen der Teilgenehmigung jedoch nicht über bestimmte Voraussetzungen einer Genehmigung entschieden, sondern bereits die abschließende Genehmigung für einen abgrenzbaren Teil eines mehrteiligen Vorhabens erteilt.

rechtliche Voraussetzung von einer anderen zuständigen Behörde noch festgestellt wird.[272]

Die **Rechtmäßigkeit der Zusage** bestimmt sich nach dem von der Behörde zugesagten Verhalten. Eine Zusage darf daher nur erteilt werden, wenn die Behörde auch das zugesagte Verhalten durchführen dürfte.[273] Somit müssen die entsprechenden formellen und materiellen Rechtmäßigkeitsvoraussetzungen für die Durchführung der zugesagten Maßnahme gegeben sein.

Einen Unterfall der Zusage stellt – wie bereits gesagt – die **Zusicherung** i.S.d. § 38 VwVfG dar. Nach ihrer Legaldefinition gemäß § 38 I VwVfG ist die Zusicherung eine Zusage, einen bestimmten Verwaltungsakt zu erlassen oder zu unterlassen.

Beispiele: Zusicherung eine Einberufung zum Wehrdienst zu unterlassen; Zusicherung eine Baugenehmigung zu erteilen.

Auch bei der Zusicherung ist strittig, ob diese einen Verwaltungsakt darstellt oder nicht.[274] Wer den Verwaltungsaktscharakter der Zusage verneint, muss konsequenterweise auch die Qualifikation der Zusicherung als Verwaltungsakt ablehnen.[275]

Im Gegensatz zu den allgemeinen Zusagen wird für die Wirksamkeit der Zusicherung deren *schriftliche*[276] Abfassung verlangt (§ 38 I 1 VwVfG), andernfalls ist die Willenserklärung nichtig.[277]

---

[272] Kritiker an dieser „Konstruktion" werfen an dieser Stelle ein, dass man dasselbe Ergebnis auch über eine aufschiebende oder auflösende Bedingung erreichen könnte (so bspw. *Maurer*, AT, § 9 RN 63c).
[273] Für die Zusicherung gelten *zusätzlich* die Voraussetzungen des § 38 VwVfG (dazu sogleich).
[274] Dafür: *Kopp/Ramsauer*, VwVfG, § 35 RN 99. Dagegen: *Wolff/Decker*, VwGO/VwVfG, § 38 VwVfG RN 3.
[275] Entsprechend kann die obige Argumentation auch hier Anwendung finden.
[276] Hier kann § 37 III VwVfG herangezogen werden.
[277] *Wolff/Decker*, VwGO/VwVfG, § 38 VwVfG RN 17.

Selbiges Ergebnis folgt, wenn eine *unzuständige* Behörde eine Zusicherung erteilt (§ 38 I 1 VwVfG). Ein Verstoß gegen § 38 I 2 VwVfG (lesen!) führt demgegenüber nicht zur Nichtigkeit der Zusicherung. Vielmehr ist sodann § 38 II VwVfG (lesen!) einschlägig, mit dem Verweis auf die Wirksamkeits- und Heilungsvorschriften für Verwaltungsakte.[278] Aufgrund der entsprechenden Anwendbarkeit dieser Regelungen wird eine rechtswidrige Zusicherung regelmäßig nicht nichtig und somit auch nicht unwirksam sein.

Die Bindungswirkung der Zusicherung entfällt ferner unter den Voraussetzungen des § 38 III VwVfG.[279] Die Voraussetzungen entsprechen denen des § 49 II 1 Nr. 3, 4 VwVfG (siehe dort).

Rechtsfolge einer *wirksamen* Zusage bzw. Zusicherung ist, dass der Begünstigte einen Anspruch auf das Zugesagte hat. Wird dieser Anspruch nicht erfüllt, kann er allgemeine Leistungsklage bzw. Verpflichtungsklage erheben. Anspruchsgrundlage ist dabei die Zusage bzw. die Zusicherung selbst.

Weiterführende Literatur

📖 **Guckelberger**, DÖV 2004, 357 (Grundlagenwissen)
📖 **Erichsen**, Jura 1991, 109 (Grundlagenwissen)

---

[278] Zu beachten ist, dass die Vorschrift auch auf die Rücknahme und den Widerruf verweist.
[279] In diesem Fall kann aus der Zusicherung kein Anspruch mehr hergeleitet werden.

G. Öffentlich-rechtlicher Vertrag

Eine sich in der Praxis immer größerer Beliebtheit erfreuende Verwaltungsmaßnahme stellt der Verwaltungsvertrag (öffentlich-rechtliche Vertrag) dar. Ein Verwaltungsvertrag ist nach der **Legaldefinition** gemäß § 54 S. 1 VwVfG ein *Vertrag* auf dem *Gebiet des öffentlichen Rechts*[280] zur Begründung, Änderung oder Aufhebung eines *Rechtsverhältnisses*[281]. Im Gegensatz zum Verwaltungsakt kennzeichnet sich der Verwaltungsvertrag somit dadurch, dass er keine einseitige Regelung darstellt, sondern eine Einigung (Angebot und Annahme) voraussetzt (mehrseitige Regelung).[282]

Beispiel: Um eine Baugenehmigung zu erhalten, muss Bauherr Bruno noch einige Stellplätze errichten. Dieser Obliegenheit kann er allerdings nicht nachkommen. Er vereinbart daher mit der zuständigen Behörde einen bestimmten Geldbetrag zur Errichtung eines nahe gelegenen städtischen Parkplatzes zuzusteuern, während er im Gegenzug von der Pflicht zur Errichtung der Stellplätze entbunden wird.

Anmerkung: Der Verwaltungsvertrag hat im Rahmen der Fallbearbeitung vor allem Relevanz, weil er eine Anspruchsgrundlage für die Vornahme oder Unterlassung einer Verwaltungsmaßnahme bietet (bspw. für den Erlass eines Verwaltungsaktes). Er kann daher etwa im Rahmen einer Verpflichtungsklage die Rechtsgrundlage für den Erlass des Verwaltungsaktes darstellen. Darüber hinaus kann sich aus dem Verwaltungsvertrag im Hinblick auf Ermessensnormen eine Ermessensreduzierung auf Null ergeben.

---

[280] Siehe zu diesem Merkmal oben S. 9 ff.

[281] Siehe dazu den Begriff der „Regelung" beim Verwaltungsakt (S. 37). Dieses Rechtsverhältnis muss einen konkreten Einzelfall betreffen. Die Vereinbarung eines allgemeinen oder abstrakten Verwaltungshandelns genügt nicht (bspw. Vereinbarung, dass eine Behörde künftig allgemein zurückhaltend mit der Vergabe von Baugenehmigungen umgehen wird).

[282] Problematisch kann die Abgrenzung insbesondere zwischen Verwaltungsverträgen und mitwirkungsbedürftigen Verwaltungsakten werden. Siehe dazu oben S. 35.

Öffentlich-rechtliche Verträge gibt es in verschiedenen Arten.[283] Die wichtigsten Vertragsarten sind:

> **Subordinationsrechtlicher Vertrag**: Dieser wird in § 54 S. 2 VwVfG dargestellt.[284] Die Parteien stehen bei diesem Verwaltungsvertrag in einem Über-/Unterordnungsverhältnis.

> **Beispiele:** Verträge zwischen Verwaltung und Bürger; Verträge zwischen Dienstherrn und Beamten.

Strittig ist in diesem Zusammenhang, ob sich die Beurteilung, ob ein Über-Unterordnungsverhältnis zwischen den Vertragsparteien gegeben ist, anhand des konkreten Einzelfalls oder nach den allgemeinen Umständen zu richten hat.[285] Letzterer Betrachtungsweise zufolge, wären alle Verträge zwischen Staat und Bürger als subordinationsrechtlich zu qualifizieren, während nach der erstgenannten Auffassung – je nach Einzelfall – durchaus auch koordinationsrechtliche Verträge zwischen Staat und Bürger möglich wären.[286]

> **Koordinationsrechtlicher Vertrag**: Die Parteien stehen in einem gleichrangigen Verhältnis.

> **Beispiel:** Vertrag zwischen zwei Trägern öffentlicher Gewalt (bspw. zwischen zwei Gemeinden, Landkreisen, Universitäten).

---

[283] Die §§ 54 ff. VwVfG enthalten keine abschließende Aufzählung.

[284] Obwohl § 54 S. 2 VwVfG seinem Wortlaut nach speziell solche subordinationsrechtliche Verträge zu meinen scheint, die Verwaltungsakte ersetzen, ist im Hinblick auf Zweck, Systematik und Historie der Vorschrift anerkannt, dass alle subordinationsrechtlichen Verträge erfasst sein sollen.

[285] Für eine Einzelfallbetrachtung: *Detterbeck,* AT, § 11 RN 793; *Kopp/Ramsauer,* VwVfG, § 54 RN 49. A.A.: *Maurer,* AT, § 14 RN 12.

[286] Dies gilt freilich auch umgekehrt in der Weise, dass Verträge zwischen zwei Verwaltungsträgern – im Einzelfall – als subordinationsrechtlich qualifiziert werden könnten.

> **Vergleichsvertrag**: Dieser ist in § 55 VwVfG geregelt (lesen!). Vergleichsverträge können sowohl subordinations- rechtliche- als auch koordinationsrechtliche Verträge sein. § 55 VwVfG hat allerdings nur den subordinationsrechtlichen Vergleichsvertrag zum Inhalt.[287]

Beispiel: Bürger B und die Gemeinde G sind unterschiedlicher Ansicht über eine öffentlich-rechtlich begründete Zahlungspflicht, die B angeblich gegenüber G haben soll. Grund der Streitigkeit ist die unklare Rechtslage, die bisher noch nicht durch eine höchst- richterliche Entscheidung geklärt ist. B und G entschließen sich, die Sache durch einen Vergleichsvertrag beizulegen, in welchem sich B verpflichtet, die Hälfte der verlangten Summe zu bezahlen.[288]

> **Austauschvertrag**: Dieser hat in § 56 VwVfG eine Regelung gefunden (lesen!). Auch Austauschverträge können subordinations- oder koordinationsrechtlich sein, wobei § 56 VwVfG wiederum nur den subordinationsrecht- lichen Austauschvertrag regelt.

Beispiel: Eine Baubehörde verpflichtet sich, eine Nutzungs- änderung für ein Gebäude zu genehmigen, wenn der Bauherr an dem Gebäude bestimmte Umbauarbeiten vornimmt. Ein ent- sprechender Vertrag wird geschlossen.

Keine öffentlich-rechtlichen Verträge i.S.d. §§ 54 ff. VwVfG sind hingegen völkerrechtliche und verfassungsrechtliche Verträge, da diese ihren Regelungsgegenstand nicht im Verwaltungsrecht, sondern auf dem Gebiet des Völker- bzw. des Verfassungsrechts haben.[289]

---

[287] *Maurer,* AT, § 14 RN 15.
[288] Fraglich wäre freilich in diesem Fall, ob eine entsprechende Vereinbarung ge- gen ein Vertragsformverbot verstoßen würde (dazu sogleich).
[289] Siehe dazu ausführlich: *Detterbeck,* AT, § 11 RN 776 ff.

> **Anmerkung:** Die Unterscheidung zwischen den verschiedenen Vertragsarten ist deshalb von Bedeutung, weil die in den §§ 54 ff. VwVfG genannten Rechtmäßigkeits- und Nichtigkeitsvoraussetzungen zwischen den verschiedenen Vertragsarten differenzieren.

I. Rechtmäßigkeit des öffentlich-rechtlichen Vertrags

Ist in der Fallbearbeitung die **Rechtmäßigkeit** eines Verwaltungsvertrages zu prüfen, ist wie folgt vorzugehen:

Die Handlungsform des Verwaltungsvertrages muss im konkreten Fall zulässig sein. Eine Ermächtigungsgrundlage ist für die Handlungsform des Vertrages nicht erforderlich.[290] Einige Vorschriften enthalten indes (konkludente) Verbote, den Verwaltungsvertrag in bestimmten Fällen als Handlungsform zu verwenden (sog. **Vertragsformverbote**). Überdies bestehen in manchen Rechtsgebieten generelle Verbote, öffentlich-rechtliche Verträge abzuschließen.

Beispiele: § 1 III 2 BauGB; Prüfungsleistungen nach § 2 III Nr. 2 VwVfG;[291] teilweise wird im Abgabenrecht ein Vertragsformverbot angenommen;[292] ferner herrscht auch im Wehrdienstrecht ein Vertragsformverbot.

In **formeller Hinsicht** muss zunächst die zuständige Behörde gehandelt haben.[293] Verwaltungsverträge bedürfen nach § 57 VwVfG darüber hinaus grundsätzlich der Schriftform.[294]

---

[290] H.M. Dies folgt schon aus § 54 VwVfG, nach welchem ein Vertrag zulässig ist, soweit keine Rechtsvorschriften *entgegenstehen*. Vgl. *Maurer*, AT, § 14 RN 26; *Wolff/Decker*, VwGO/VwVfG, § 54 VwVfG RN 4 m.w.N.

[291] Die Normen über den Verwaltungsvertrag sind hier ausdrücklich ausgenommen.

[292] Dazu *Maurer*, AT, § 14 RN 3a.

[293] Hier ergeben sich im Vergleich zum Verwaltungsakt keine Besonderheiten. Siehe daher oben S. 51 ff.

[294] Hier ist § 126 BGB entsprechend anzuwenden (vgl. § 62 S. 2 VwVfG). Über § 62 S. 2 VwVfG finden ferner auch strengere Formvorschriften des BGB (etwa § 311b I 1 BGB) entsprechend Anwendung (§ 57 VwVfG: „soweit nicht durch Rechtsvorschrift eine andere Form vorgeschrieben ist").

Umstritten ist hierbei, welche Anforderungen an das Schriftform-
erfordernis zu stellen sind. Nach h.M. wird – in Annäherung an
§ 37 III VwVfG – keine Urkundeneinheit vorausgesetzt.[295]

Beispiel: Es ist somit ausreichend, dass dem schriftlichen Vertrags-
angebot eine schriftliche Annahme folgt. Die Unterschrift auf einer
Urkunde ist entbehrlich.

Ferner ist das Zustimmungserfordernis nach § 58 VwVfG zu
beachten (lesen!).

Beispiel: Eine Behörde verpflichtet sich vertraglich, eine Baugenehmigung zu erteilen, die den Bauherrn von der Beachtung bestimmter
nachbarschützender Normen befreit. Hier hat der Nachbar – weil ein
Eingriff in *seine* Rechte gegeben ist – nach h.M.[296] gemäß § 58 I VwVfG
schriftlich zuzustimmen.

In **materieller Hinsicht** ist § 54 S. 1 VwVfG zu beachten („soweit
Rechtsvorschriften nicht entgegenstehen"). Sind spezielle Regelungen zum Verwaltungsvertrag vorhanden, sind diese zu beachten.

Beispiel: § 124 BauGB.

Im Übrigen ist auch jeder Verstoß gegen sonstige formelle oder
materielle Gesetze (etwa Verordnungen oder Satzungen), EG-
Recht oder das Grundgesetz beachtlich. Hierzu zählen auch die
ungeschriebenen allgemeinen Rechtsgrundsätze des Ver-
fassungs- und Verwaltungsrechts.[297]

---

[295] Lockerung von § 62 S. 2 VwVfG i.V.m. § 126 II 1 BGB. Vgl. *Kopp/Ramsauer,*
VwVfG, § 57 RN 9a m.w.N.

[296] Der Gegenansicht zufolge greife erst die tatsächliche Erteilung der Baugenehmigung unter Befreiung von nachbarschützenden Vorschriften in die Rechte des
Nachbarn ein (sog. Verfügungsverträge, im Gegensatz zu Verpflichtungsverträ-
gen). So etwa: *Hellriegel,* DVBl. 2007, 1211, 1214. Zur h.M.: OVG Münster, NVwZ
1988, 370, 371; *Detterbeck,* AT, § 11 RN 809. Nach allgemeiner Ansicht fällt zumindest die direkte Erteilung der Baugenehmigung durch öffentlich-rechtlichen
Vertrag – wobei von nachbarschützenden Vorschriften befreit wird – unter § 58 I
VwVfG.

[297] *Detterbeck,* AT, § 11 RN 810.

Besondere Rechtmäßigkeitsvoraussetzungen für die einzelnen Vertragsarten stellen überdies die **§§ 55 und 56 VwVfG** auf. Wollen die Vertragsparteien unter Würdigung der Umstände des Einzelfalls einen Vergleichsvertrag schließen, müssen die Voraussetzungen nach § 55 VwVfG gegeben sein.[298] § 55 VwVfG bezieht sich allerdings allein auf den subordinationsrechtlichen Vergleichsvertrag. Nur für ihn gelten die zusätzlichen Rechtmäßigkeitsvoraussetzungen.[299] Gleiches gilt im Rahmen des § 56 VwVfG für subordinationsrechtliche Austauschverträge.

> ➤ **Voraussetzungen des § 55 VwVfG:**[300] Die Norm hat drei Voraussetzungen. Erstens muss eine wirkliche Ungewissheit *beider Parteien* über Sachverhalt oder Rechtslage bestehen. Die Ungewissheit ist vom subjektiven Standpunkt der Parteien zu beurteilen. Objektiv muss darüber hinaus die Ungewissheit auch bei *verständiger Würdigung* der Lage zu bejahen sein.

Beispiele: Auszuscheiden wären in objektiver Hinsicht daher Sachverhalte, die allein deshalb für den Bürger ungewiss sind, weil dieser völlig abstruse Anschauungen hegt. Auf Seiten einer Behörde ist in objektiver Hinsicht die Ungewissheit zu verneinen, wenn sich die Behörde bei durchschnittlich zu erwartender Sach- bzw. Fachkenntnis nicht im Ungewissen befände.[301] Eine Ungewissheit ist objektiv insbesondere gegeben, wenn die Rechtslage höchstrichterlich noch ungeklärt ist.

---

[298] Es wäre daher verfehlt, die Anwendbarkeit des § 55 VwVfG zu verneinen, weil die Voraussetzungen für einen Vergleichsvertrag nicht vorgelegen haben (Zirkelschluss!). Es müssen – gerade umgekehrt – die Voraussetzungen des § 55 VwVfG erfüllt sein, wenn unter Würdigung der Umstände des Einzelfalls ein Vergleichvertrag – und kein anderer Vertrag – geschlossen werden soll. Dazu *Detterbeck*, AT, § 11 RN 798.

[299] Der koordinationsrechtliche Vergleichsvertrag muss somit keine weitergehenden Voraussetzungen erfüllen.

[300] Tipp: Unterstreichen Sie sich – sofern die jeweilige Prüfungsordnung dies zulässt – die entsprechenden Voraussetzungen jeweils im Gesetzestext.

[301] Siehe auch *Peine*, AT, § 8 RN 822.

Zweitens muss *aus Sicht eines objektiven Betrachters* ein gegenseitiges Nachgeben zu konstatieren sein. Dritte Voraussetzung ist, dass der Vergleichsvertrag den ungewissen Zustand beseitigt. Letztlich ist beachtlich, dass es sich um eine Ermessensnorm handelt.[302]

> Voraussetzungen des **§ 56 VwVfG**: § 56 VwVfG dient dem Zweck, einen „Ausverkauf von Hoheitsrechten" zu verhindern. Voraussetzung ist zunächst, dass die Gegenleistung des Vertragspartners der Behörde zu einem bestimmten Zweck vereinbart wird. Die Zweckbestimmung der Gegenleistung muss im Wortlaut des Vertragstextes ihren Niederschlag gefunden haben. Hierdurch soll eine Kontrolle der Leistungsverwendung ermöglicht werden.[303] Zweite Voraussetzung ist, dass die Gegenleistung des Vertragspartners der Behörde zur Erfüllung *ihrer* öffentlichen Aufgaben dient (sog. Missbrauchsverbot). Die Gegenleistung des Bürgers darf somit nicht allein privaten Interessen dienen oder der Aufgabenerfüllung einer anderen Behörde. Weitere Voraussetzung ist, dass die Gegenleistung angemessen ist, d.h. sie darf nicht außer Verhältnis zu der vertraglichen Leistung der Behörde stehen. Es wird somit eine wirtschaftliche Ausgewogenheit[304] zwischen Leistung und Gegenleistung gefordert.[305] Die vierte und letzte Voraussetzung verlangt, dass die Gegenleistung des Bürgers in einem sachlichen Zusammenhang mit der Leistung der Behörde steht (sog. Koppelungsverbot).[306] Hiernach darf nichts miteinander verknüpft werden, was nicht ohnehin schon in einem inneren Sachzusammenhang

---

[302] Dazu *Peine*, AT, § 8 RN 824.
[303] *Kopp/Ramsauer*, VwVfG, § 56 RN 7; *Peine*, AT, § 8 RN 831.
[304] Dies ist nicht gleichzusetzen mit einer strengen Gleichwertigkeit! Es genügt, dass kein klares Missverhältnis gegeben ist.
[305] Da die Voraussetzung dem Schutze des Bürgers dient, ist die Behörde indes nicht gehindert auch eine geringere Gegenleistung zu verlangen. Siehe dazu *Kopp/Ramsauer*, VwVfG, § 56 RN 12 m.w.N.
[306] Hier kommt der Grundsatz „kein Ausverkauf von Hoheitsrechten" zum Tragen.

steht. Der erforderliche Zusammenhang ist insbesondere gegeben, wenn die Gegenleistung des Bürgers dazu dient, ein rechtliches Hindernis für die Leistung der Behörde zu beseitigen.[307]

Beispiele: Die Behörde verpflichtet sich zur Erteilung einer Baugenehmigung unter Verzicht auf die Errichtung einer Garage. Im Gegenzug muss der Bürger einen Beitrag zur Finanzierung der Errichtung eines nahe gelegenen Parkplatzes leisten. Hier besteht ein innerer Sachzusammenhang. Anders wäre der Fall zu beurteilen, wenn der Bürger sich verpflichtet, einen Beitrag zur Finanzierung neuer Einrichtungsgegenstände für das Rathaus zu leisten.

§ 56 II VwVfG verhindert einen „Ausverkauf von Hoheitsrechten" in noch stärkerem Maße. Nach dieser Vorschrift darf in Fällen, in welchen der Bürger einen Anspruch auf die Leistung hat, eine Gegenleistungen des Bürgers *nur dann* vereinbart werden, wenn diese auch als Nebenbestimmung i.S.d. § 36 VwVfG hätte ergehen können. Ein Anspruch des Bürgers ist dann gegeben, wenn sich die Rechtsfolge *zwingend* aus dem Gesetz ergibt.[308]

Beispiel: Bürger B begehrt einen Verwaltungsakt, dessen Erlass im Ermessen der zuständigen Behörde steht. Hier ergibt sich der Erlass des Verwaltungsaktes – aufgrund des eingeräumten Ermessens – nicht zwingend aus dem Gesetz. § 56 II VwVfG ist daher nur dann anwendbar, wenn eine Ermessensreduzierung auf Null gegeben ist.

---

[307] BVerwG, NVwZ 1994, 485; VGH Mannheim, NVwZ 2001, 694. Gegenleistungen, die auch als Nebenbestimmung erlassen werden könnten, stehen immer in einem inneren Sachzusammenhang zur Leistung. Dies folgt schon aus § 56 II VwVfG.

[308] Im Rahmen der Fallbearbeitung sind somit an dieser Stelle die Voraussetzungen für den Erlass einer Nebenbestimmung zu prüfen. Dazu oben S. 95 ff.

II.   Fehlerfolgen

Wichtig: Ist ein Verwaltungsvertrag rechtswidrig, hat dies – anders als bei Gesetzen – nicht notwendigerweise dessen Nichtigkeit zur Folge. Vielmehr ist ein Verwaltungsvertrag – ähnlich wie bei Verwaltungsakten – allein dann nichtig, wenn ein Nichtigkeitsgrund nach § 59 VwVfG gegeben ist.

Beispiel: Obwohl der Verwaltungsvertrag zwischen einer Gemeinde und einem Bürger rechtswidrig (allerdings nicht nichtig) ist, kann der Bürger die Gemeinde aus dem Vertrag in Anspruch nehmen.

Anmerkung: Ist daher im Rahmen einer Fallbearbeitung relevant, ob sich eine Person auf einen abgeschlossenen Verwaltungsvertrag berufen kann oder nicht, ist allein die Wirksamkeit des Verwaltungsvertrags von Interesse (d.h. ob er nichtig ist oder nicht). Die Rechtswidrigkeit des Verwaltungsvertrages an sich ist folgenlos.[309] Der (nur) rechtswidrige Verwaltungsvertrag dient als Rechtsgrundlage für die versprochene Leistung. Selbst ein aufgrund des rechtswidrigen Verwaltungsvertrages erlassener Verwaltungsakt ist grundsätzlich *rechtmäßig*.

§ 59 VwVfG regelt, wann ein Verwaltungsvertrag nichtig und damit unwirksam ist. Abs. 2 der Vorschrift enthält spezielle Nichtigkeitsgründe, während Abs. 1 eine Generalklausel enthält. In der Prüfungsreihenfolge ist Abs. 2 daher *vor* Abs. 1 zu prüfen.

§ 59 II VwVfG findet allein auf subordinationsrechtliche Verträge – allerdings jeder Art – Anwendung (unterstreichen Sie: „§ 54 S. 2").

---

[309] *Detterbeck,* AT, § 11 RN 812. Es bestehen auch nicht die Rücknahmemöglichkeiten nach § 48 VwVfG wie beim Verwaltungsakt. Allenfalls an die Kündigungs-, Anfechtungs- und Rücktrittrechte des bürgerlichen Rechts wäre zu denken (vgl. § 62 S. 2 VwVfG).

Im Folgenden werden die einzelnen Nichtigkeitsgründe erörtert:

> § 59 II Nr. 1 VwVfG: Hier sind die Nichtigkeitsgründe nach § 44 VwVfG heranzuziehen.[310] Speziell für den Verwaltungsvertrag ist zu beachten, dass eine Sittenwidrigkeit gemäß § 59 II Nr. 1 i.V.m. § 44 II Nr. 6 VwVfG aus der missbräuchlich ausgenutzten Überlegenheit des einen gegenüber dem anderen Partner bei Vertragsschluss resultieren kann.[311]

> § 59 II Nr. 2 VwVfG: Zu prüfen ist hier, ob ein Verwaltungsakt mit entsprechendem Inhalt *rechtswidrig* wäre, wobei Fehler i.S.d. § 46 VwVfG ausgenommen sind. Ist den Vertragsschließenden *zusätzlich* die Rechtswidrigkeit bekannt, d.h. streben sie einen rechtswidrigen Erfolg an, ist der Verwaltungsvertrag nichtig. Alle (!) Vertragsparteien müssen somit die Rechtswidrigkeit des Vertragsinhalts gekannt haben; Kennenmüssen genügt nicht.[312] Die Kenntnis muss zum Zeitpunkt des Vertragsschlusses gegeben sein.

> § 59 II Nr. 3 VwVfG: Die Vorschrift bezieht sich allein auf subordinationsrechtliche Vergleichsverträge. Erforderlich für die Nichtigkeit ist, dass die Voraussetzungen nach § 55 VwVfG nicht gegeben sind *und* ein Verwaltungsakt mit entsprechendem Inhalt rechtswidrig wäre (Ausnahme: Rechtswidrigkeit allein i.S.d. § 46 VwVfG). Die Rechtswidrigkeit des hypothetischen Verwaltungsaktes wird häufig damit begründet werden können, dass in einem Vergleich von der Rechtsgrundlage in gewissem Maße abgerückt wird und das hierdurch erzielte Ergebnis u.U. nicht mehr von der Rechtsgrundlage gedeckt ist. Nach h.M. sind die Voraussetzungen des § 55 VwVfG auch dann nicht gegeben, wenn die Behörde den Vergleichsvertrag ermessensfehlerhaft

---

[310] Siehe dazu die obigen Ausführungen auf S. 59 ff.
[311] BVerwGE 42, 331, 342 f.
[312] *Wolff/Decker*, VwGO/VwVfG, § 59 VwVfG RN 9.

(bspw. Verstoß gegen Art. 3 I GG) abgeschlossen hat (siehe § 55 VwVfG a.E.: „nach pflichtgemäßen Ermessen").[313] Im Gegensatz zu § 59 II Nr. 2 VwVfG ist keine Kenntnis der Vertragsparteien von der Rechtswidrigkeit erforderlich.

Beispiel: Bürger B und die Gemeinde G schließen einen Vergleichsvertrag dergestalt, dass B bestimmten gesetzlich normierten Zahlungspflichten nur zur Hälfte nachkommen muss. Es bestand allerdings weder eine Ungewissheit über die Tatsachen- noch über die Rechtslage. Die Rechtsgrundlage, auf die sich die Zahlungspflicht stützt, sieht außerdem keinen Spielraum bei der Bemessung der Zahlungspflichten vor. Der Verwaltungsvertrag erfüllt daher weder die Voraussetzungen des § 55 VwVfG, noch wäre ein Verwaltungsakt mit entsprechendem Inhalt rechtmäßig. Der Verwaltungsvertrag ist daher gemäß § 59 II Nr. 3 VwVfG nichtig und somit unwirksam.

> § 59 II Nr. 4 VwVfG: Die Norm findet allein auf subordinationsrechtliche Austauschverträge Anwendung. Voraussetzung ist, dass sich die Behörde eine nach § 56 VwVfG unzulässige Gegenleistung versprechen lässt.[314] Die Vorschrift erfasst *nicht* den Fall, dass sich der *Bürger* eine unzulässige Leistung versprechen lässt.[315]

Beispiel: Gerd beantragt eine Baugenehmigung, wobei die für den Erlass einer Baugenehmigung erforderlichen Voraussetzungen allesamt gegeben sind. Die zuständige Behörde vereinbart mit Gerd die Zahlung eines Geldbetrages, im Gegenzug für die Erteilung der Genehmigung. Kann Gerd aus diesem Verwaltungsvertrag in Anspruch genommen werden?

Auf die Erteilung einer Baugenehmigung besteht – sofern die entsprechenden Voraussetzungen gegeben sind – ein Rechtsanspruch. Der vorliegend geschlossene subordinationsrechtliche Austauschvertrag verstößt somit gegen § 56 II VwVfG. Die der Be-

---

[313] *Kopp/Ramsauer*, VwVfG, § 59 RN 26. A.A. *Erichsen/Ehlers*, AT, § 32 RN 20.
[314] Jedweder Verstoß gegen § 56 VwVfG führt somit zur Nichtigkeit. Siehe zu § 56 VwVfG oben S. 110 ff.
[315] In einem solchen Fall käme allerdings § 59 I VwVfG in Betracht.

hörde versprochene Gegenleistung ist hiernach unzulässig. Mithin ist der Vertrag nach § 59 II Nr. 4 VwVfG nichtig. Die Behörde hat somit keinen Anspruch auf Zahlung aus dem Verwaltungsvertrag.

Nach **§ 59 I VwVfG** sind Verwaltungsverträge nichtig, wenn sich die entsprechende Nichtigkeit aus einer entsprechenden Anwendung der Nichtigkeitsvorschriften des BGB ergibt. § 59 I VwVfG ist nicht auf einzelne Arten öffentlich-rechtlicher Verträge beschränkt, sondern gilt für alle Verwaltungsverträge. Die Nichtigkeit des Verwaltungsvertrages ergibt sich insbesondere, wenn eine der folgenden bürgerlichrechtlichen Vorschriften erfüllt ist: §§ 105, 116, 117 I, 118, 125 und § 138 BGB.[316] Ferner ist auch ein i.S.d. §§ 119 f., 123 BGB angefochtener Vertrag nichtig (vgl. § 142 I BGB).

Problematisch stellt sich hingegen eine Anwendung des § 134 BGB dar. Seit jeher ist umstritten, ob und wenn ja, wie § 134 BGB im Rahmen des § 59 I VwVfG Anwendung findet. Eine Verbotsnorm kann sich in diesem Zusammenhang aus jedem Gesetz (d.h. auch aus Rechtsverordnungen oder Satzungen) ergeben. Die uneingeschränkte Anwendung des § 134 BGB würde letztlich somit zur Nichtigkeit aller rechtswidrigen Verwaltungsverträge führen, da ein rechtswidriger Verwaltungsvertrag regelmäßig gegen den Grundsatz der Gesetzmäßigkeit der Verwaltung und somit gegen eine Verbotsnorm verstößt. In diesem Fall wäre die enumerative Aufzählung in § 59 II VwVfG obsolet.

Die ganz h.M. geht – im Gegensatz zum Gesetzgeber – von der Anwendbarkeit des § 134 BGB im Rahmen des § 59 I VwVfG aus.[317] Begründet wird dies damit, dass andernfalls bestimmte Verträge (bspw. koordinationsrechtliche) selbst bei einem offensichtlichen und schwerwiegenden Gesetzesverstoß verbindlich

---

[316] Soweit die entsprechende Prüfungsordnung dies zulässt, schreiben Sie sich die Normen neben § 59 I VwVfG.
[317] Vgl. nur *Stelkens/Bonk/Sachs*, VwVfG, § 59 RN 50 m.w.N. A.A. *Göldner*, JZ 1976, 352, 357.

wären.[318] Allerdings soll andererseits auch nicht jeder Verstoß gegen Normen die Nichtigkeit eines Vertrages begründen. § 134 BGB kann daher nach der Rechtsprechung nur zur Anwendung gelangen, wenn ein *qualifizierter Fall der Rechtswidrigkeit* zu bejahen ist, d.h. wenn der spezifische Sinn und Zweck des verletzten Gesetzes die Nichtigkeit fordert.[319] Mit dieser Vorgabe ist im konkreten Fall indes wenig gewonnen.[320] Im Einzelnen kann aber folgendes festgehalten werden:

> Die verletzte Vorschrift muss sich gerade gegen den Inhalt des Vertrages als solchen richten und somit den vertraglichen Erfolg missbilligen. Daran kann es insbesondere bei Bagatellfehlern mangeln.

Beispiel: Ein geringfügiger Verstoß gegen das Gebot der Wirtschaftlichkeit und Sparsamkeit i.S.d. § 7 BHO wird nicht zu einem qualifizierten Rechtsverstoß führen, weil hier allein die Art und Weise des Zustandekommens von Verträgen erfasst ist und nicht der Erfolg des Vertrages missbilligt wird. Im Rahmen der Auslegung des § 7 BHO kann sich indes etwas anderes ergeben, wenn massive Verstöße gegen das Gebot gegeben sind.

> Bei der Verbotsnorm muss es sich um zwingendes Recht handeln.

Beispiele: Verstöße gegen Kann- und Soll-Vorschriften führen nicht zur Nichtigkeit; ebenso reicht ein Verstoß gegen den Grundsatz der Gesetzmäßigkeit der Verwaltung nicht aus;[321] auch Verstöße gegen Verwaltungsvorschriften[322] genügen nicht.

---

[318] *Maurer,* AT, § 14 RN 41.
[319] Vgl. BVerwGE 98, 58, 63.
[320] Kritisch daher auch *Detterbeck,* AT, § 11 RN 816; *Maurer,* AT, § 14 RN 42.
[321] Vgl. *Stelkens/Bonk/Sachs,* VwVfG, § 59 RN 53.
[322] Dazu unten S. 125 ff.

➢ Regelmäßig stellen Verstöße gegen Verfahrensvorschriften, d.h. solche Normen die lediglich Art und Weise des Zustandekommens des Vertrages betreffen, nicht aber den Vertragsinhalt, *keinen* qualifizierten Rechtsverstoß dar.[323] Zu beachten ist allerdings, dass ein Verstoß gegen ein Vertragsformverbot in jedem Fall zur Nichtigkeit des Vertrages führt.[324] Ebenso führt ein Verstoß gegen das Schriftformgebot nach § 57 VwVfG zur Nichtigkeit des Vertrages gemäß § 59 I VwVfG i.V.m. § 125 S. 1 BGB.[325]

Ein Vertrag ist nach § 59 I VwVfG i.V.m. § 134 BGB in der Regel allein dann nichtig, wenn sich das gesetzliche Verbot an beide Vertragspartner richtet. Eine Ausnahme wird gemacht, wenn lediglich durch die Nichtigkeit des Vertrages der Zweck des einseitigen Verbots erreicht werden kann.[326]

Beispiel: Eine Vorschrift verpflichtet die Behörde, bestimmte Anhörungen durchzuführen, bevor eine Leistung gewährt wird. Um diese Anhörungspflichten zu umgehen, schließt die Behörde mit dem Bürger einen Vertrag über die Leistung. Die einzige Möglichkeit, das Anhörungsgebot durchzusetzen, ist die Nichtigkeit des Verwaltungsvertrages. Obwohl die Vorschrift somit allein an die Behörde gerichtet ist, muss der Verwaltungsvertrag als nichtig qualifiziert werden.

Verstößt ein Verwaltungsvertrag gegen zwingende Vorschriften des Gemeinschaftsrechts, ist aus Gründen der effektiven Durchsetzung der gemeinschaftsrechtlichen Normen (sog. effet utile) in jedem Fall ein qualifizierter Rechtsverstoß zu bejahen.[327]

---

[323] Nach *Maurer,* AT, § 14 RN 43, sei gleichwohl eine Nichtigkeit nach § 59 I VwVfG i.V.m. § 125 S. 1 BGB gegeben.

[324] Entweder über § 59 I VwVfG i.V.m. § 134 BGB oder über § 59 I VwVfG i.V.m. § 125 S. 1 BGB. Vgl. dazu *Maurer,* AT, § 14 RN 42b.

[325] *Detterbeck,* AT, § 11 RN 808.

[326] Dazu *Kopp/Ramsauer,* VwVfG, § 59 RN 12.

[327] *Maurer,* AT, § 14 RN 43a m.w.N.

> **Anmerkung:** Die Problematik des Verstoßes gegen eine Verbotsnorm ist bisher keineswegs geklärt. Die weiten und schwierig zu handhabenden Kriterien zur Bestimmung eines „qualifizierten Rechtsverstoßes" führen dazu, dass selbst die Vertreter derselben Ansicht oftmals zu unterschiedlichen Ergebnissen kommen. Für die Fallbearbeitung kann es daher kein Patentrezept geben. Wichtig ist lediglich, dass Sie die Problematik in der Klausur erkennen und Ihr Ergebnis gut begründen. Ist dies der Fall, kann Ihnen aus dem gefundenen Resultat kein „Strick gedreht werden".

Ist ein Verwaltungsvertrag nichtig, entfaltet er keine Rechtswirkungen.[328] Aus ihm können somit keine Leistungspflichten abgeleitet werden. Ein auf ihn gestützter Verwaltungsakt ist (mangels Rechtsgrundlage) rechtswidrig. Sind bereits Leistungen erbracht worden, müssen diese in entsprechender Anwendung der Vorschriften des BGB (§ 62 S. 2 VwVfG) zurückgewährt werden.

Ändern sich die tatsächlichen oder rechtlichen Verhältnisse ist § 60 VwVfG zu beachten (lesen!). Die Norm schließt § 313 BGB aus.

Die Durchsetzung wirksamer Verwaltungsverträge erfolgt i.d.R.[329] durch Erhebung der allgemeinen Leistungsklage. Ansprüche der Verwaltung aus dem Verwaltungsvertrag können von der Verwaltung nicht durch einen Verwaltungsakt durchgesetzt werden. Da sich die Verwaltung hier auf eine Ebene der Gleichordnung mit dem Bürger begibt, muss sie ebenfalls allgemeine Leistungsklage beim Verwaltungsgericht erheben.[330]

---

[328] Zu beachten ist allerdings die Möglichkeit, dass der Verwaltungsvertrag nur teilnichtig ist. Im Zweifel ist jedoch von der Gesamtnichtigkeit auszugehen (lesen Sie dazu § 59 III VwVfG).
[329] Ist die zugesagte Leistung ein Verwaltungsakt, ist die Verpflichtungsklage einschlägig. Das Nichtbestehen der vertraglichen Leistungspflicht kann im Wege der Feststellungsklage geklärt werden.
[330] BVerwGE 59, 60; *Maurer*, AT, § 10 RN 6; *Detterbeck*, AT, § 10 RN 600.

Prüfungsschema öffentlich-rechtlicher Vertrag
1. Zustandekommen eines öffentlich-rechtlichen Vertrages (liegt überhaupt ein Vertrag vor? Auf dem Gebiet des öffentlichen Rechts?) 2. Rechtmäßigkeit des Verwaltungsvertrages a. Verwaltungsvertrag als Handlungsform zulässig? b. Formelle Rechtmäßigkeit (Zuständigkeit; §§ 57, 58 VwVfG) c. Materielle Rechtmäßigkeit (Vertragsformverbot; Verstoß gegen Rechtsvorschriften, insb. §§ 55, 56 VwVfG) 3. Wirksamkeit des Vertrages (§§ 59 I, II VwVfG)

Weiterführende Literatur

📖 **Gurlit**, Jura 2001, 659 und 731 (Grundlagenwissen)

📖 **Höfling/Krings**, JuS 2000, 625 (Grundlagenwissen)

📖 **Skript** Standardfälle Verwaltungsrecht AT, Fall 9

H. Rechtsverordnung und Realakt

Weitere Handlungsmöglichkeiten der Verwaltung bieten der Erlass einer Rechtsverordnung oder das Handeln im Wege des Realakts.

Rechtsverordnungen sind Gesetze, die nicht vom Parlament, sondern von Exekutivorganen – namentlich Regierung, Minister, Verwaltungsbehörden – erlassen werden.[331] Die Rechtsverordnungen unterscheiden sich von den parlamentarischen Gesetzen daher in erster Linie durch den Normgeber.

Beispiele: StVO (Nr. 35a im Schönfelder); BImSchV.

Anmerkung: Durch die Möglichkeit der Exekutive, Rechtsverordnungen zu erlassen, wird der parlamentarische Gesetzgeber entlastet. In Rechtsverordnungen können nämlich insbesondere komplexe (technische) Details geregelt werden und es wird – aufgrund des einfacheren Rechtsetzungsverfahrens – eine flexiblere rechtliche Gestaltungsmöglichkeit an die Hand gegeben.

---

[331] Diese Gesetze nennt man grundsätzlich „nur-materielle-Gesetze", weil sie nicht, wie die „formellen Gesetze", vom Parlament erlassen wurden. Ein „formelles Gesetz" stellt indes gleichwohl regelmäßig auch ein „materielles Gesetz" dar. Siehe zu diesen Begriffen: *Detterbeck,* AT, § 3 RN 89.

Im Folgenden werden die **Voraussetzungen** für den Erlass einer rechtmäßigen Rechtsverordnung erläutert. Unabdingbare Voraussetzung ist zunächst eine **Ermächtigungsgrundlage**, die zum Erlass einer Rechtsverordnung ermächtigt. Hierzu ist ein formelles Gesetz (d.h. ein Parlamentsgesetz) von Nöten, welches den Anforderungen von Art. 80 I 2 GG (lesen!) entspricht.[332] Genügt die Rechtsgrundlage nicht den Anforderungen des Art. 80 I 2 GG, ist sie verfassungswidrig und somit nichtig; mithin auch nicht als Ermächtigungsgrundlage für eine Rechtsverordnung tauglich.[333] Strittig ist in diesem Zusammenhang, ob der nachträgliche Wegfall der Ermächtigungsgrundlage (bspw. durch Gesetzesänderung) die Rechtmäßigkeit einer bereits erlassenen Verordnung berührt.[334]

Beispiel: Die Ermächtigungsgrundlage für die StVO findet sich in § 6 StVG.

Ferner muss eine Rechtsverordnung (wie bei Verwaltungsmaßnahmen üblich) formellen und materiellen Rechtmäßigkeitsvoraussetzungen genügen.

In **formeller** Hinsicht ist zu verlangen, dass das eine Rechtsverordnung erlassende Organ für den Erlass die **Zuständigkeit** besitzt. Die Zuständigkeitsbestimmung erfolgt durch das ermächtigende Gesetz. Durch Bundesgesetze können lediglich die Bundesregierung, ein Bundesminister oder die Landesregierung ermächtigt werden (Art. 80 I 1 GG; beachte aber Art. 80 I 4 GG).

---

[332] Die Norm gilt für Bundesverordnungen. Verordnungen auf Landesebene haben sich an der jeweiligen Landesverfassung zu orientieren. Regelmäßig enthalten die Landesverfassungen aber eine dem Art. 80 I 2 GG vergleichbare Regelung. Bleibt der Länderstandard unter den Voraussetzungen der grundgesetzlichen Norm, gelten die Grundsätze von Art. 80 I GG über Art. 28 I 1 GG. Siehe dazu und zu den einschlägigen Normen in den jeweiligen Landesverfassungen: *Detterbeck*, AT, § 12 RN 828.

[333] *Maurer*, AT, § 13 RN 6.

[334] Für die Rechtswidrigkeit und somit Nichtigkeit der Verordnung in diesem Fall: *Maurer*, AT, § 13 RN 7; *Detterbeck*, AT, § 13 RN 835. Dagegen: BVerfGE 9, 3, 12; 44, 216, 226.

Die Landesverfassungen enthalten derart begrenzte Ermächtigungsmöglichkeiten nicht. Durch Landesgesetze dürfen daher auch sonstige Behörden zum Erlass von Rechtsverordnungen ermächtigt werden.

Beispiele: § 18 I 1 GastG (Bundesrecht; vgl. insb. § 18 I 3 GastG); Ermächtigung zum Erlass von Polizeiverordnungen (Landesrecht; bspw. § 10 PolG-BW).

Weitergehend müssen **Verfahren und Form** eingehalten werden. Die Vorschriften des VwVfG gelten hier nicht (§ 9 VwVfG). Vielmehr sind die besonderen Verfahrensvorschriften in den jeweiligen Ermächtigungsgesetzen maßgebend. Art. 80 II und Art. 82 I 2 GG sind zu beachten.[335] Schlussendlich muss das Zitiergebot gemäß Art. 80 I 3 GG gewahrt worden sein.[336] Nach der restriktiven Rechtsprechung des Bundesverfassungsgerichts muss die *konkrete Vorschrift* des Gesetzes genannt werden, nicht lediglich das ermächtigende Gesetz an sich.[337]

Beispiel: Einführung zur StVO: „Auf Grund des § 6 Abs. 1 des Straßenverkehrsgesetzes [...] wird mit Zustimmung des Bundesrates verordnet".

Unter dem Aspekt der **materiellen Rechtmäßigkeit** ist zunächst (zumindest gedanklich) zu prüfen, ob die Ermächtigungsgrundlage der Verordnung verfassungsgemäß ist.[338]

Anmerkung: In der Regel wird die Frage der Verfassungsmäßigkeit der Ermächtigungsgrundlage in einer verwaltungsrechtlichen Klausur kaum eine Rolle spielen, da die Prüfung hier sehr in den staatsrechtlichen Bereich abdriften würde.

---

[335] Art. 82 I 2 GG gilt im Hinblick auf Landesverordnungen entsprechend, wenn keine eigene Regelung in der Landesverfassung vorhanden ist.
[336] Dieses gilt über Art. 28 I 1 GG ebenfalls für Landesverordnungen.
[337] BVerfGE 101, 1, 41.
[338] Dies bestimmt sich nach dem aus dem Staatsrecht bekannten Prüfungsaufbau für die Rechtmäßigkeit von Gesetzen (Gesetzgebungsverfahren- und kompetenz, Grundrechtsverletzung etc.). An dieser Stelle kann auf die entsprechenden Ausführungen im Staatsrecht verwiesen werden. Vgl. dazu bspw. *Degenhart,* StR I, § 3 RN 138 ff.

Die Rechtsverordnung muss ferner **von der Ermächtigungs-grundlage gedeckt** sein. Es ist daher zu prüfen, ob die Voraussetzungen der Ermächtigungsgrundlage nicht überschritten werden.

Beispiel: Wenn die Polizeigesetze der Länder die Ermächtigung erteilen, *zur Gefahrenabwehr* Polizeiverordnungen zu erlassen, können keine Verordnungen diktiert werden, die allein der Landschaftspflege dienen sollen.

Prüfungsschema Rechtsverordnung

1. Formellgesetzliche Ermächtigungsgrundlage
2. Formelle Rechtmäßigkeitsvoraussetzungen
   a) Zuständigkeit
   b) Verfahren und Form
   c) Zitiergebot
3. Materielle Rechtmäßigkeitsvoraussetzungen
   a) Ermächtigungsgrundlage verfassungsgemäß?
   b) Tatbestandsvoraussetzungen der Ermächtigungsgrundlage nicht überschritten?
   c) Ermessensfehler prüfen, falls Ermächtigungsgrundlage ein Ermessen einräumt?
   d) Verstoß gegen sonstiges höherrangiges Recht (insb. Verhältnismäßigkeitsgrundsatz)

Stellt sich im Rahmen der Rechtmäßigkeitsprüfung heraus, dass die Verordnung rechtswidrig ist, bedeutet dies in der **Rechtsfolge**, dass sie nichtig ist. Die Verordnung entfaltet somit keine Wirkungen. Ein Verfahrensfehler soll demgegenüber nur dann zur Nichtigkeit der Verordnung führen, wenn er *evident* ist.[339] Sehr umstritten ist allerdings, ob die Verwaltung eine Rechtsverordnung anwenden kann/muss, obwohl sie deren Rechtmäßigkeit bezweifelt. Hier wird einerseits vertreten, dass sie die Norm wegen der Bindung an das Gesetz anwenden *muss*, andererseits, dass sie we-

---

[339] So: BVerfGE 91, 148, 175, unter Berücksichtigung der hiermit einhergehenden Rechtssicherheit.

gen der Verpflichtung zu rechtmäßigem Handeln, die Norm *nicht anwenden darf*. Eine dritte Ansicht wählt einen Mittelweg und sieht die Verwaltung verpflichtet, durch immer weitergehende Vorlagen bei den nächst höheren Stellen (bis zur Regierung) eine Klärung durch das Verfassungsgericht herbeizuführen.[340]

Exkurs: Satzungen

Ein weiterer Rechtsakt, der von der Verwaltung erlassen werden kann, ist die Satzung. Satzungen sind ebenfalls (nur-materielle) Gesetze. Im Gegensatz zu den Verordnungen werden Satzungen allerdings von *den juristischen Personen des öffentlichen Rechts* (Körperschaften, Anstalten, Stiftungen) *zur Regelung von deren eigenen Angelegenheiten* für die ihr angehörigen oder unterworfenen Personen erlassen. Sie werden daher nicht unmittelbar sondern nur mittelbar vom Staat erlassen.

Beispiel: Eine Gemeinde versucht, der hohen Umweltverschmutzung auf ihrem Gelände (=eigene Angelegenheit) durch den Erlass einer Satzung Herr zu werden.

Die oben behandelte Rechtmäßigkeitsprüfung für Rechtsverordnungen ist für die Satzung im Wesentlichen die gleiche.[341] Liegt eine rechtswidrige Satzung vor, ist sie ebenfalls nichtig.

Neben den bereits genannten Rechtsakten steht der Verwaltung die Möglichkeit zur Verfügung, durch einen **Realakt** zu handeln (sog. schlichtes Verwaltungshandeln). Realakte sind alle Handlungen der Verwaltung, die *nicht* auf die Herbeiführung einer Rechtsfolge gerichtet sind. Hierdurch grenzen sich Realakte von Gesetzen (wie Verordnungen und Satzungen), Verwaltungsakten und öffentlich-rechtlichen Verträgen ab.

Beispiele: Auskünfte; Ansprachen; Warnungen; Teilnahme am Straßenverkehr; Bewirtschaftung eines Gebäudes; Auszahlung von Geld.

---

[340] Siehe zum Ganzen: *Detterbeck*, AT, § 3 RN 124 ff.
[341] Sie muss daher hier nicht erneut dargestellt werden. Im Übrigen spielt das Satzungsrecht vor allem im Bereich des Kommunalrechts eine erhebliche Rolle. Entsprechend kann auch auf die Ausführungen in diesem Bereich verwiesen werden. Vgl. bspw. *Burgi*, KommunalR, § 15.

Problematisch ist die Abgrenzung zwischen Realakt und Verwaltungsakt oftmals dann, wenn einem tatsächlichen Handeln eine Entscheidung zu diesem Handeln vorausging. Hier kann die Entscheidung einen Verwaltungsakt darstellen. Eine Abgrenzung erfolgt danach, wo bei lebensnaher Betrachtungsweise das *Schwergewicht* des behördlichen Handelns liegt.[342] Liegt es bei der Entscheidung oder bei der Ausführung? Hierbei sollte man sich die Frage stellen, ob die Entscheidung eine einfache Rechtsprüfung bzw. unkomplizierte Entscheidungsfindung voraussetzt (dann: Realakt) oder ob eine aufwändige, rechtlich schwierige Prüfung der Rechtslage erforderlich ist (dann: Verwaltungsakt).

Anmerkung: Die Frage ob ein Verwaltungsakt oder allein ein Realakt gegeben ist, ist schon deshalb bedeutsam, weil hiervon die einschlägige Klageart abhängt (Anfechtungs-/ Verpflichtungsklage oder allgemeine Leistungsklage). Ferner sind auch die Rechtmäßigkeitsvoraussetzungen an einen Realakt oftmals weniger streng (dazu sogleich).

Greift ein Realakt in Rechte des Bürgers ein, ist eine Rechtsgrundlage erforderlich. Die **Rechtmäßigkeitsprüfung** bestimmt sich dann nach dem allgemeinen Aufbaumuster (1. Ermächtigungsgrundlage 2. Formelle Rechtmäßigkeit 3. Materielle Rechtmäßigkeit).[343] Wird indes nicht in Rechte des Bürgers eingegriffen, kann ein Realakt auch ohne rechtliche Grundlage ergehen (sog. gesetzesfreie Realakte). Gesetzesfreie Realakte müssen allerdings zumindest mit den Grundrechten und dem allgemeinen Verhältnismäßigkeitsgrundsatz in Einklang stehen.[344] Auch dürfen sie nicht gegen geltendes Recht verstoßen.

---

[342] *Detterbeck,* AT, § 15 RN 887.
[343] Vgl. die Rechtmäßigkeitsvoraussetzungen für Verwaltungsakte. Zu beachten ist jedoch, dass die Verfahrensvorschriften des VwVfG keine direkte Anwendung finden können (§ 9 VwVfG).
[344] *Peine,* AT, § 10 RN 885.

Beispiele: Eine einfache Auskunft kann ohne Rechtsgrundlage ergehen, da sie regelmäßig keinen Eingriff in Rechte eines Bürgers zur Folge hat. Demgegenüber muss die Anwendung polizeilichen Zwangs – aufgrund des hiermit verbundenen Eingriffs in die körperliche Unversehrtheit und die persönliche Freiheit – durch eine Ermächtigungsgrundlage legitimiert sein.

Ist ein Realakt rechtswidrig, kommen die allgemeine Leistungsklage (auf Beseitigung der Folgen oder künftige Unterlassung), eventuell die Feststellungsklage oder auch Schadensersatzansprüche in Betracht.

Weiterführende Literatur

📖 **v. Danwitz**, Jura 2002, 93 (Grundlagenwissen zur Rechtsverordnung)

📖 **Remmert**, Jura 2007, 736 (Grundlagenwissen zum Realakt)

I. Verwaltungsvorschriften

Um das sachliche Verwaltungshandeln oder die Organisation der Verwaltung festlegen zu können, erlässt die Verwaltung oftmals verwaltungsinterne Regelungen, sog. Verwaltungsvorschriften. **Verwaltungsvorschriften** sind *generell-abstrakte* Regelungen oder Anordnungen einer *Behörde gegenüber nachgeordneten Behörden* oder eines *Vorgesetzen gegenüber ihm unterstellten Verwaltungsbediensteten.*[345]

Beispiel: Ein Behördenleiter weist seine Untergebenen an, künftig keine Baugenehmigungen mehr für Vorhaben im Außenbereich zu erteilen.

> **Achtung!** Die Terminologie ist in diesem Bereich sehr uneinheitlich. Verwaltungsvorschriften werden (vor allem in der Praxis) auch als Erlass, Richtlinie, Rundverfügung, technische Anleitung oder Dienstvorschrift bezeichnet.

---

[345] *Wolff/Decker*, VwGO/VwVfG, Anhang zu § 47 VwGO RN 38.

Verwaltungsvorschriften sind sog. Innenrecht, d.h. sie binden grundsätzlich nur die Behörden und Bedienstete.[346] Eine unmittelbare Außenwirkung gegenüber dem Bürger kommt ihnen nach h.M.[347] nicht zu. Zu unterscheiden sind folgende **Arten** von Verwaltungsvorschriften:

> **Organisations-, Verfahrens- und Dienstvorschriften**: Diese regeln die innere Organisation der Verwaltung und deren Dienstbetrieb.

> **Beispiel:** Geschäftsverteilungsplan.

> **Gesetzesauslegende oder norminterpretierende Verwaltungsvorschriften**: Diese geben eine bestimmte Auslegung eines Gesetzes vor. Anwendung finden die Verwaltungsvorschriften dabei vor allem bei unbestimmten Rechtsbegriffen *ohne* Beurteilungsspielraum. Hierdurch wird eine einheitliche Anwendung des Gesetzes durch die Verwaltungsbehörden erreicht.

> **Beispiel:** Der Behördenleiter erlässt eine Liste mit konkreten Anwendungsfällen, wann ein Gewerbetreibender, der im Bewachungsgewerbe tätig ist, unzuverlässig i.S.d § 34a I 3 Nr. 1 GewO ist.

> **Ermessenslenkende Verwaltungsvorschriften**: Diese legen fest, wie sich die Behörden im Regelfall zu entscheiden haben, wenn ihnen eine Norm Ermessen einräumt. Hierdurch wird eine einheitliche Ermessensausübung sichergestellt.

> **Beispiel:** Nach § 64 I 1 LBO-BW kann die Einstellung der Bauarbeiten gefordert werden, wenn Anlagen im Widerspruch zu öffentlich-rechtlichen Vorschriften errichtet werden. Der Behördenleiter legt in einem „Erlass" fest, in welchen Bagatellfällen von einer Anordnung abzusehen ist.

---

[346] Str., siehe unten S. 127 ff.
[347] Siehe zur Gegenansicht die unten dargestellte Lehre vom originären Administrativrecht.

➢ **Gesetzeskonkretisierende** **Verwaltungsvorschriften**: Hierdurch werden unbestimmte Rechtsbegriffe *mit* Beurteilungsspielraum konkretisiert.

Beispiele: Technische Anleitung zur Reinhaltung der Luft (TA-Luft) oder Technische Anleitung zum Schutz gegen Lärm (TA-Lärm), vgl. § 48 BImSchG.

➢ **Gesetzesvertretende** **Verwaltungsvorschriften:** Diese findet man auf dem Gebiet der gesetzesfreien Verwaltung, d.h. vor allem im Subventionsbereich.[348] Hier regeln die Verwaltungsvorschriften die Vergabe der Subventionen, insbesondere die Ermessensausübung bei der Vergabe.

Problematisch gestalten sich Verwaltungsvorschriften unter dem Aspekt, dass sie zwar einerseits (nach h.M.) allein die Behörden im Innenverhältnis binden und damit Außenstehende nicht unmittelbar tangieren, andererseits aber selbstverständlich für den Bürger eine Rolle spielen, wenn dieser mittelbar wegen der Verwaltungsvorschriften eine bestimmte Begünstigung nicht erlangt oder mit einer ungünstigen Maßnahme belastet wird (bspw. weil vorgegeben wird, einen unbestimmten Rechtsbegriff auf eine bestimmte Weise zu interpretieren).

Diskutiert wird daher ob und inwieweit den Verwaltungsvorschriften nicht doch rechtliche **Außenwirkung** zukommt. Dies wäre insofern von Relevanz, als nur dann die Verwaltungsvorschriften unmittelbar gerichtlich angreifbar wären (eventuell im Wege des § 47 VwGO) und nur dann der Bürger Ansprüche aus ihnen ableiten könnte, die die Verwaltung zu beachten hätte.

Beispiel: Nach § 65 LBO-BW *kann* der Abbruch einer gegen öffentlich-rechtliche Vorschriften verstoßenden baulichen Anlage angeordnet werden. Für § 65 LBO-BW wurde nun eine ermessenslenkende Verwaltungsvorschrift erlassen, die anordnet, dass Wohnhäuser, die schon

---

[348] Dazu oben S. 21 f.

vollständig errichtet worden sind, von einem Abbruch verschont werden. Trotz dieser Anordnung tendiert der zuständige Sachbearbeiter dazu, das gegen öffentlich-rechtliche Vorschriften verstoßende, aber vollständig errichtete Wohnhaus des Bürgers B abreißen zu lassen. Kann sich B auf den Verstoß gegen die Verwaltungsvorschrift berufen?

Dies könnte er nur, wenn der Anordnung rechtliche Außenwirkung zukäme. Dann jedoch würde der Verstoß gegen die Verwaltungsvorschrift zur Rechtswidrigkeit der Abbruchverfügung führen. Andernfalls wäre der Verstoß im Verhältnis Verwaltung/Bürger unbeachtlich.

Anmerkung: Freilich bleibt es dem Bürger in jedem Fall unbenommen, gegen die Rechtsakte der Verwaltung *mit Außenwirkung* vorzugehen. Im eben genannten Beispiel könnte B daher gegen eine etwaige erlassene Abbruchverfügung (=Verwaltungsakt) Anfechtungsklage erheben. Ihm bliebe lediglich – unterstellt der Verwaltungsvorschrift käme keine rechtliche Außenwirkung zu – der Verweis auf den Verstoß gegen die Anordnung verwehrt.

Mittlerweile ist es allgemein anerkannt, dass den Verwaltungsvorschriften rechtliche Außenwirkung zukommen kann. Sehr umstritten ist indes die **Begründung und auch die Art der Außenwirkung**:

- Nach der **Lehre vom originären Administrativrecht** kommt den Verwaltungsvorschriften unmittelbare rechtliche Außenwirkung zu.[349] Der Bürger kann sich hiernach *direkt* auf erlassene Verwaltungsvorschriften berufen. Hiergegen spricht indes schon, dass die Behörde überhaupt keine unmittelbare Außenwirkung herstellen wollte, andernfalls hätte sie nämlich eine Rechtsverordnung erlassen. Zudem widerspricht das Konzept des originären Administrativ-rechts verfassungsrechtlichen Aspekten, wie dem Gewaltenteilungsprinzip, dem Gesetzesvorbehalt und Art. 80 I GG.[350]

---

[349] So bspw. *Beckmann,* DVBl. 1987, 611, 616.
[350] Siehe zur Kritik auch *Maurer,* AT, § 24 RN 25a.

- Die **h.M.** verneint demgegenüber eine unmittelbare rechtliche Außenwirkung der Verwaltungsvorschriften. Rechtliche Außenwirkung kann hiernach jedoch über den Gleichheitssatz (Art. 3 I GG) begründet werden.[351] Durch die ständige Anwendung der Verwaltungsvorschriften bindet sich die Verwaltung selbst an die geübte Praxis (sog. Selbstbindung der Verwaltung). Weicht sie ohne sachlichen Grund davon ab, verstößt sie gegen Art. 3 I GG. Der Bürger kann sich somit zwar nicht unmittelbar auf die Verwaltungsvorschrift berufen, jedoch auf die über Art. 3 I GG geschützte ständige Verwaltungspraxis, die mit der Verwaltungsvorschrift einhergeht (mittelbare rechtliche Außenwirkung der Verwaltungsvorschrift).

Hat sich noch keine Verwaltungspraxis herausgebildet (sog. „erster Fall"), ist die künftig zu erwartende Verwaltungspraxis heranzuziehen (sog. antizipierte Verwaltungspraxis). Diese ist in den Verwaltungsvorschriften festgelegt. Auch ein grundloses Abweichen von der antizipierten Verwaltungspraxis stellt somit einen Verstoß gegen Art. 3 I GG dar.[352] Zu beachten ist im Rahmen dieser Lösung allerdings, dass kein rechtswidriger Verstoß gegen Art. 3 I GG gegeben ist, wenn ein sachlicher Grund für ein Abweichen von der ständigen Verwaltungspraxis existiert. Dies ist dann der Fall, wenn ein *atypischer Sonderfall* vorliegt, der ein Abweichen rechtfertigt, oder wenn *aus plausiblem Grund die Verwaltungspraxis künftig generell umgestellt[353]* werden soll.[354]

---

[351] So: BVerwGE 104, 220, 223; *Maurer,* AT, § 24 RN 26; *Detterbeck,* AT, § 14 RN 870 f.

[352] BVerwGE 52, 193, 199.

[353] Ein plausibler Grund kann vor allem darin liegen, dass die gegenwärtige Verwaltungspraxis rechtswidrig ist.

[354] Vgl. auch *Detterbeck,* AT, § 14 RN 874 m.w.N.

Beispiel: Im vorhergehenden Beispiel könnte sich B nach der h.M. somit zwar nicht auf einen Verstoß gegen die Verwaltungsvorschrift berufen. Allerdings wird er eine Verletzung des Art. 3 I GG geltend machen können, da die Verwaltung auch in vergleichbaren Fällen von der Abbruchverfügung abgesehen hat. Dies gilt im Hinblick auf ein Abweichen von der antizipierten Verwaltungspraxis selbst dann, wenn sein Fall der erste Anwendungsfall der Verwaltungsvorschrift gewesen wäre (s.o.). Eine Verletzung des Art. 3 I GG wird – mangels Anhaltspunkten im Sachverhalt – auch nicht dadurch ausgeschlossen, dass ein atypischer Sonderfall vorliegt oder die Verwaltungspraxis aus plausiblem Grund künftig generell umgestellt werden soll. Der Verstoß gegen Art. 3 I GG hat im Ergebnis die Rechtswidrigkeit der Abbruchverfügung zur Folge.

- Eine weitere Ansicht will – ähnlich der h.M. – eine mittelbare rechtliche Außenwirkung über den Grundsatz des Vertrauensschutzes herleiten. Der Bürger habe aufgrund dieses Grundsatzes einen Anspruch darauf, dass die Verwaltung die von ihr erlassenen Verwaltungsvorschriften beachte.

Befürwortet man mit einer der oben genannten Ansichten, dass eine Verwaltungsvorschrift grundsätzlich Außenwirkung haben kann, bedeutet dies noch nicht, dass jede Verwaltungsvorschrift rechtliche Außenwirkung haben muss.

Ob und unter welchen Voraussetzungen rechtliche Außenwirkung zu bejahen ist, hängt von der Art der Verwaltungsvorschrift ab:

➢ Organisations-, Verfahrens- und Dienstvorschriften werden regelmäßig schon keine tatsächliche Außenwirkung haben, da sie sich allein auf den internen Betrieb der Verwaltung beschränken.

Beispiel: Der Bürger kann somit nicht verlangen, dass sich der entsprechend der Geschäftsverteilung zuständige Sachbearbeiter seines Falles annimmt, da die Behörde nach außen auftritt und nicht der Sachbearbeiter.

➢ Norminterpretierende Verwaltungsvorschriften haben ebenfalls *keine* Außenwirkung. Dies folgt daraus, dass durch sie die Auslegung voll gerichtlich überprüfbarer (weil ohne Beurteilungsspielraum) Rechtsbegriffe vorgegeben wird. Da jedoch die Auslegung voll gerichtlich überprüfbar ist, hat die Verwaltungsvorschrift für den Bürger keine Relevanz: Greift der Bürger eine Verwaltungsmaßnahme gerichtlich an, weil er der Ansicht ist, dass der betreffende Rechtsbegriff falsch ausgelegt worden ist, wird das Gericht schlicht die juristisch korrekte Auslegung zum Maßstab nehmen, ohne dass die Verwaltungsvorschrift Beachtung findet.

Beispiel: In einer Verwaltungsvorschrift wird ein unbestimmter (aber voll überprüfbarer) Rechtsbegriff falsch ausgelegt. Bürger B bekommt daraufhin nicht den von ihm beantragten Verwaltungsakt von der Behörde erlassen. Erhebt er nun Verpflichtungsklage, wird das Gericht den Anspruch des B prüfen und dabei die Rechtsgrundlage (inkl. des unbestimmten Rechtsbegriffs) richtig auslegen. B bekommt im Ergebnis den gewünschten Verwaltungsakt. Auf die (falsche) Verwaltungsvorschrift kommt es hier nicht an. Sie entfaltet daher keine Außenwirkung.[355]

➢ Bei ermessenslenkenden Verwaltungsvorschriften ist demgegenüber eine Außenwirkung zu bejahen. Dies folgt daraus, dass die Ermessensausübung der Verwaltung durch die Gerichte allein auf Ermessensfehler kontrollierbar ist, nicht aber darüber hinaus. Die ermessenslenkenden Verwaltungsvorschriften konkretisieren aber die Ermessensausübung und nehmen die Ermessensentscheidung der Verwaltung vorweg.

---

[355] Auch im umgekehrten Fall (B will sich auf eine falsche Verwaltungsvorschrift berufen, weil diese zu seinen Gunsten einen Rechtsbegriff falsch auslegt) gilt nichts anderes. Hier kann sich B deswegen nicht auf Art. 3 I GG berufen, weil die ständige Verwaltungspraxis (aufgrund der falschen Auslegung des Rechtsbegriffs) rechtswidrig ist. Art. 3 I GG gewährt aber keine Gleichheit im Unrecht.

Beispiel: B begehrt einen Verwaltungsakt, dessen Erlass im Ermessen der Behörde steht. B hat allerdings – da eine Ermessensreduzierung auf Null fehlt – keinen Anspruch auf den Verwaltungsakt, sondern allein auf ermessensfehlerfreie Entscheidung. Weil
aber eine Verwaltungsvorschrift existiert, die das entsprechende
Ermessen konkretisiert, kann sich B auf Art. 3 I GG berufen. Hierdurch erhält er einen Anspruch auf den Verwaltungsakt. Die
Verwaltungsvorschrift wird daher für B auch über den verwaltungsinternen Bereich hinaus relevant.

Beachtlich ist in diesem Zusammenhang, dass die Behörden
ermessenslenkende Verwaltungsvorschriften nicht schematisch
und unreflektiert anwenden dürfen. Sie müssen immer die Sach-
gerechtigkeit der Richtlinien für den Einzelfall prüfen (Liegt ein
atypischer Einzelfall vor?). Andernfalls ist ein Ermessensausfall zu
bejahen.[356]

➤ Einen Sonderfall stellen die gesetzeskonkretisierenden
Verwaltungsvorschriften dar. Auch diesen kommt rechtliche
Außenwirkung zu, da durch sie unbestimmte Rechtsbegriffe,
bei welchen der Verwaltung ein gerichtlich nicht überprüfbarer *Beurteilungsspielraum* zukommt, konkretisiert werden.
Die Rechtsprechung billigt diesen Verwaltungsvorschriften
im Bereich des Technik- und Umweltrechts allerdings keine
mittelbare rechtliche Außenwirkung über Art. 3 I GG zu,
sondern legt sogar eine unmittelbare rechtliche Außenwirkung zu Grunde.[357] Die gesetzeskonkretisierenden Verwaltungsvorschriften sind somit dann auch für die Verwaltungsgerichte unmittelbar verbindlich und müssen wie
Normen angewendet werden.

---

[356] Vgl. dazu *Wolff/Decker*, VwGO/VwVfG, § 114 VwGO RN 45 ff.
[357] BVerwGE 107, 338, 340 f.; DVBl. 2007, 1564, 1565. Begründet wird dies u.a.
damit, dass diese Verwaltungsvorschriften einem Sachverständigengutachten
gleichkommen, von dem nur schwerlich abgewichen werden kann.

Beispiele: Die TA-Lärm hat unmittelbare Geltung auch für die Gerichte. Ein Verstoß hiergegen stellt sich wie ein Verstoß gegen ein Gesetz dar.

➤ Den gesetzesvertretenden Verwaltungsvorschriften kommt eine mittelbare rechtliche Außenwirkung zu. Dies folgt daraus, dass sich gesetzesvertretende Verwaltungsvorschriften im gesetzesfreien Raum bewegen und somit als Rechtsgrundlage fungieren.

Beispiele: S erfüllt die Kriterien einer Subventionsrichtlinie für die Vergabe von Subventionen. Ein Gesetz für die Vergabe der Subventionen existiert nicht. Ein Anspruch des S auf die Subvention kann sich daher über Art. 3 I GG ergeben.

Eine Berufung auf die Verwaltungsvorschriften (über Art. 3 I GG oder unmittelbar) kommt allein dann in Betracht, wenn diese rechtmäßig sind.[358] Die **Rechtmäßigkeitsprüfung** richtet sich nach dem bekannten Schema: Ermächtigungsgrundlage, formelle Rechtmäßigkeit und materielle Rechtmäßigkeit.

Die **Ermächtigungsgrundlage** für eine Verwaltungsvorschrift beruht auf der *Befugnis zur Leitung des Geschäftsbereichs*.[359] Darüber hinaus können spezielle gesetzliche Regelungen vorhanden sein (bspw. § 48 BImSchG). Sollen Verwaltungsvorschriften gegenüber nicht nachgeordneten Behörden erlassen werden, ist – mangels Befugnis zur Leitung des Geschäftsbereichs – eine andere Ermächtigungsgrundlage erforderlich.

---

[358] Für Art. 3 I GG folgt dies daraus, dass die Norm „keine Gleichheit im Unrecht" gewährt. Siehe zum Ganzen auch *Detterbeck,* AT, § 14 RN 873.
[359] BVerwGE 67, 222, 229.

134

Sofern keine spezialgesetzlichen **Formvorschriften** bestehen, kann die Verwaltungsvorschrift formlos ergehen. Formvorschriften können auch in Geschäftsordnungen oder in anderen Verwaltungsvorschriften abgefasst sein.[360] Ein besonderes Verfahren muss grundsätzlich nicht durchlaufen werden. Eine Veröffentlichung der Verwaltungsvorschriften genügt gegenüber den sie betreffenden Behörden.[361]

Im Rahmen der **materiellen Rechtmäßigkeit** ist zu prüfen, ob die Verwaltungsvorschrift gegen höherrangiges Recht verstößt.

Weiterführende Literatur

📖 **Bock**, JA 2000, 390 (Grundlagenwissen)
📖 **Remmert**, Jura 2004, 728 (Grundlagenwissen)

---

[360] Vgl. *Maurer,* AT, § 24 RN 34.
[361] Str., vgl. *Detterbeck,* AT, § 14 RN 866 m.w.N.

2. Teil: Verwaltungsprozessrecht

A. Einführung

In der verwaltungsrechtlichen Klausur wird – wie auch in den anderen Rechtsgebieten – die Erstellung eines Gutachtens gefordert. Gefragt ist dabei regelmäßig nach den Erfolgsaussichten eines Rechtsbehelfs. Die verwaltungsrechtliche Klausur wird daher – ähnlich wie im Staatsrecht – einen verwaltungsprozessualen (=Zulässigkeit) und einen materiell-rechtlichen Teil (=Begründetheit) zum Gegenstand haben.

Beispiele für Fallfragen: Hat die Klage/der Widerspruch Aussicht auf Erfolg? Wie wird das Verwaltungsgericht entscheiden?

Anmerkung: Auch die sog. Anwaltsklausur (Fallfrage: Was wird der Anwalt seinem Mandanten raten?) zielt auf die Prüfung der Erfolgsaussichten (=Zulässigkeit und Begründetheit) eines Rechtsbehelfs ab. Zusätzlich hat der Bearbeiter einer solchen Fallfrage, nachdem er alle in Betracht kommenden Rechtsbehelfe durchgeprüft hat, denjenigen zu benennen, mit dem der Mandant sein Ziel erreichen kann.

Der Fallbearbeiter hat daher zunächst die Zulässigkeit und im Anschluss daran die Begründetheit eines Rechtsbehelfs zu prüfen. Ist die Klage unzulässig, ist die Prüfung in der Klausur nicht beendet. Vielmehr hat dann die Erörterung der Begründetheit hilfsgutachtlich zu erfolgen.[362]

---

[362] D.h. Sie schreiben vor den Prüfungspunkt Begründetheit das Wort „Hilfsgutachten". Ansonsten verläuft die Prüfung wie gewohnt.

Anmerkung: Obersatz und grundlegender Aufbau einer Klausur könnten wie folgt aussehen:

Eine Klage des X hat Aussicht auf Erfolg, wenn sie zulässig und begründet ist. Sie müsste zunächst zulässig sein.

A. *Zulässigkeit* [nun folgt die Prüfung der Zulässigkeit]
Die Klage ist somit (un-)zulässig.

B. *Begründetheit* [nun folgt die Prüfung der Begründetheit]

C. *Ergebnis: Die Klage des X ist (un-)zulässig und (un-)begründet. Sie hat damit (keine) Aussicht auf Erfolg.*

Exkurs: Rechtsbehelf

Ein Rechtsbehelf gibt die rechtliche Möglichkeit an die Hand, gegen eine Entscheidung oder einen Rechtszustand vorzugehen, um eine Abänderung oder Aufhebung zu erreichen. Es gibt außergerichtliche und gerichtliche Rechtsbehelfe. Für das erste Staatsexamen ist an außergerichtlichen Rechtsbehelfen allein der Widerspruch von Bedeutung. Im Hinblick auf die gerichtlichen Rechtsbehelfe sind die verschiedenen Klagearten, die Normenkontrolle nach § 47 VwGO, der vorläufige Rechtsschutz nach § 80 V VwGO und § 123 VwGO und eventuell der Antrag auf Wiedereinsetzung in den vorigen Stand (§ 60 VwGO) von Relevanz.

Seltener sind rein materiell-rechtliche Fragestellungen. Kommen solche Fragestellungen gleichwohl im Rahmen einer Fallbearbeitung dran, ist lediglich die Begründetheit eines Rechtsbehelfs zu prüfen.

Beispiele für Fallfragen: Muss die Behörde den Verwaltungsakt erlassen? Hat der Bürger (oder: die Behörde) Anspruch auf die geforderte Leistung?

Die folgende Darstellung widmet sich der Prüfungsabfolge der einzelnen Rechtsbehelfe. Hierzu wird ein bestimmtes Grundschema abgehandelt, welches (zumindest gedanklich) der jeweiligen Fallbearbeitung zu Grunde gelegt werden sollte.

Achtung! Vorab sei angemerkt, dass die im Folgenden ausgeführten Prüfungsschemata vor allem als Gedächtnisstütze bei der Prüfung der Erfolgsaussichten eines Rechtsbehelfs dienen sollen. Schemata sind hingegen kein Selbstzweck. Der Bearbeiter einer Übungsarbeit sollte nicht der Versuchung verfallen, starr und unreflektiert jeden Prüfungspunkt schematisch durchzuprüfen. Vielmehr müssen ausführlicher darzustellende Problemschwerpunkte gesetzt werden, während Unproblematisches kurz abzuhandeln ist. Bestimmte Aspekte sind sogar überhaupt nicht anzusprechen, wenn der Sachverhalt hierfür keine Anhaltspunkte bietet. Konkrete Vorschläge, inwieweit auf einzelne Darstellungen u.U. verzichtet werden kann oder nicht, werden unten direkt bei den jeweiligen Prüfungspunkten gegeben.

B.   Die verwaltungsgerichtlichen Klagearten

Die VwGO hält unterschiedliche verwaltungsgerichtliche Klagearten bereit, deren Zulässigkeitsvoraussetzungen teilweise beträchtlich voneinander abweichen. Bestimmte Prüfungspunkte sind indes *allen* Klagearten gemeinsam, und können daher vorab behandelt werden. Diese werden auch allgemeine Sachentscheidungsvoraussetzungen genannt (im Gegensatz zu den besonderen Sachentscheidungsvoraussetzungen).

Anmerkung: Sie sollten sich nicht durch die Terminologie verwirren lassen. Die Sachentscheidungsvoraussetzungen werden teilweise auch als Sachurteilsvorrausetzungen oder Prozessvoraussetzungen bezeichnet. Uneinheitlich ist außerdem der Aufbau der Zulässigkeitsprüfung. Teilweise werden die allgemeinen Sachentscheidungsvoraussetzungen neben den besonderen Sachentscheidungsvoraussetzungen als eigener Gliederungspunkt in der Zulässigkeitsprüfung gehandhabt. Teilweise stehen die Prüfungspunkte ohne weitere Untergliederung in der Zulässigkeitsprüfung nebeneinander.[363] Wie Sie die Zulässigkeitsprüfung einer Klage letztlich aufbauen, spielt aber keine Rolle.[364]

I. Allgemeine Sachentscheidungsvoraussetzungen

1. Deutsche Gerichtsbarkeit

Der Prüfungspunkt der deutschen Gerichtsbarkeit spielt in Klausuren im Normalfall keine Rolle. Sollten hingegen ausnahmsweise Anhaltspunkte dafür bestehen, dass die Rechtsstreitigkeit nicht der deutschen Gerichtsbarkeit unterliegt, sind insbesondere die §§ 18, 19 GVG i.V.m. § 173 VwGO zu prüfen.[365] Andernfalls darf der Prüfungspunkt nicht behandelt werden.

Beispiele: Ein ausländischer Diplomat oder ein Mitglied der konsularischen Vertretung ist Beklagter.[366]

2. Ordnungsgemäße Klageerhebung

Der Prüfungspunkt „ordnungsgemäße Klageerhebung" darf ebenfalls allein dann thematisiert werden, wenn eine ordnungsgemäße Klageerhebung nicht unproblematisch erscheint. Die Klage muss gemäß § 81 I VwGO schriftlich oder zur Niederschrift des Urkundsbeamten erhoben werden (letzteres ist nur beim Verwaltungsgericht möglich). Schriftlich bedeutet grundsätzlich die Unterzeichnung durch eigenhändige Unterschrift. Ausreichend ist allerdings auch die Erhebung der Klage per Telefax.[367]

---

[363] Eine weitere Möglichkeit besteht darin, die Prüfungspunkte „Eröffnung des Verwaltungsrechtsweges" und „Zuständigkeit des Gerichts" *vor* die eigentliche Zulässigkeitsprüfung zu ziehen.

[364] Etwas anderes gilt selbstverständlich dann, wenn ein bestimmter Prüfer allein „seinen" Aufbau für den „richtigen" hält. Hier sollten Sie sich den Gepflogenheiten anpassen.

[365] Siehe dazu auch *Hufen,* VwProzR, § 11 RN 1 ff.

[366] Demgegenüber können die genannten Personengruppen durchaus als Kläger vor der deutschen Gerichtsbarkeit auftreten.

[367] BVerwG, NJW 1989, 1175, 1176; *Kopp/Schenke,* VwGO, § 81 RN 9.

Klageerhebung mittels einfacher E-Mail oder Telefon ist nicht möglich. Erforderlich ist im Fall einer E-Mail nach § 55a I 3 VwGO eine qualifizierte elektronische Signatur. Zum Inhalt der Klageschrift siehe § 82 VwGO.

3. Eröffnung des Verwaltungsrechtsweges, § 40 I 1 VwGO

Zu Beginn der Zulässigkeitsprüfung stellt sich in jedem Fall die Frage, ob überhaupt der Verwaltungsrechtsweg eröffnet oder ob nicht ein anderer Gerichtszweig einschlägig ist.[368]

Beispiel: Lutz hat mit der Gemeinde G einen Kaufvertrag nach § 433 BGB über einen Schreibtisch abgeschlossen. G will den Kaufvertrag nicht erfüllen. Kann sich Lutz nun an die Verwaltungsgerichtsbarkeit oder allein an die ordentliche Gerichtsbarkeit wenden?
Hier sind die streitentscheidenden Normen solche des Privatrechts. Der Verwaltungsrechtweg nach § 40 I 1 VwGO ist nicht eröffnet. Lutz muss seine Klage beim Zivilgericht einreichen.

Anmerkung: Ist der Verwaltungsrechtsweg nicht eröffnet, hat dies gemäß § 173 VwGO i.V.m. § 17a II 1 GVG die Verweisung an das zuständige Gericht zur Folge. Die Klage wird somit nicht unzulässig.

Die Eröffnung des Verwaltungsrechtsweges kann sich zum einen aus speziellen Rechtswegzuweisungen ergeben (sog. **aufdrängende Sonderzuweisungen**). Hierbei handelt es sich um Regelungen, die für bestimmte Streitgegenstände eine Zuordnung zum Verwaltungsrechtsweg vorschreiben.

Beispiele: § 126 I BBG (Bundesbeamte) oder § 54 I BeamtStG (Landesbeamte); § 54 I BAföG; § 83 I und § 106 BPersVG.

---

[368] Andere Gerichtszweige sind die ordentliche Gerichtsbarkeit (Zivilgericht + Strafgericht), die Arbeitsgerichtsbarkeit, die Sozialgerichtsbarkeit und die Finanzgerichtsbarkeit.

Ergibt sich aus einer aufdrängenden Sonderzuweisung bereits, dass der Verwaltungsrechtsweg eröffnet ist, ist die Prüfung der Rechtswegeröffnung beendet. Weitere Ausführungen sind überflüssig.

Andernfalls – und dies wird in Klausuren der Regelfall sein – muss **§ 40 I 1 VwGO** geprüft werden. Voraussetzung für die Eröffnung des Verwaltungsrechtsweges ist hiernach das Vorhandensein einer *öffentlich-rechtlichen Streitigkeit*, die *nichtverfassungsrechtlicher Art* ist.

Eine **Streitigkeit ist öffentlich-rechtlicher Natur**, wenn die Rechtsnatur des zu Grunde liegenden Rechtsverhältnisses öffentlich-rechtlich ist.[369] Dies ist es insbesondere dann, wenn die *streitentscheidende Norm* eine öffentlich-rechtliche ist. An dieser Stelle findet daher die oben dargestellte Abgrenzung zwischen öffentlichem Recht und Privatrecht Anwendung.[370] Kommen mehrere Rechtsgrundlagen in Betracht, reicht es aus, dass zumindest eine als öffentlich-rechtlich zu qualifizieren ist (vgl. § 173 S. 1 VWGO i.V.m. § 17 II 1 GVG).

Ist eine Streitigkeit **verfassungsrechtlicher Natur**, ist nicht das Verwaltungsgericht, sondern das Verfassungsgericht der richtige „Ansprechpartner". Verfassungsrechtlich sind nur solche Streitigkeiten, die sich *inhaltlich hauptsächlich mit verfassungsrechtlichen Fragen* befassen (d.h. Fragen aus Grundgesetz und Landesverfassung) *und* bei denen auf *beiden Seiten Verfassungsorgane* oder sonstige unmittelbar am Verfassungsleben beteiligte Rechtsträger (etwa Parteien) beteiligt sind (sog. **doppelte Verfassungsunmittelbarkeit**). Fehlt eine dieser Voraussetzungen, ist die Streitigkeit nichtverfassungsrechtlicher Art. Somit können insbesondere Streitigkeiten zwischen Staat und Bürger *nie* als verfassungsrechtlich qualifiziert werden.

---

[369] BVerwG, NJW 2007, 2275, 2276.
[370] Siehe S. 9 ff.

Letztlich darf die Streitigkeit nach § 40 I 1 a.E. VwGO nicht einem anderen Gericht zugewiesen sein (sog. **abdrängende Sonderzuweisung**).

Beispiele: Art. 14 III 4 GG; § 839 BGB i.V.m. Art. 34 S. 3 GG; § 40 II 1 VwGO; § 49 VI 3 VwVfG; § 217 I 4 BauGB; § 62 I 1 i.V.m. § 68 I OWiG; § 51 I SGG, § 33 I FGO.

Die für die Klausurbearbeitung wichtigste abdrängende Sonderzuweisung stellt **§ 23 I EGGVG** dar. Die Regelung ordnet den Befund über Justizverwaltungsakte[371] den ordentlichen Gerichten zu. Justizbehörden i.S.d. § 23 I EGGVG sind alle Behörden, die im Rahmen der (Zivil-) oder Strafrechtspflege exekutiv tätig werden.[372]

Beispiele: Entscheidungen des Gerichts oder des Staatsanwalts.

Relevant wird die Vorschrift in der Klausur vor allem dann, wenn der Polizeivollzugsdienst handelt. Dieser kann nämlich einerseits als Hilfsorgan der Staatsanwaltschaft bei der Aufklärung von Straftaten tätig werden, andererseits aber auch zur Gefahrenabwehr. Während Maßnahmen als Hilfsorgan der Staatsanwaltschaft als Justizverwaltungsakte i.S.d. § 23 I EGGVG zu qualifizieren sind, ist bei einem Handeln zur Gefahrenabwehr der Verwaltungsrechtsweg gemäß § 40 I 1 VWGO einschlägig. Es bedarf daher in diesen Fällen einer Abgrenzung, ob die Polizei zur Strafverfolgung (=repressiv) oder zur Gefahrenabwehr (=präventiv) tätig wird.[373]

---

[371] Die Vorschrift gilt trotz ihres Wortlauts auch für Realakte. Vgl. dazu *Schenke*, PolizeiR, § 8 RN 426.

[372] *Gersdorf*, VwProzR, RN 14.

[373] Hierbei kann nicht in jedem Fall danach abgegrenzt werden, ob die Polizei im Sinne der StPO oder der Polizeigesetze handelt. Es gibt durchaus Maßnahmen in der StPO, die – wie nach h.M. etwa § 81b 2. Alt. StPO – der Gefahrenabwehr dienen und somit auf dem Verwaltungsrechtsweg zu überprüfen sind.

Da sich die Tätigkeitsbereiche häufig überlagern, ist nach h.M. auf den *Schwerpunkt* der jeweiligen Maßnahme abzustellen.[374]

Beispiel: Polizist P beobachtet eine Straftat. Er greift ein, um die Straftat zu verhindern und Ermittlungsmaßnahmen einzuleiten. Hier wird die Maßnahme einerseits der Gefahrenabwehr dienen (Verhinderung einer Straftat), gleichzeitig aber auch der Strafverfolgung (Aufnahme von Ermittlungshandlungen). Der Schwerpunkt der Maßnahme ist indes als auf der Gefahrenabwehr liegend anzusehen. Der erste Zugriff des P dient nämlich zuvörderst dem Verhindern der Straftat. Die Ermittlungsmaßnahmen haben nur sekundäre Bedeutung.

Anmerkung: Der Prüfungspunkt „Eröffnung des Verwaltungsrechtsweges" ist in jeder Zulässigkeitsprüfung zu thematisieren. Ist er jedoch unproblematisch gegeben – bspw. streitentscheidende Normen sind solche des PolG, VersG, LBO, GemO etc. – sind längere Ausführungen verfehlt. Die Prüfung könnte dann wie folgt lauten: *Aufdrängende oder abdrängende Sonderzuweisungen sind nicht ersichtlich. Streitentscheidende Normen sind solche des PolG, mithin ist die Streitigkeit öffentlich-rechtlich i.S.d. § 40 I 1 VwGO. Mangels doppelter Verfassungsunmittelbarkeit ist sie auch nichtverfassungsrechtlicher Art.*

Weiterführende Literatur

📖 **Skript** Standardfälle Verwaltungsrecht AT, Fall 1

4. Zuständigkeit des Gerichts

Im Rahmen dieses Prüfungspunktes gilt es darzulegen, welches Gericht sachlich und örtlich für die Streitigkeit zuständig ist. Die sachliche Zuständigkeit ergibt sich aus § 45, den §§ 46, 47, 48 und den §§ 49, 50 VwGO (lesen!). Grundsätzlich wird nach § 45 VwGO das Verwaltungsgericht erstinstanzlich zuständig sein.

---

[374] *Hufen,* VwProzR, § 11 RN 63; *Gersdorf,* VwProzR, RN 14. A.A. *Schenke,* VwProzR, § 3 RN 140: Zwei Akte, somit zwei Rechtswege.

Die örtliche Zuständigkeit regelt § 52 VwGO. Die Vorschrift ist der Reihenfolge nach wie folgt zu prüfen: Nr. 1[375] – Nr. 4 – Nr. 2[376] – Nr. 3 – Nr. 5.

> **Anmerkung:** Obwohl dieser Prüfungspunkt als nicht obligatorisch angesehen wird,[377] sofern sich aus dem Sachverhalt keine Problemstellung hierzu erkennen lässt, sollte die „Zuständigkeit des Gerichts" doch in jeder Fallbearbeitung auftauchen. Im Regelfall wird der Korrektor eine kurze (!) Abhandlung dieses Prüfungspunktes mit Wohlwollen betrachten.

5. Statthafte Klageart

Im Rahmen dieses obligatorischen Prüfungspunktes gilt es zu klären, welche Klageart im konkreten Fall die richtige ist. Die statthafte Klageart[378] richtet sich gemäß § 88 VwGO nach dem Handlungsbegehren des Klägers.

Beispiel: Will der Kläger, dass ein Verwaltungsakt erlassen wird (Verpflichtungsklage) oder will er eine „Handlung" von der Verwaltung (allgemeine Leistungsklage)?

Wird der Bürger durch eine hoheitliche Handlung belastet, muss eine statthafte Klageart zur Verfügung stehen (Art. 19 IV GG). Die Statthaftigkeit der Klagearten wird weiter unten bei den Ausführungen zu den einzelnen Klagen dargestellt (s.u.). Im Folgenden soll vorab lediglich eine kurze Übersicht über die in der VwGO enthaltenen Klagearten gegeben werden:[379]

---

[375] Unter die Vorschrift fallen insbesondere Streitigkeiten über Baugenehmigungen.
[376] Zu beachten ist, dass die Norm allein Verwaltungsakte von *Bundes*behörden erfasst. Handelt es sich indes – wie bspw. im Gefahrenabwehrrecht (insb. Polizeirecht) – um Verwaltungsakte von Landesbehörden, greift Nr. 3 ein.
[377] Vgl. nur *Peine*, Klausurenkurs im Verwaltungsrecht, RN 42 ff.
[378] Begehrt eine Person allerdings einstweiligen Rechtsschutz, muss anstatt von „statthafter Klageart" von der „Statthaftigkeit des Antrags" gesprochen werden.
[379] Die Klagearten der VwGO sind nicht abschließend (vgl. *Hufen*, VwProzR, § 13 RN 4). Allerdings kann in der Klausur von Studierenden kaum erwartet werden, dass eine Klageart sui generis erkannt wird. Es sollte daher in jedem Fall versucht werden, das Klagebegehren einer der genannten Klagearten zuzuordnen.

Die **Anfechtungsklage** nach § 42 I Var. 1 VwGO zielt auf die Aufhebung eines Verwaltungsaktes ab.

Beispiel: Hauseigentümer Guido bekommt von der zuständigen Baubehörde eine Abbruchverfügung hinsichtlich seines Hauses zugestellt. Hiergegen will er sich zur Wehr setzen. Die Abbruchverfügung stellt einen Verwaltungsakt dar, den Guido beseitigt haben will. Einschlägige Klageart ist daher die Anfechtungsklage.

Mit der **Verpflichtungsklage** nach § 42 I Var. 2 VwGO wird der Erlass eines Verwaltungsaktes begehrt.

Beispiel: Bauherr Guido wird eine Baugenehmigung verwehrt. Hiergegen kann er Verpflichtungsklage auf Erlass dieses Verwaltungsaktes erheben.

Mit der **Fortsetzungsfeststellungsklage** i.S.d. § 113 I 4 VwGO wird die Feststellung der Rechtswidrigkeit eines *erledigten* Verwaltungsaktes geltend gemacht. Erledigt bedeutet, dass der Verwaltungsakt keine rechtlichen Wirkungen mehr entfaltet.

Beispiel: Hauseigentümer Guido hat eine Abbruchverfügung erhalten. Nachdem Guido Anfechtungsklage erhoben hat, hebt die Behörde den Verwaltungsakt auf. Die Abbruchverfügung entfaltet daher keine rechtlichen Wirkungen mehr. Die Anfechtungsklage ist nunmehr unstatthaft (mangels eines wirksamen Verwaltungsaktes). In dieser Situation könnte Guido u.U. Fortsetzungsfeststellungsklage erheben, um die ursprüngliche Rechtswidrigkeit des Verwaltungsaktes feststellen zu lassen (bspw., um künftige Bescheide in dieser Art zu unterbinden).

Durch die **allgemeine Leistungsklage** kann die Verurteilung zu einem bestimmten Handeln, Dulden oder Unterlassen herbeigeführt werden. Die allgemeine Leistungsklage ist gesetzlich nicht geregelt, wird aber in § 43 II und § 111 VwGO vorausgesetzt.

Beispiel: Sebastian hat mit der Gemeinde G einen öffentlich-rechtlichen Vertrag abgeschlossen, nach welchem ihm eine Zahlung seitens G von 20.000 € zusteht. G weigert sich indes zu bezahlen. Sebastian kann nun allgemeine Leistungsklage auf Erfüllung der Leistung aus dem Verwaltungsvertrag erheben.

Die **Feststellungsklage** gemäß § 43 VwGO ist auf die Feststellung einer bestimmten Rechtslage gerichtet.

Beispiel: Klaus ist ein nichtiger Verwaltungsakt zugestellt worden (von dem folglich auch keine Rechtswirkungen ausgehen). Klaus will nun sicherheitshalber festgestellt haben, dass der Verwaltungsakt keine Rechtswirkungen entfaltet. Er erhebt daher Feststellungsklage vor dem Verwaltungsgericht.

Durch die in § 47 VwGO geregelte **abstrakte Normenkontrolle** können untergesetzliche Rechtsvorschriften (Satzungen, Rechtsverordnungen) für nichtig erklärt werden.

Beispiel: Bauherr Guido ist der Ansicht, dass der Bebauungsplan seiner Heimatgemeinde (nach § 10 BauGB eine Satzung) rechtswidrig ist. Er stellt daher einen Normenkontrollantrag.

Anmerkung: In der Fallbearbeitung sollte der Bearbeiter das Begehren des Klägers i.S.d. § 88 VwGO durch Auslegung ermitteln und hieraus auf die Klageart schließen, die diesem Klägerbegehren gerecht werden kann.

6. Beteiligten-, Prozess- und Postulationsfähigkeit

Die Beteiligten (siehe dazu § 63 VwGO) des verwaltungsgerichtlichen Verfahrens müssen beteiligtenfähig sein. Ohne Beteiligtenfähigkeit kann man nicht an einem Verfahren teilnehmen. Die **Beteiligtenfähigkeit** ergibt sich aus **§ 61 VwGO**.

Beispiele für § 61 Nr. 1 VwGO: Jede natürliche Person, ob über oder unter 18 Jahren; AG; GmbH; eingetragener Verein; privatrechtliche Stiftung; OHG; KG; politische Parteien (§§ 2, 3 S. 1 PartG); alle juristischen Personen des öffentlichen Rechts.[380]

---

[380] Zum Begriff oben in Fn. 5.

§ 61 Nr. 2 VwGO erfasst im Gegensatz zu § 61 Nr. 1 VwGO *nichtrechtsfähige* Personenvereinigungen, soweit ihnen ein Recht zustehen kann.[381]

Beispiele: BGB-Gesellschaft; nichtrechtsfähiger Verein; Kreis- und Ortsverbände von Parteien (vgl. § 3 PartG); Fakultäten der Universität; Gemeindeorgane und Organteile (etwa Bürgermeister, Gemeinderat, Gemeinderatsfraktion).

Nach § 61 Nr. 3 VwGO können ferner Behörden beteiligtenfähig sein, wenn das Landesrecht dies bestimmt. Da Behörden unselbstständige Teile ihrer Verwaltungsträger sind, können sie nicht schon nach § 61 Nr. 1 oder Nr. 2 VwGO beteiligtenfähig sein. Von der Möglichkeit nach § 61 Nr. 3 VwGO haben folgende Bundesländer Gebrauch gemacht: Brandenburg (§ 8 VwGG), Mecklenburg-Vorpommern (§ 14 AGGerStrG), Niedersachsen (§ 8 I AG VwGO), Rheinland-Pfalz (§ 17 II AGVwGO), Saarland (§ 19 AG VwGO), Sachsen-Anhalt (§ 8 AGVwGO) und Schleswig-Holstein (§ 6 AGVwGO).

Die **Prozessfähigkeit**, d.h. die Fähigkeit, einen Prozess selbst oder durch einen Prozessbevollmächtigten zu führen,[382] ist in **§ 62 VwGO** geregelt. Die Prozessfähigkeit richtet sich nach der bürgerlich-rechtlichen Geschäftsfähigkeit. Eine beschränkte Geschäftsfähigkeit kann sich hierbei auch aus öffentlichem Recht ergeben (etwa § 80 AufenthG).[383]

---

[381] Str. ist, ob dieses Recht gerade die Grundlage des aktuellen Rechtsstreits sein muss. Vgl. dazu *Kopp/Schenke,* VwGO, § 61 RN 8.

[382] *Wolff/Decker,* VwGO/VwVfG, § 62 VwGO RN 1.

[383] Insbesondere bei einer Berufung auf Grundrechte, kann die Prozessfähigkeit zu bejahen sein. Ist bspw. ein Minderjähriger grundrechtsmündig, d.h. kann ein Minderjähriger seine Grundrechte selbst gerichtlich geltend machen, ist er auch prozessfähig. Dies folgt daraus, dass der Minderjährige andernfalls zwar vor dem Bundesverfassungsgericht die Verletzung seiner Grundrechte geltend machen könnte (siehe dazu *Schlaich/Korioth,* Das Bundesverfassungsgericht, RN 212), jedoch mangels Rechtswegerschöpfung gar nicht erst bis zum Bundesverfassungsgericht vordringen würde.

Bei Vereinigungen (= juristische Personen und nichtrechtsfähige Vereinigungen) sind die gesetzlichen Vertreter prozessfähig. Im Übrigen muss für Prozessunfähige ebenso ein gesetzlicher Vertreter handeln.

Beispiel: Ein sechsjähriger Junge ist nach § 104 Nr. 1 BGB geschäftsunfähig und somit prozessunfähig i.S.d. § 62 VwGO. Er kann somit keine zulässige Klage vor einem Verwaltungsgericht erheben. Dies müssten seine Eltern für ihn machen (vgl. § 1629 BGB).

Postulationsfähig (= Fähigkeit vor einem Gericht sich selbst - ohne Anwalt - zu vertreten) ist vor dem Verwaltungsgericht in erster Instanz gemäß **§ 67 I VwGO** Jedermann. Anwaltlicher Vertretungszwang besteht hingegen vor dem OVG und dem BVerwG (§ 67 IV VwGO).

Anmerkung: Der Prüfungspunkt „Beteiligten- und Prozessfähigkeit" sollte möglichst kurz gehalten werden, soweit sich keine weiteren Probleme ergeben. Die Postulationsfähigkeit ist überdies nur dann zu prüfen, wenn entsprechende Anhaltspunkte im Sachverhalt vorhanden sind.

7. Allgemeines Rechtsschutzbedürfnis

Das **allgemeine Rechtsschutzbedürfnis** ist Teil jeder Zulässigkeitsprüfung. Voraussetzung ist, dass der Kläger ein schutzwürdiges Interesse an einer gerichtlichen Entscheidung hat. Insbesondere in folgenden Fällen ist das allgemeine Rechtsschutzbedürfnis ausgeschlossen:[384]

> ➤ Der Kläger kann sein Begehren auf **einfacherem, umfassenderem, schnellerem oder billigerem Weg** erreichen.

---

[384] Siehe dazu: *Hufen,* VwProzR, § 23 RN 11.

Beispiel: Der Bürger muss sich mit seinem Begehren zuerst an die Behörde wenden, sofern ein entsprechender Antrag Erfolg verspricht.

➢ Der Rechtsschutz ist für den Bürger **nutzlos**, insbesondere weil hierdurch die Ziele des Bürgers nicht (mehr) verwirklicht werden können.

Beispiel: Bernd hat sich um die Ernennung bzgl. eines öffentlichen Amtes beworben. Einer seiner Konkurrenten wird ihm allerdings vorgezogen und beamtenrechtlich ernannt. Aufgrund des beamtenrechtlichen Grundsatzes der Ämterstabilität, kann die Ernennung des Konkurrenten grundsätzlich nicht mehr rückgängig gemacht werden. Eine Verpflichtungsklage von Bernd würde daher nach h.M. am allgemeinen Rechtsschutzbedürfnis scheitern, da das öffentliche Amt nicht mehr anderweitig besetzt werden kann.[385]

➢ Der Kläger handelt durch die Klageerhebung **rechtsmißbräuchlich**, insb. weil er seinen Rechtsschutz bereits verwirkt hat, nur einen Dritten schädigen oder das Gericht belästigen will.

Beispiel: Der Kläger hat einer Bebauung zugestimmt, erhebt dann aber Anfechtungsklage gegen die Baugenehmigung des Nachbarn, weil er diesem eine auswischen will.

Beispiel: Der Kläger hat mitbekommen, dass auf dem Nachbargrundstück gebaut wird. Er unternimmt indes anderthalb Jahre lang nichts, bis der Bau fertig gestellt worden ist. Sodann erhebt er Anfechtungsklage gegen die Baugenehmigung. Hier hat der Nachbar seine Rechte verwirkt.[386] Das allgemeine Rechtsschutzbedürfnis fehlt somit.

---

[385] Bernd hätte vielmehr vor der Ernennung Rechtsschutz nach § 123 I VwGO in Anspruch nehmen müssen. A.A. *Schenke*, VwProzR, § 16 RN 562a.
[386] Siehe zur Verwirkung im Baurecht bspw. BVerwGE 44, 294, 294 f.

> **Anmerkung:** Sollte der Sachverhalt Anlass zu einer ausführlicheren Diskussion des allgemeinen Rechtsschutzbedürfnisses bieten, ist selbstverständlich nicht jede Fallgruppe anzusprechen, sondern allein diejenige, die im konkreten Fall einschlägig erscheint.

II. Begründetheit

Die Begründetheitsprüfung stellt den Schwerpunkt einer jeden Klausur dar. Der Bearbeiter eines Falles sollte es daher tunlichst vermeiden, den Mittelpunkt seiner Arbeit im Rahmen der Zulässigkeitsprüfung zu suchen („Kopflastigkeit der Arbeit").[387]

Gegenstand der Begründetheitsprüfung sind häufig Normen des besonderen Verwaltungsrechts (Polizeirecht, Baurecht etc.), wobei diese regelmäßig durch die oben dargestellten Vorschriften des allgemeinen Verwaltungsrechts ergänzt werden.[388] Aus diesem Grund kann die Begründetheitsprüfung hier allein in ihrer Grundkonzeption dargestellt werden. Wie bereits ausgeführt, darf dies indes keinesfalls dahingehend ausgelegt werden, dass die Begründetheitsprüfung einen untergeordneten Teil der Klausurbearbeitung einnehmen kann; das Gegenteil ist der Fall.

Die Begründetheitsprüfung richtet sich danach, welche Klageart jeweils einschlägig ist.[389]

---

[387] Siehe die Kritik an solcherart Klausuren bei *Hufen,* VwProzR, § 24 RN 1. Als Faustformel gilt, dass die Begründetheit ¾ der Bearbeitung ausmachen sollte.

[388] Möglich ist freilich auch, dass ausschließlich Normen des allgemeinen Verwaltungsrechts Gegenstand einer Klausurbearbeitung sind. Bspw. §§ 48, 49 VwVfG als Ermächtigungsgrundlagen.

[389] Aus diesem Grund erfolgt eine separate Erläuterung der Begründetheitsprüfung im Rahmen der Ausführungen zu den einzelnen Klagearten.

III. Spezielle Voraussetzungen der einzelnen Klagearten

1. Die Anfechtungsklage gemäß § 42 I Var. 1 VwGO

Prüfungsschema Anfechtungsklage[390]
1. Zulässigkeit
   a) *(Deutsche Gerichtsbarkeit, §§ 18 f. GVG i.V.m. § 173 VwGO) (s.o.)*
   b) *(Ordnungsgemäße Klageerhebung, §§ 81 f. VwGO) (s.o.)*
   c) Eröffnung des Verwaltungsrechtsweges, § 40 I 1 VwGO (s.o.)
   d) Zuständigkeit des Gerichts, §§ 45 ff., 52 VwGO (s.o.)
   e) Statthafte Klageart
   f) Klagebefugnis
   g) Beteiligten- und Prozessfähigkeit, §§ 61 f. VwGO
      (Postulationsfähigkeit, § 67 VwGO) (s.o.)
   h) Vorverfahren
   i) Klagefrist
   j) Allgemeines Rechtsschutzbedürfnis
2. Begründetheit
   a) Passivlegitimation, § 78 I VwGO
   b) Rechtsgrundlage für den Verwaltungsakt
   c) Formelle Rechtmäßigkeit des Verwaltungsaktes
   d) Materielle Rechtmäßigkeit des Verwaltungsaktes
   e) Verletzung des Klägers in eigenen Rechten

a) Zulässigkeit

aa) Statthaftigkeit

Die Anfechtungsklage ist statthaft, wenn der Kläger die völlige oder teilweise Aufhebung eines ihn belastenden Verwaltungsaktes begehrt.

---

[390] Um Wiederholungen zu vermeiden, werden diejenigen Prüfungspunkte, die bei den Klagearten auf die gleiche Weise zu prüfen sind, in den Schemata mit „s.o." gekennzeichnet. Diese Prüfungspunkte tauchen in der Erläuterung weiter unten nicht mehr auf. Prüfungspunkte, die in der Klausur nur dann angesprochen werden dürfen, wenn der Sachverhalt entsprechende Anhaltspunkte enthält, werden in den Schemata eingeklammert und kursiv dargestellt.

Voraussetzung ist somit, dass ein Verwaltungsakt gegeben ist. Hierfür genügt im Rahmen der „Statthaftigkeit", dass die Verwaltungsmaßnahme zumindest äußerlich einen Verwaltungsakt darstellt (sog. formeller Verwaltungsakt),[391] da es andernfalls zu Lasten des Bürgers gehen würde, wenn die Behörde bspw. unzulässigerweise eine Rechtsverordnung als Allgemeinverfügung erlässt.

Beispiel: Eine privatrechtliche Willenserklärung einer Behörde (=kein Verwaltungsakt, weil keine Regelung auf dem Gebiet des öffentlichen Rechts) wird mit der Bezeichnung Verwaltungsakt überschrieben, enthält eine Rechtsbehelfsbelehrung und gleicht auch sonst äußerlich einem Verwaltungsakt. In diesem Fall ist gegen die Erklärung die Anfechtungsklage statthaft, da es sich für den Adressaten äußerlich so darstellt, als wäre ein Verwaltungsakt erlassen worden.

Anmerkung: Hat die Behörde daher die falsche Form gewählt (etwa Verwaltungsakt statt privatrechtlicher Willenserklärung) ist dies nicht in der Zulässigkeit, sondern im Rahmen der Begründetheit (Form) zu erörtern. Hier wäre dann die Frage zu stellen, ob es sich bei der Maßnahme um einen Verwaltungsakt i.S.d. § 35 VwVfG handelt. Zu beachten ist allerdings, dass die Maßnahme zumindest äußerlich für den Adressaten (d.h. objektiv erkennbar) die Merkmale eines Verwaltungsaktes aufweisen muss. Dies ist im Rahmen der „Statthaftigkeit" zu prüfen.

Nichtige Verwaltungsakte können nach h.M., obwohl sie überhaupt keine Rechtswirkungen entfalten, ebenfalls mit der Anfechtungsklage angegangen werden.[392] Dies folgt aus dem Rechtsschein, den diese Maßnahmen dem Adressaten gegenüber erzeugen. Hier ist daher sowohl die Anfechtungs- als auch die Feststellungsklage (auf Feststellung der Nichtigkeit) statthaft.

---

[391] Dazu oben S. 42 f. Vgl. auch *Hufen*, VwProzR, § 14 RN 2.
[392] *Schenke*, VwProzR, § 5 RN 183. A.A. etwa *Hufen*, VwProzR, § 14 RN 11, mit dem Verweis auf die Nichtexistenz des nichtigen Verwaltungsaktes.

Demgegenüber sind Verwaltungsakte, die nicht bekannt gegeben wurden, überhaupt keine Verwaltungsakte (sog. **Nicht-Verwaltungsakte**). Gegen sie ist die Anfechtungsklage unstatthaft. Bei erledigten Verwaltungsakten ist allein die Fortsetzungsfeststellungsklage statthaft, nicht hingegen die Anfechtungsklage.

Will ein belasteter Bürger Anfechtungsklage erheben, hat er zunächst das Widerspruchsverfahren zu durchlaufen (dazu später). Gegenstand der Anfechtungsklage ist dann nach **§ 79 I Nr. 1 VwGO** der ursprüngliche Verwaltungsakt, in der Form, die er durch den Widerspruchsbescheid gefunden hat.

Beispiel: Der ursprüngliche Verwaltungsakt gegenüber Bürger B ist rechtsfehlerfrei ergangen. Nachdem B Widerspruch eingelegt hat, erlässt die Widerspruchsbehörde einen Widerspruchsbescheid, der inhaltliche Fehler aufweist (bspw. eine fehlerhafte Begründung). Gegenstand der Anfechtungsklage ist dann nicht der rechtsfehlerfreie Ausgangsbescheid, sondern der ursprüngliche Bescheid in seiner durch die Widerspruchsbehörde abgeänderten (jetzt fehlerhaften) Form.

Gegenstand der Anfechtungsklage kann jedoch **nach § 79 I Nr. 2, II VwGO** auch der Widerspruchsbescheid selbst sein (sog. isolierte Anfechtungsklage gegen den Widerspruchsbescheid), d.h. auch allein hiergegen ist die Anfechtungsklage statthaft:

> ➤ § 79 I Nr. 2 VwGO: Der Abhilfebescheid bzw. Widerspruchsbescheid enthält erstmalig eine Beschwer, wenn entweder ein für den Adressaten belastender Verwaltungsakt (der einen Dritten begünstigt) im Widerspruchsverfahren zu Lasten des Dritten abgeändert wird *oder* wenn ein begünstigender Verwaltungsakt (der einen Dritten belastet) nach Widerspruch durch einen Dritten zu dessen Gunsten abgeändert wird.

Beispiel: B erhält eine Baugenehmigung, die Nachbar N belastet. N erhebt Widerspruch gegen die Genehmigung, dem die Widerspruchsbehörde durch einen Widerspruchsbescheid abhilft. Hier ist B erstmals durch den Widerspruchsbescheid belastet.

Beispiel: Der Antrag des B auf eine Baugenehmigung wird abgelehnt. B legt Widerspruch ein, den die Widerspruchsbehörde durch den Widerspruchsbescheid positiv bescheidet. Hier ist N erstmals durch den Widerspruchsbescheid belastet.

> ➤ § 79 II VwGO: Die Norm erfasst nach § 79 II 2 VwGO die Fälle, in welchen der Widerspruchsbescheid auf der Verletzung einer Verfahrensvorschrift *beruht* (etwa: § 71 oder 73 III VwGO). Ein „beruhen" ist nicht gegeben, wenn die §§ 45 f. VwVfG eingreifen.

Den Hauptanwendungsbereich der Vorschrift stellt allerdings die sog. „reformatio in peius" (auch „Verböserung" genannt) dar (§ 79 II 1 VwGO).

Exkurs: Reformatio in peius (r.i.p)

Die reformatio in peius (r.i.p.) kennzeichnet sich dadurch, dass innerhalb eines Rechtsbehelfsverfahrens eine angefochtene Verwaltungsentscheidung zum *Nachteil des Rechtsbehelfsführers* verändert wird.

Beispiele: Franz bekommt einen Abgabenbescheid, in dem er dazu verpflichtet wird, 500 € zu bezahlen. Er ist damit nicht einverstanden und legt Widerspruch ein. Die Widerspruchsbehörde ist der Ansicht, dass 500 € noch zu wenig sind und legt im Widerspruchsbescheid fest, dass Franz dazu verpflichtet ist, 1.000 € zu bezahlen.

Achtung! Die r.i.p. ist abzugrenzen von eigenen Verwaltungsakten der Widerspruchsbehörde, die diese gerade nicht *im Rahmen* des Widerspruchsverfahrens erlässt, sondern das Verfahren lediglich zum Anlass nimmt, eigenständig tätig zu werden. Dies ist dann der Fall, wenn die Behörde einen nicht nur *quantitativ*, sondern *qualitativ* anderen Verwaltungsakt erlässt.

Beispiel: Die Ausgangsbehörde erlässt einen Verwaltungsakt, in welchem Bürger B verpflichtet wird, eine bestimmte von ihm geführte Waffe abzugeben. Nachdem B Widerspruch gegen den Bescheid eingelegt hat, erlässt die Widerspruchsbehörde eine Verfügung, nach welcher B der Waffenschein entzogen wird. Hier liegt keine r.i.p. vor, sondern eine selbstständige Anordnung der Widerspruchsbehörde.

In diesem Fall wäre keine r.i.p. zu prüfen, sondern die Rechtmäßigkeit des von der Widerspruchsbehörde erlassenen Verwaltungsaktes zu hinterfragen. Rechtsgrundlage für solche Verwaltungsakte sind gesetzliche Selbsteintrittsrechte (vgl. bspw. § 67 I PolG-BW).

Die r.i.p. ist in dreierlei Hinsicht problematisch:

- Zunächst ist nämlich umstritten, ob die r.i.p. im Widerspruchsverfahren überhaupt **zulässig** ist, d.h. ob die Widerspruchsbehörde eine verbösernde Entscheidung erlassen darf.[393] Die **h.M.** bejaht dies,[394] mit der Argumentation[395], das Widerspruchsverfahren diene gerade der Rechtskontrolle (§ 68 VwGO), weshalb die Möglichkeit bestehen müsse, rechtskonforme Zustände herzustellen. § 79 II VwGO belege zudem, dass die r.i.p. zulässig sei. Ferner wird angeführt, dass der Widerspruchsführer mit der Einlegung des Rechtsbehelfs die Bestandskraft des Verwaltungsaktes gerade verhindert habe und somit kein Vertrauensschutz bestünde.

---

[393] Nach allgemeiner Ansicht dürfen die *Verwaltungsgerichte* in keinem Fall eine r.i.p. herbeiführen.
[394] *Kopp/Schenke,* VwGO, § 68 RN 10a; *Würtenberger,* VwProzR, § 23 RN 371.
[395] Gute Übersicht über die Argumente bei *Hufen,* VwProzR, § 9 RN 16 f.

Die **Gegenansicht**[396] beruft sich insbesondere auf Art. 19 IV 1 GG, da die r.i.p. den Rechtsschutzsuchenden davon abhalten könnte, dass dieser – im Hinblick auf eine etwaige Verböserung – Widerspruch einlege. Ferner wird angeführt, dass selbst die Gerichte keine r.i.p. herbeiführen können.

- Problematisch ist zudem, auf welche **Ermächtigungsgrundlage** die r.i.p. gestützt werden kann.[397] Die Rechtsprechung wendet die Grundsätze über die Rücknahme und den Widerruf nach den §§ 48 f. VwVfG entsprechend an.[398] Nach dieser Auffassung muss allerdings eine Abwägung zwischen dem Vertrauensschutz und dem Grundsatz der Gesetzmäßigkeit der Verwaltung erfolgen. Diesen Umstand umgeht die Gegenansicht, indem sie als Grundlage die Norm heranzieht, auf die bereits der Ausgangsbescheid gestützt war.[399]

- Letztlich kann auch die Zuständigkeit bei der r.i.p. Probleme bereiten. Eine Zuständigkeit der Widerspruchsbehörde für die r.i.p. ist in jedem Fall zu bejahen, wenn diese gemäß § 73 I Nr. 2, 3 VwGO mit der Ausgangsbehörde identisch ist. Ist die Widerspruchsbehörde allerdings die nächsthöhere Behörde (§ 73 I Nr. 1 VwGO), ist eine Zuständigkeit für die r.i.p. nur dann zu bejahen, wenn der Widerspruchsbehörde gegenüber der Ausgangsbehörde eine Weisungsbefugnis zukommt.[400]

---

[396] *Greifeld*, NVwZ 1983, 725, 727.
[397] Keine Ermächtigungsgrundlage enthalten die Vorschriften über das Widerspruchsverfahren (vgl. *Hufen*, VwProzR, § 9 RN 18).
[398] BVerwGE 65, 313, 319.
[399] *Meister*, JA 2002, 567, 570.
[400] *Hufen*, VwProzR, § 9 RN 19; *Wolff/Decker*, VwGO/VwVfG, § 73 VwGO RN 34. A.A. *Kopp/Schenke*, VwGO, § 68 RN 10b, die ein Selbsteintrittsrecht der Widerspruchsbehörde fordern.

> **Anmerkung:** Die vorgenannten Meinungsstreite zur r.i.p. spielen erst im Rahmen der Begründetheit (materielle Rechtmäßigkeit, Rechtsgrundlage und formelle Rechtmäßigkeit) eine Rolle, wenn danach zu fragen ist, ob und auf welcher Grundlage die Widerspruchsbehörde den Verwaltungsakt verbösern durfte bzw. ob sie dafür auch zuständig war. Im Rahmen des Prüfungspunktes „formelle Rechtmäßigkeit" ist ferner zu beachten, dass nach § 71 VwGO vor der Verböserung eine Anhörung stattzufinden hat.

Weiterführende Literatur

📖 **Meister**, JA 2002, 567 (Grundlagenwissen)

📖 **Skript** Standardfälle Verwaltungsrecht AT, Fall 8

Exkurs Ende

> **Anmerkung:** § 79 II 1 VwGO erfasst den Fall, dass der Kläger den Ausgangsbescheid akzeptiert, nicht aber die Verböserung. § 79 I Nr. 1 VwGO ist demgegenüber einschlägig, wenn der Ausgangsbescheid und der Widerspruchsbescheid kumulativ angefochten werden sollen. Ob der Kläger die Aufhebung der Verböserung oder des gesamten Vorgangs verlangt, muss im Rahmen der Statthaftigkeit geklärt werden. Die Abgrenzung hat auch im Hinblick auf die Passivlegitimation Relevanz.

Statthaft ist auch die isolierte Anfechtung einer Ablehnung eines Verwaltungsaktes,[401] da diese regelmäßig selbst einen Verwaltungsakt darstellt. Allerdings wird hier das allgemeine Rechtsschutzbedürfnis fehlen, da eine Verpflichtungsklage in diesem Fall die sicherere und effektivere Klageart ist.

bb) Klagebefugnis

Der Kläger einer Anfechtungsklage muss gemäß § 42 II VwGO geltend machen, durch den Verwaltungsakt in *eigenen* Rechten verletzt zu sein (Klagebefugnis). Die Klagebefugnis dient dem

---

[401] Zur isolierten Anfechtbarkeit von Nebenbestimmungen, vgl. oben S. 96 ff.

Ausschluss von Popularklagen, in denen Unbetroffene Rechtsverletzungen geltend machen.

Beispiel: Spaziergänger Sören stört sich an der offensichtlich rechtswidrigen Bebauung in der grünen Natur. Obwohl er viele Kilometer von dem bebauten Ort entfernt wohnt, will er gegen die rechtswidrig erteilten Baugenehmigungen Anfechtungsklagen erheben. Eine Anfechtungsklage scheitert hier an der fehlenden Klagebefugnis von Sören. Zwar kann er eine Rechtsverletzung darlegen. Er kann indes nicht geltend machen, durch die Baugenehmigungen in *eigenen* Rechten verletzt zu sein.

Die Klagebefugnis ist dann gegeben, wenn zumindest die Möglichkeit besteht, dass der Kläger in eigenen Rechten verletzt ist (sog. **Möglichkeitstheorie**).[402]

Anmerkung: Die Möglichkeitstheorie ist in jeder Fallbearbeitung zu nennen. Im Anschluss daran ist zu begründen, warum die Möglichkeit besteht, dass der Täter in eigenen Rechten verletzt ist. Hierzu ist ein den Adressaten schützendes Gesetz anzuführen, das möglicherweise verletzt ist. In keinem Fall muss hier schon geprüft werden, ob der Täter tatsächlich in eigenen Rechten verletzt ist (dies ist eine Frage der Begründetheit).

Bei der Begründung der Möglichkeit einer Rechtsverletzung hilft in vielen Fällen die sog. **Adressatentheorie** weiter. Nach dieser Theorie besteht immer die Möglichkeit einer Verletzung in eigenen Rechten, wenn ein Adressat einen belastenden Verwaltungsakt erhält. Dies folgt aus der Annahme, dass jeder Empfänger eines belastenden Verwaltungsaktes, zumindest in dem Grundrecht der allgemeinen Handlungsfreiheit nach Art. 2 I GG beeinträchtigt ist.[403]

---

[402] *Detterbeck,* AT, § 30 RN 1351.
[403] BVerwG, NJW 1988, 2752, 2753.

158

> **Anmerkung:** Ist die Adressatentheorie einschlägig, können Sie in der Fallbearbeitung die Klagebefugnis ohne Weiteres mit der Begründung bejahen, dass zumindest eine Verletzung von Art. 2 I GG in Betracht kommt. Die mögliche Verletzung weiterer Rechte muss dann nicht erörtert werden.

Etwas problematischer ist die Prüfung der Klagebefugnis, wenn die Adressatentheorie nicht einschlägig ist, insbesondere wenn ein Dritter Anfechtungsklage gegen einen Verwaltungsakt erhebt. In diesem Fall muss der Bearbeiter begründen, warum ein Recht des Klägers möglicherweise verletzt sein könnte. Da der Dritte die Verletzung eines *eigenen* Rechts darlegen muss, kommt nur die mögliche Verletzung von solchen Normen in Betracht, die speziell den Dritten schützen und nicht lediglich die Allgemeinheit.

An dieser Stelle findet die sog. **Schutznormtheorie** Anwendung, nach welcher einem Gesetz dann drittschützende Wirkung zukommt, wenn dieses erstens einen *klar abgrenzbaren Kreis von potentiellen Klägern* erkennen lässt <u>und</u> zweitens der *Zweck* der Norm zumindest auch *auf den individuellen Schutz des Klägers gerichtet* ist. Die Norm darf somit nicht nur die Interessen der Allgemeinheit schützen, sondern muss auch zur Erhaltung von Individualinteressen des Klägers existieren.[404]

> **Anmerkung:** Solche drittschützenden Normen finden sich vor allem im Baurecht.[405] Ob ein Gesetz eine solche drittschützende Norm darstellt, ist anhand der Schutznormtheorie durch Auslegung zu ermitteln. Da die Interpretation, ob ein Gesetz der Schutznormtheorie genügt oder nicht, (insbesondere in der Klausursituation) sehr schwer sein kann und auch die Jurisprudenz eher durch eine kasuistische Einzelfallrechtsprechung charakterisiert

---

[404] Vgl. *Hufen*, VwProzR, § 14 RN 73.
[405] Siehe dazu den guten Überblick bei *Muckel*, JuS 2000, 132. Eine gute Übersicht findet sich auch bei *Hufen*, VwProzR, § 14 RN 74 ff.

ist,[406] sollten die wichtigsten drittschützenden Normen aus dem besonderen Teil des Verwaltungsrecht (insbesondere des Baurechts) bekannt sein. Gleichwohl ist auch dann immer eine Begründung des Drittschutzes anhand der Schutznormtheorie erforderlich.

Beispiel: B hat eine Baugenehmigung erhalten, die gegen die bauordnungsrechtlichen Vorschriften über den Grenzabstand zum Nachbargrundstück verstößt. Der an seinem Grundstück an dieser Stelle unmittelbar angrenzende Nachbar N will den Verstoß nicht hinnehmen und erhebt Anfechtungsklage gegen die Genehmigung. Ist N klagebefugt?

N wäre nur dann klagebefugt, wenn er die Möglichkeit einer eigenen Rechtsverletzung darlegen kann. Ein verletztes Recht des N könnte hier in dem Verstoß gegen die Vorschriften über die Abstandsflächen zu sehen sein. Hierzu müssten die entsprechenden Vorschriften allerdings *drittschützend* im Sinne der Schutznormtheorie sein. Der Kreis potentieller Kläger lässt sich bei diesen Vorschriften auf diejenigen Personen eingrenzen, die von der Verletzung des Abstandsflächengebots unmittelbar betroffen sind, weil Beeinträchtigungen etwa im Hinblick auf den Lichteinfall o.ä. zu verzeichnen sind. Die Vorschriften über die Abstandsflächen dienen u.a. einer ausreichenden Belichtung und Belüftung der Nachbargrundstücke und sind somit *auch auf den individuellen Schutz der Nachbarn* ausgerichtet. Den Vorschriften kommt somit Drittschutz zu.

cc) Vorverfahren

Die Anfechtungsklage ist allein dann zulässig, wenn im Vorfeld erfolglos das Vorverfahren i.S.d. **§§ 68 ff. VwGO** (sog. Widerspruchsverfahren) durchgeführt wurde (§ 68 I 1 VwGO).[407] Die Verwaltung soll durch dieses Vorverfahren nochmals die Gelegenheit erhalten, ihre Entscheidung zu überprüfen, bevor Klage erhoben werden kann. Nachdem die Ausgangsbehörde den Widerspruch erhalten hat, bleibt ihr entweder die Möglichkeit, diesem nachzukommen und einen Abhilfebescheid zu erlassen (§ 72 VwGO), oder aber sie hilft dem Widerspruch nicht ab.

---

[406] Vgl. auch *Peine,* Klausurenkurs im Verwaltungsrecht, RN 147 f.
[407] Dazu auch unten S. 196 ff.

Im letztgenannten Fall muss sich die Widerspruchsbehörde mit dem Widerspruch beschäftigen (§ 73 I 1 VwGO). Diese hat nun die Möglichkeit, in einem Widerspruchsbescheid dem Widerspruch abzuhelfen oder nicht abzuhelfen.[408]

Das Vorverfahren muss nicht in jedem Fall durchgeführt werden. **§ 68 I 2 VwGO** nennt Fälle, in welchen *kein* Vorverfahren durchgeführt werden *darf*:

> ➢ § 68 I 2 HS 1 VwGO („wenn ein Gesetz dies bestimmt"): Hierunter fallen alle (formellen) Bundes- und Landesgesetze.
>
> **Beispiele:**[409] § 74 I 2 VwVfG i.V.m. § 70 VwVfG; § 25 IV 2 JuSchG. **Sehr klausurrelevant** sind die Normen aus Fn. 409!

> ➢ § 68 I 2 Nr. 1 VwGO: Oberste Bundesbehörden sind etwa der Bundespräsident, die Bundesregierung, die Bundesminister sowie Bundestags- und Bundesratspräsident, nicht aber die obersten Bundesbehörden i.S.d. § 87 III GG.[410] Ein Vorverfahren ist in diesen Fällen gleichwohl durchzuführen, wenn ein Bundes- oder Landesgesetz dies vorschreibt.
>
> **Beispiele:** § 54 II 2 BeamtStG; § 55 PBefG.

> ➢ § 68 I 2 Nr. 2 VwGO: Die Voraussetzungen gleichen denjenigen des § 79 I Nr. 2 VwGO.[411] Die Vorschrift findet in den Fällen der reformatio in peius analoge Anwendung.[412]

---

[408] Lässt die Behörde nach Widerspruchseinlegung ohne zu Handeln eine längere Zeit verstreichen, gilt § 75 VwGO (lesen!).
[409] **Vgl. auf landesrechtlicher Ebene etwa: Baden-Württemberg:** § 15 AG VwGO; **Bayern:** Art. 15 II AGVwGO; **Hamburg:** § 6 II AGVwGO; **Hessen:** § 16a AGVwGO; **Mecklenburg-Vorpommern:** § 13b AGGerStrG; **Niedersachsen:** § 80 JustizG; **Nordrhein-Westfalen:** § 110 JustG; **Sachsen-Anhalt:** § 8a AGVwGO; **Thüringen:** § 8a AGVwGO.
[410] Vgl. *Wolff/Decker*, VwGO/VwVfG, § 68 VwGO RN 13.
[411] Vgl. daher oben S. 155.
[412] *Kopp/Schenke*, VwGO § 68 RN 20.

Neben den gesetzlich normierten Fällen hat die Rechtsprechung bestimmte Fallgruppen herausgearbeitet, in welchen ein Vorverfahren **entbehrlich** ist, d.h. durchgeführt werden *kann* aber *nicht muss*.[413] Dies gilt insbesondere für Fälle, die dadurch gekennzeichnet sind, dass der Zweck des Vorverfahrens schon auf andere Weise erreicht worden ist oder nicht mehr erreicht werden kann:[414]

> ➢ So soll das Vorverfahren entbehrlich sein, wenn ein Dritter bereits ein solches durchgeführt hat und aufgrund der *identischen* Verfahren kein Grund für eine andere Behandlung ersichtlich ist.[415]

> ➢ Ein Vorverfahren ist ferner entbehrlich, wenn der angefochtene Verwaltungsakt einen vorangegangenen Bescheid, gegen den das Vorverfahren durchgeführt wurde, ganz oder teilweise ersetzt bzw. nur wiederholt, soweit die beiden Bescheide im Wesentlichen gleichen Inhalts sind.[416]

> ➢ Sehr umstritten ist, ob ein Vorverfahren auch dann entbehrlich ist, wenn die Behörde im Vorfeld *deutlich* ihre ablehnende Haltung zum Ausdruck bringt.[417]

> ➢ **Klausurrelevant:** Eine weitere Konstellation der Entbehrlichkeit wird teilweise angenommen, wenn sich der beklagte Verwaltungsträger nach Erhebung der Anfechtungsklage zur Begründetheit der Klage einlässt und deren Abweisung als unbegründet beantragt (sog. rügelose Einlassung).[418] Die Entbehrlichkeit soll hier aus Gründen der Prozessökonomie folgen. Die Fallgruppe greift allerdings nur dann ein, wenn Ausgangs- und Widerspruchsbehörde identisch sind.

---

[413] Siehe dazu die Übersicht bei *Kopp/Schenke,* VwGO, § 68 RN 22 ff.
[414] *Gersdorf,* VwProzR, RN 38.
[415] Str., a.A. bspw. *Kopp/Schenke,* VwGO, § 68 RN 29.
[416] *Kopp/Schenke,* VwGO, § 68 RN 23.
[417] So: BVerwG, NJW 1960, 883; *Eyermann,* VwGO, § 68 RN 30. A.A. *Kopp/Schenke,* VwGO, § 68 RN 32 m.w.N.
[418] So: BVerwG, DVBl. 1984, 91; *Gersdorf,* VwProzR, RN 38. A.A. *Kopp/Schenke,* VwGO, § 68 RN 28; *Wolff/Decker,* VwGO/VwVfG, § 68 VwGO RN 18.

Zur Durchführung des Vorverfahrens muss binnen eines Monats nach Bekanntgabe[419] des Verwaltungsaktes schriftlich oder zur Niederschrift bei der Ausgangsbehörde (§ 70 I 1 VwGO) oder bei der Widerspruchsbehörde (§ 70 I 2 VwGO) Widerspruch eingelegt werden. Strittig ist hierbei, ob die **Monatsfrist** nach § 57 II VwGO i.V.m. § 222 ZPO, §§ 187 ff. BGB oder nach § 31 VwVfG i.V.m. §§ 187 ff. BGB berechnet wird.[420]

> **Anmerkung:** Der vorgenannte Meinungsstreit hat allerdings keine Bedeutung, da die Ansichten zu denselben Ergebnissen kommen.

Ist der Widerspruch verfristet eingelegt worden, ist die Anfechtungsklage unzulässig, da das Widerspruchsverfahren nicht erfolglos durchgeführt wurde. Die Monatsfrist läuft gemäß § 70 II i.V.m. § 58 I VwGO nur, wenn der Verwaltungsakt mit einer ordnungsgemäßen[421] Rechtsbehelfsbelehrung versehen ist. Fehlt eine ordnungsgemäße Rechtsbehelfsbelehrung, gilt nach 70 II i.V.m. § 58 II VwGO eine Jahresfrist seit Zustellung, Eröffnung oder Verkündung.

> **Anmerkung:** Die „Zustellung" ist eine Bekanntgabe unter der Beachtung von Förmlichkeiten, d.h. eine besondere Form der Bekanntgabe. Lesen Sie dazu die §§ 1-8 VwZG, wobei insbesondere § 4 II 2 VwZG zu beachten ist!

---

[419] Siehe dazu oben S. 47 ff. Fehlt es an einer Bekanntgabe gegenüber dem Betroffenen, läuft auch keine Frist! Ist der Verwaltungsakt allerdings bereits eine längere Zeit existent (etwa durch Bekanntgabe gegenüber einer anderen Person) und weiß der Betroffene dies, kommt eine Verwirkung des Rechtsbehelfs in Betracht. Dazu *Schenke*, VwProzR, § 18 RN 675 f.

[420] Vgl. *Wolff/Decker*, VwGO/VwVfG, § 70 VwGO RN 8.

[421] Vgl. zur Ordnungsmäßigkeit die Voraussetzungen in § 58 I VwGO. Insbesondere ist die Rechtsbehelfsbelehrung *schriftlich* zu erlassen, so dass mündlich bekannt gegebene Verwaltungsakte immer unter die Jahresfrist fallen. Ferner ist zu beachten, dass die Monatsfrist in § 70 I VwGO *nicht* mit einer Vier-Wochen-Frist gleichzusetzen ist (vgl. § 188 II BGB). Wird daher in einer Rechtsbehelfsbelehrung von einer Vier-Wochen-Frist gesprochen, ist die Belehrung *nicht* ordnungsgemäß.

Bei der **Berechnung der Fristen** ist folgendes zu verinnerlichen: Die Monatsfrist endet an dem Tag des Folgemonats, der dem Tag der Bekanntgabe entspricht (lesen Sie § 188 II BGB!). Entsprechendes gilt bei der Jahresfrist. Fällt das Fristende auf einen Samstag, Sonntag oder einen gesetzlichen Feiertag, gilt als Fristende der Ablauf des nächsten Werktages (§ 193 BGB bzw. § 222 II ZPO).

Beispiel: Bekanntgabe am 11.09.2007: Monatsfrist war mit dem Ablauf des 11.10.2007 vorbei. Die Jahresfrist endete mit dem Ablauf des 11.09.2008.

Beispiel: Bekanntgabe am 11.09.2008: Monatsfrist war mit dem Ablauf des 13.10.2008 vorbei, weil der 11.10.2008 ein *Samstag* war.

Beispiel: Bekanntgabe am 31.01.2011: Monatsfrist endet am 28.02.2011 (vgl. § 188 III BGB).

Beispiel: Bekanntgabe am 28.02.2011: Monatsfrist endet am 28.03.2011 (§ 188 III BGB ist nicht einschlägig).

dd) Klagefrist

Die Klagefrist nach § 74 I VwGO ist einzuhalten.[422] Unterbleibt eine ordnungsgemäße Rechtsbehelfsbelehrung, findet die Jahresfrist nach § 74 I i.V.m. § 58 II VwGO Anwendung.

Achtung! Die Frist wird auch dann gewahrt, wenn die Klage bei einem unzuständigen Gericht erhoben wird, sofern der Kläger die Klage dort auch erheben wollte. Das unzuständige Gericht hat den Rechtsstreit nämlich gemäß § 83 VwGO i.V.m. §§ 17a II, 17b I 2 GVG an das zuständige Gericht zu verweisen. Die Frist ist selbst dann gewahrt, wenn die Klage im Fall einer Verweisung nach Fristablauf beim zuständigen Gericht eingeht.[423] Wurde die Frist unverschuldet versäumt, ist an § 60 VwGO zu denken!

---

[422] Zur Berechnung siehe die Ausführungen gerade zuvor. Die Fristberechnung erfolgt hier allerdings unstreitig nach § 57 II VwGO i.V.m. § 222 ZPO, § 187 ff. BGB.
[423] *Kopp/Schenke,* VwGO, § 74 RN 8.

ee) Allgemeines Rechtsschutzbedürfnis

Das allgemeine Rechtsschutzbedürfnis ist entsprechend dem im Rahmen der allgemeinen Sachentscheidungsvoraussetzungen bereits Dargestellten zu prüfen. Anzumerken bleibt noch, dass nach h.M.[424] kein Rechtsschutzbedürfnis bei der Anfechtung von solchen Bescheiden gegeben ist, die lediglich einen beantragten Verwaltungsakt ablehnen. Hier liegt in der Erhebung der Verpflichtungsklage der effizientere Weg. Die Gegenansicht argumentiert hiergegen, dass eine Behörde im Fall einer erfolgreichen Anfechtungsklage den begehrten Verwaltungsakt im Hinblick auf Art. 20 III GG „freiwillig" erlassen würde.

b) Begründetheit

Formulierungsvorschlag: *Die Anfechtungsklage ist begründet, wenn der Klagegegner passivlegitimiert, der angefochtene Verwaltungsakt rechtswidrig und der Kläger hierdurch in seinen Rechten verletzt ist (§ 113 I 1 VwGO).*

aa) Passivlegitimation

Der Klagegegner hat nach § 78 VwGO passivlegitimiert zu sein, d.h. der Klagegegner muss die Befugnis haben, dem Klagebegehren entsprechen zu können.

Nach **§ 78 I Nr. 1 VwGO** muss die Klage gegen den Bund, das Land oder die Körperschaft, deren Behörde den angefochtenen Verwaltungsakt erlassen hat, gerichtet werden (Rechtsträgerprinzip).

Beispiel: Bürgermeister B hat einen Verwaltungsakt erlassen. Der Bürgermeister stellt eine Behörde dar, die einer Körperschaft – namentlich der Gemeinde – angehört. Passivlegitimiert ist daher die Gemeinde, in der B Bürgermeister ist.

---

[424] *Schenke*, VwProzR, § 6 RN 282 m.w.N. A.A. BVerwGE 38, 99, 100.

Eine landesrechtliche Vorschrift i.S.d. **§ 78 I Nr. 2 VwGO** findet sich bisher noch nicht in jedem Bundesland.[425]

Beispiel: Gibt es eine entsprechende Norm in dem jeweiligen Bundesland, wäre die Klage im obigen Bsp. direkt gegen Bürgermeister B zu richten.

Im Fall des § 68 I 2 Nr. 2 VwGO ist **§ 78 II VwGO** zu beachten.

Achtung! In manchen Bundesländern (z.B. NRW) wird § 78 VwGO auch als „passive Prozessführungsbefugnis" („richtiger Klagegegner") **im Rahmen der Zulässigkeit** geprüft. Wo Sie diesen Prüfungspunkt im Klausuraufbau verorten, ist zwar grundsätzlich unerheblich. Sie sollten sich jedoch nach den Gepflogenheiten *Ihres Bundeslandes* richten!

bb) Rechtmäßigkeit des Verwaltungsaktes

Den überwiegenden Teil einer Klausurbearbeitung wird die Rechtmäßigkeitsprüfung für den Verwaltungsakt einnehmen. Die Prüfung ist so vorzunehmen, wie es bereits oben in *Teil 1: Allgemeines Verwaltungsrecht* beschrieben worden ist.[426]

In einem ersten Prüfungspunkt ist die einschlägige **Ermächtigungsgrundlage** zu ermitteln. Diese wird sich i.d.R. aus dem besonderen Verwaltungsrecht ergeben. Kommen mehrere Ermächtigungsgrundlagen in Betracht, ist in diesem Prüfungspunkt zu diskutieren, welche die richtige für den konkreten Verwaltungsakt ist.[427]

---

[425] Folgende Vorschriften existieren: Brandenburg: § 8 II VwGG; Mecklenburg-Vorpommern: § 14 II AGGerStrG; Niedersachsen: § 79 JustizG; Saarland: § 17 II AG VwGO; Sachsen-Anhalt: § 8 II AGVwGO; Schleswig-Holstein: § 6 S. 2 AGVwGO.

[426] Siehe oben S. 49 ff.

[427] Teilweise wird an dieser Stelle schon geprüft, ob die Ermächtigungsgrundlage ihrerseits rechtswidrig und somit nichtig sein könnte. In der Klausur ist eine etwaige Rechtswidrigkeit der Ermächtigungsgrundlage allerdings nur anzusprechen, wenn im Sachverhalt entsprechende Anhaltspunkte existieren.

166

Beispiele für Ermächtigungsgrundlagen: §§ 1 I, 3 MEPolG (polizeiliche Generalklausel); §§ 48, 49 VwVfG; § 15 I VersG.

Zweiter Prüfungspunkt im Rahmen der Rechtmäßigkeitsprüfung ist die Frage der **formellen Rechtmäßigkeit** des Verwaltungsaktes (s.o.). Freilich sind hier entsprechende Heilungsmöglichkeiten (etwa § 45 VwVfG) bzw. die Unbeachtlichkeit von Fehlern zu beachten.

Letzter Prüfungspunkt ist die **materielle Rechtmäßigkeit** des Verwaltungsaktes. Innerhalb dieses Punktes ist zu prüfen, ob die Tatbestandsvoraussetzungen derjenigen Norm gegeben sind, die im Prüfungspunkt „Ermächtigungsgrundlage" als die einschlägige Vorschrift ermittelt wurde.

Handelt es sich um eine Ermessensnorm oder beinhaltet die Norm einen unbestimmten Rechtsbegriff, sind Ermessensfehler bzw. ist die Möglichkeit eines unüberprüfbaren Beurteilungsspielraums zu Gunsten der Verwaltung in Betracht zu ziehen (s.o.).

Wenn der Sachverhalt entsprechende Anhaltspunkte aufweist, ist auch darzulegen, ob der Verwaltungsakt nichtig i.S.d. § 44 VwVfG ist.[428] Ferner sind bspw. auch die Verhältnismäßigkeit der Maßnahme und, sofern entsprechende Anhaltspunkte bestehen, die Bestimmtheit des Verwaltungsaktes i.S.d. § 37 I VwVfG zu eruieren.

---

[428] Ist er nichtig, ist die Anfechtungsklage gleichwohl begründet. Denn auch der nichtige Verwaltungsakt wird vom Verwaltungsgericht – obwohl er eigentlich keine Rechtswirkungen entfaltet – aufgehoben. Dies ist nur konsequent, da die Anfechtungsklage überwiegend als statthafte Klageart gegen nichtige Verwaltungsakte zugelassen wird.

Anmerkung: Für die Frage, ob ein Verwaltungsakt rechtmäßig ist oder nicht, ist der **Zeitpunkt** der letzten Verwaltungsentscheidung maßgebend. Dies ist i.d.R. der Zeitpunkt des Widerspruchsbescheids.[429] Ändert sich die Tatsachen- oder Rechtslage danach zu Gunsten oder zu Ungunsten des Adressaten, ist dies nicht zu berücksichtigen.

Beispiel: Alfons hat einen ihn belastenden Verwaltungsakt angefochten. Zum Zeitpunkt, als er den Verwaltungsakt zugestellt bekommen hat, war dieser rechtswidrig. Nachdem das Widerspruchsverfahren erfolglos durchgeführt wurde, ändert sich die Tatsachenlage zu Ungunsten von Alfons. Der Verwaltungsakt wäre vom jetzigen Zeitpunkt aus als rechtmäßig anzusehen. Wird das Verwaltungsgericht den Verwaltungsakt aufheben?
Da es für die Beurteilung der Rechtmäßigkeit des Verwaltungsaktes auf *den Zeitpunkt der letzten Behördenentscheidung* ankommt, in welcher der Verwaltungsakt noch rechtswidrig war, wird das Gericht den Verwaltungsakt aufheben.

Von dem oben beschriebenen Grundsatz werden folgende **Ausnahmen** gemacht:

Bei Dauerverwaltungsakten kommt es auf den Zeitpunkt der *letzten mündlichen Verhandlung* an (d.h. den gegenwärtigen Zeitpunkt).[430] Da Dauerverwaltungsakte keine einmalige, unveränderliche Entscheidung darstellen, sondern ständig neu getroffen werden, müssen sich diese auch anhand der jeweils geltenden Sach- und Rechtslage messen lassen.

Beispiele: Verkehrszeichen; Anordnung eines Anschluss- und Benutzungszwangs.

Ferner wird eine Ausnahme gemacht, wenn sich die Sach- oder Rechtslage *zu Gunsten des Klägers* ändert *und* der Verwaltungsakt *noch nicht vollzogen* worden ist. Hier ist ebenfalls der Zeitpunkt der letzten mündlichen Verhandlung maßgebend.

---

[429] *Hufen,* VwProzR, § 24 RN 8.
[430] Str. So: *Hufen,* VwProzR, § 24 RN 9. A.A. *Würtenberger,* VwProzR, § 33 RN 613.

Beispiel: B gegenüber wurde eine Abbruchverfügung erlassen, die sein Haus betrifft. Der Bescheid war zunächst rechtmäßig. Nachdem B Anfechtungsklage erhoben hat, wird der Verwaltungsakt im Laufe des Gerichtsverfahrens rechtswidrig. Hier muss das Gericht den Verwaltungsakt aufheben.

Eine Besonderheit ergibt sich, wenn eine Baugenehmigung durch einen Dritten rechtlich angegangen wird. Ändert sich die Sach- oder Rechtslage zu Gunsten des Bauherrn, ist der Zeitpunkt der letzten mündlichen Verhandlung maßgebend. Ändert sie sich zum Nachteil des Bauherrn, ist der Zeitpunkt der *Erteilung* der Baugenehmigung maßgebend. Dies folgt aus Art. 14 GG, der die Rechtsposition des Begünstigten festigt.

cc) Verletzung des Klägers in eigenen Rechten

Es genügt nicht, dass der Verwaltungsakt lediglich rechtswidrig ist, vielmehr muss der Kläger durch ihn **in eigenen Rechten verletzt** sein (§ 113 I 1 VwGO). Im Hinblick auf die Adressatentheorie (s.o.) ist der Adressat eines belastenden Verwaltungsaktes immer in einem eigenen Recht verletzt.

Mehr Begründungsbedarf ist in Fällen erforderlich, in welchen ein Dritter einen Verwaltungsakt anficht. Hier ist unter Heranziehung der Schutznormtheorie (s.o.) darzulegen, ob das durch den Verwaltungsakt rechtswidrig verletzte Recht die individuellen Interessen des Klägers schützt. Schützt das verletzte Recht nur objektive Interessen, scheidet eine Verletzung in eigenen Rechten aus. Die Klage ist dann unbegründet.

Weiterführende Literatur

📖 **Ehlers**, Jura 2004, 30 und 176 (Grundlagenwissen)
📖 **Skript** Standardfälle Verwaltungsrecht AT, Fall 3 und 4

2. Die Verpflichtungsklage gemäß § 42 I Var. 2 VwGO

Prüfungsschema Verpflichtungsklage

1. Zulässigkeit

   a) *(Deutsche Gerichtsbarkeit, §§ 18 f. GVG i.V.m. § 173 VwGO) (s.o.)*

   b) *(Ordnungsgemäße Klageerhebung, §§ 81 f. VwGO) (s.o.)*

   c) Eröffnung des Verwaltungsrechtsweges, § 40 I 1 VwGO (s.o.)

   d) Zuständigkeit des Gerichts, §§ 45 ff., 52 VwGO (s.o.)

   e) Statthafte Klageart

   f) Klagebefugnis

   g) Beteiligten- und Prozessfähigkeit, §§ 61 f. VwGO
      (Postulationsfähigkeit, § 67 VwGO) (s.o.)

   h) Vorverfahren

   i) Klagefrist

   j) Allgemeines Rechtsschutzbedürfnis

2. Begründetheit

   a) Passivlegitimation, § 78 I VwGO

   b) Anspruchsgrundlage für den Verwaltungsakt

   c) Formelle Voraussetzungen des Verwaltungsaktes

   d) Materielle Voraussetzungen des Verwaltungsaktes

a) Zulässigkeit

aa) Statthaftigkeit

Die Verpflichtungsklage ist statthaft, wenn der Kläger die Verurteilung des Beklagten auf Erlass eines abgelehnten oder unterlassenen Verwaltungsaktes begehrt (§ 42 I Var. 2 VwGO).[431] Problematisch kann hier eine Grenzziehung zur allgemeinen Leistungsklage werden, wobei der Fallbearbeiter dann oftmals den Verwaltungsakt vom Realakt abzugrenzen hat.

---

[431] Begrifflich kann man im Rahmen der Verpflichtungsklage zwischen Versagungsgegenklage (bei abgelehntem Verwaltungsakt) und Untätigkeitsklage (bei unterlassenem Verwaltungsakt) unterscheiden. Für die Klausur ist die Unterscheidung jedoch irrelevant.

Beispiel: B will eine Geldleistung von der Verwaltung. Kann er Verpflichtungsklage oder allgemeine Leistungsklage erheben? Die Beantwortung der Frage ist maßgeblich davon abhängig, ob Auszahlungsvoraussetzung für das Geld der vorhergehende Erlass eines Verwaltungsaktes ist.

bb) Klagebefugnis

Die Klagebefugnis bestimmt sich – wie bei der Anfechtungsklage – nach § 42 II VwGO. Der Kläger muss darlegen, durch die Ablehnung bzw. die Unterlassung des Verwaltungsaktes in seinen Rechten verletzt zu sein. Dies ist der Fall, wenn die Möglichkeit besteht, dass der Kläger einen Anspruch auf den Erlass des Verwaltungsaktes hat (Möglichkeitstheorie; s.o.). Verlangt der Kläger ein Einschreiten gegen einen Dritten im Wege des Verwaltungsaktes, findet – wie bei der Anfechtungsklage – die Schutznormtheorie Anwendung (s.o.).

Beispiel: Grundstücksbesitzer Gerhard begehrt eine Abbruchverfügung gegenüber seinem Nachbar N, der „schwarz" gebaut hat. Die zuständige Behörde lehnt dies ab. Gerhard will Verpflichtungsklage erheben. Die Klagebefugnis ist hier allenfalls dann zu bejahen, wenn drittschützende Normen durch den Schwarzbau verletzt werden, die auch zu Gunsten von Gerhard eingreifen.

cc) Vorverfahren

Nach § 68 II VwGO ist vor Klageerhebung das Widerspruchsverfahren erfolglos durchzuführen. An dieser Stelle kann auf die Ausführungen zur Anfechtungsklage verwiesen werden. Eine Besonderheit ergibt sich, wenn eine Behörde über den Widerspruch oder einen Antrag auf den Erlass eines Verwaltungsaktes in angemessener Frist nicht entscheidet. Hier kann gemäß § 75 VwGO i.d.R. (!) nach drei Monaten Klage erhoben werden, ohne das Vorverfahren vollständig durchzuführen.

dd) Klagefrist

Nach § 74 II VwGO gilt auch bei der Verpflichtungsklage die Monatsfrist gemäß § 74 I VwGO (s.o.).

ee) Allgemeines Rechtsschutzbedürfnis

Bei Verwaltungsakten, denen ein Antrag bei der Behörde vorauszugehen hat, muss dieser gestellt worden sein. Andernfalls fehlt das Rechtsschutzbedürfnis. Im Übrigen kann auf die Ausführungen bei der Anfechtungsklage verwiesen werden.

b) Begründetheit

Formulierungsvorschlag: *Die Verpflichtungsklage ist begründet, wenn der Klagegegner passivlegitimiert ist und der Kläger einen Anspruch auf den begehrten Verwaltungsakt hat (§ 113 V VwGO).*

Zur **Passivlegitimation** siehe die Ausführungen bei der Anfechtungsklage.

Bei der Prüfung der Frage, ob der Kläger einen Anspruch auf den Erlass des Verwaltungsaktes hat, ist zu Beginn die Suche nach einer **Anspruchsgrundlage** in den Vordergrund zu stellen. Wie bei der Anfechtungsklage (dort: Ermächtigungsgrundlage) ist die einschlägige Anspruchsgrundlage zu ermitteln. Die Grundlage kann bspw. eine gesetzliche Vorschrift, eine Zusicherung aber auch ein öffentlich-rechtlicher Vertrag sein.

Im Anschluss sind die formellen und materiellen Voraussetzungen der Anspruchsgrundlage zu prüfen. In **formeller** Hinsicht muss die Ausgangsbehörde für den Erlass des Verwaltungsaktes zuständig sein. Umstritten ist, ob § 28 I VwVfG im Rahmen begünstigender Verwaltungsakte Anwendung findet.[432]

---

[432] Siehe dazu Fn. 133.

Bei der Prüfung der **materiellen Voraussetzungen** der Anspruchsgrundlage ist zu diskutieren, ob die Tatbestandsvoraussetzungen der jeweiligen Rechtsgrundlage erfüllt sind.[433]

> **Anmerkung:** Enthält die Anspruchsgrundlage eine gebundene Entscheidung (keine Ermessensnorm) und sind die Tatbestandsvoraussetzungen gegeben, *verpflichtet das Gericht die Behörde zum Erlass des angestrebten Verwaltungsaktes* (das Gericht erlässt den Bescheid nicht selbst!).
>
> Eine Besonderheit ergibt sich, wenn die Anspruchsgrundlage auf der Rechtsfolgenseite ein Ermessen einräumt. Da das Gericht nicht die Ermessensentscheidung der Behörde treffen kann, ist es ihm auch nicht möglich, die Behörde zum Erlass des Verwaltungsaktes zu verpflichten (sog. **fehlende Spruchreife**).[434] Das Gericht hat hier nach § 113 V 2 VwGO nur die Möglichkeit, die Behörde zu verpflichten, den Kläger neu zu bescheiden (sog. **Bescheidungsurteil**). Eine Ausnahme gilt allein dann, wenn eine Ermessensreduktion auf Null zu bejahen ist. Hier besteht ein uneingeschränkter Anspruch des Klägers auf den Verwaltungsakt.
>
> Für die Prüfungsarbeit bedeutet dies, dass zunächst festzustellen ist, dass gesetzlich keine gebundene Entscheidung vorliegt. Im Anschluss ist zu prüfen, ob eine Ermessensreduktion auf Null zu bejahen ist. Wird eine solche verneint, ist die Klage zwar begründet, allerdings mit der Maßgabe, dass die Behörde nur verpflichtet wird, neu zu bescheiden (§ 113 V 2 VwGO).

---

[433] Hier wird i.d.R. der Schwerpunkt der Prüfungsarbeit liegen.
[434] *Hufen*, VwProzR, § 26 RN 18.

Anmerkung: Für die Beurteilung, ob dem Kläger ein Anspruch auf den Erlass des Verwaltungsaktes zusteht, kommt es auf den **Zeitpunkt** der letzten mündlichen Verhandlung an (d.h. den gegenwärtigen Zeitpunkt). Änderungen der Sach- und Rechtslage sind daher bei der Entscheidungsfindung zu berücksichtigen.

Beispiel: G hat eine Genehmigung beantragt, die ihm verwehrt wurde. Nachdem er Verpflichtungsklage erhoben hat, ändert sich die Rechtslage zu seinen Ungunsten: Eine Genehmigungserteilung wäre jetzt rechtswidrig. Das Gericht wird die Klage daher als unbegründet zurückweisen.

Ausnahmen werden von dem obigen Grundsatz gemacht, wenn es sich aus dem Gesetz ergibt, dass die Begünstigung nur für eine bestimmte Zeit angeordnet werden kann (dann: Zeitpunkt der Behördenentscheidung).[435]

Beispiele: Prüfungsentscheidungen werden nur für den Prüfungszeitraum gefällt; „BAföG" wird nur für den Förderungszeitraum erteilt.

Strittig ist, ob auch Ermessenentscheidungen bzw. Entscheidungen mit einem Beurteilungsspielraum eine Ausnahme darstellen. Eine solche Ausnahme wird teilweise damit begründet, das Gericht würde unzulässigerweise selbst Ermessenserwägungen anstellen, wenn es eine neue Sach- oder Rechtslage berücksichtigen könnte.[436]

Umstritten ist ferner, ob bei der Beantragung einer Baugenehmigung im Hinblick auf Art. 14 GG eine Veränderung *zu Lasten* des Bauherrn berücksichtigt werden darf.[437] Für eine solche Berücksichtigung spricht, dass Art. 14 GG zwar den Bestand der Genehmigung schützt, nicht jedoch den *Anspruch* auf eine Genehmigung.

---

[435] *Hufen,* VwProzR, § 24 RN 15.

[436] So: BVerwG, NVwZ 1992, 1211, 1211 f. A.A. *Kopp/Schenke,* VwGO, § 113 RN 217.

[437] Für eine Berücksichtigung der Änderung (h.M.): *Würtenberger,* VwProzR, § 33 RN 615; *Hufen,* VwProzR, § 24 RN 14. Unstrittig ist, dass eine Änderung zu Gunsten des Bauherrn zu berücksichtigen ist.

174

Weiterführende Literatur

📖 **Ehlers**, Jura 2004, 310 (Grundlagenwissen)

📖 **Skript** Standardfälle Verwaltungsrecht AT, Fall 6

3. Die Fortsetzungsfeststellungsklage gemäß § 113 I 4 VwGO

Prüfungsschema Fortsetzungsfeststellungsklage

1. Zulässigkeit
   a) *(Deutsche Gerichtsbarkeit, §§ 18 f. GVG i.V.m. § 173 VwGO) (s.o.)*
   b) *(Ordnungsgemäße Klageerhebung, §§ 81 f. VwGO) (s.o.)*
   c) Eröffnung des Verwaltungsrechtsweges, § 40 I 1 VwGO (s.o.)
   d) Zuständigkeit des Gerichts, §§ 45 ff., 52 VwGO (s.o.)
   e) Statthafte Klageart
   f) Klagebefugnis
   g) Beteiligten- und Prozessfähigkeit, §§ 61 f. VwGO
      (Postulationsfähigkeit, § 67 VwGO) (s.o.)
   h) Vorverfahren
   i) Klagefrist
   j) Fortsetzungsfeststellungsinteresse
2. Begründetheit
   siehe Ausgangsklage

a) Zulässigkeit

aa) Statthaftigkeit

Die Fortsetzungsfeststellungsklage hebt auf eine prozessuale Sondersituation ab, nämlich den Fall, dass ein Kläger Anfechtungsklage erhebt und sich der Verwaltungsakt während des Verfahrens erledigt. Hier wäre die Anfechtungsklage mit einem Mal unstatthaft und müsste als unzulässig abgewiesen werden. Um eine solche Situation zu vermeiden, kann im Wege der Fortsetzungsfeststellungsklage weiter prozessiert werden.

Beispiel: Paul hat eine polizeiliche Ordnungsverfügung erhalten. Nachdem er eine Anfechtungsklage gegen den Bescheid erhoben hat, hebt die Ausgangsbehörde den Verwaltungsakt auf. Da der Verwaltungsakt nicht mehr vorhanden ist, kann er auch keine Rechtswirkungen mehr entfalten; er hat sich erledigt. Die Anfechtungsklage ist nunmehr unstatthaft.

Statthaft ist die Fortsetzungsfeststellungsklage gemäß § 113 I 4 VwGO demnach, wenn sich ein Verwaltungsakt *nach Erhebung* der Anfechtungsklage erledigt. **Analoge Anwendung** findet § 113 I 4 VwGO, wenn sich eine erhobene *Verpflichtungsklage* nach Klagerhebung erledigt.[438] Ferner findet eine analoge Anwendung der Norm nach h.M. statt, wenn sich eine Anfechtungsklage oder eine Verpflichtungsklage[439] *vor Klageerhebung* erledigt.[440] In allen vorgenannten Fällen ist die Fortsetzungsfeststellungsklage statthaft.

Beispiele: B hat eine Abbruchverfügung erhalten. Das hiervon betroffene Haus stürzt kurz darauf ein. Hier kann B wegen der Erledigung des Bescheids keine Anfechtungsklage erheben! Allerdings ist die Fortsetzungsfeststellungsklage statthaft und zwar *analog* § 113 I 4 VwGO, sofern das Haus *vor Klageerhebung* eingestürzt ist, ansonsten direkt nach § 113 I 4 VwGO. - Ein weiterer häufiger Klausurfall ist eine Demonstration, die gemäß dem VersammlG verboten wird. Wenn der Demonstrationstermin verstrichen ist (=Erledigung), kann der Veranstalter beantragen, feststellen zu lassen, dass das Verbot rechtswidrig gewesen ist.

Eine Analogie ist nach h.M. demgegenüber *nicht* im Hinblick auf sonstiges hoheitliches Handeln möglich, da hier vor der Erledigung keine Erlangung von Rechtsschutz im Wege der Anfechtungs- oder Verpflichtungsklage möglich gewesen wäre.[441] Dies gilt namentlich insbesondere für Realakte. Ein Betroffener kann in

---

[438] Siehe *Schenke*, VwProzR, § 7 RN 330 ff.
[439] Genau genommen wird § 113 I 4 VwGO hier *doppelt analog* angewendet.
[440] *Schenke*, VwProzR, § 7 RN 323. Nach den Gegenansichten sind andere Klagen einschlägig. Vertreten wird hierzu die Statthaftigkeit der Feststellungsklage bzw. einer Klage sui generis oder der Anfechtungsklage. Siehe zum Ganzen: *Schenke*, NVwZ 2000, 1255, 1256 m.w.N.
[441] *Kopp/Schenke*, VwGO, § 113 RN 116; *Gersdorf*, VwProzR, RN 88. A.A. *Hufen*, VwProzR, § 18 RN 44.

diesen Fällen allein im Wege der Feststellungsklage Rechtsschutz erlangen.

Eine **Erledigung** tritt ein, wenn ein Verwaltungsakt aus rechtlichen oder tatsächlichen Gründen – mangels Rechtswirkungen – nicht mehr vollziehbar und somit sinnlos geworden ist.[442]

Beispiele für rechtliche Erledigung: Der Verwaltungsakt wurde aufgehoben; eine auflösende Bedingung ist eingetreten.

Beispiele für tatsächliche Erledigung: Tod des Verpflichteten; Zeitablauf; Wegfall des Regelungsobjekts; die begehrte Regelung ist nun nutzlos.

Keine Erledigung ist in dem Vollzug eines Verwaltungsaktes zu sehen, sofern der Vollzug noch rückgängig gemacht werden kann, da der Verwaltungsakt in dieser Konstellation den rechtlichen Grund für den Vollzug bildet.[443] Hier kann der Verwaltungsakt weiter im Wege der Anfechtungsklage angegangen werden.

bb) Weitere Zulässigkeitsvoraussetzungen

Da die Fortsetzungsfeststellungsklage die Ausgangsklage lediglich fortsetzt, müssen im Rahmen der Fortsetzungsfeststellungsklage die gleichen Zulässigkeitsvoraussetzungen wie bei der Anfechtungs- bzw. der Verpflichtungsklage vorliegen. Die entsprechenden Regelungen werden *analog* angewendet. Die obigen Ausführungen zur Anfechtungs- und Verpflichtungsklage können hier zu Grunde gelegt werden. Nach der „Statthaftigkeit" sind demnach zu prüfen:

> ➤ **Klagebefugnis**, § 42 II VwGO analog

> ➤ **Vorverfahren**, § 68 VwGO analog, mit der Maßgabe, dass das Vorverfahren vor Erhebung der Ausgangsklage durchgeführt worden sein muss und nicht vor Erhebung

---

[442] *Hufen*, VwProzR, § 18 RN 40; *Kopp/Schenke*, VwGO, § 113 RN 102.
[443] BVerwG, NVwZ 2000, 63.

der Fortsetzungsfeststellungsklage. Ein Vorverfahren ist allerdings nach h.M. nicht erforderlich, wenn die Erledigung bereits *vor* Ablauf der Widerspruchsfrist eintritt.[444] Grund hierfür ist, dass die Aufhebung des Verwaltungsaktes nach Erledigung gerade nicht mehr möglich ist. Einigkeit besteht demgegenüber, dass bei Erledigung *nach* Ablauf der Widerspruchsfrist das Vorverfahren in jedem Fall durchgeführt worden sein muss.

➢ Die **Klagefrist** bestimmt sich analog § 74 VwGO, wenn die Erledigung nach Klageerhebung eingetreten ist. Strittig ist, ob die Fortsetzungsfeststellungsklage auch dann an eine Klagefrist gebunden ist, wenn es schon *vor* Klageerhebung zu einer Erledigung kommt. Während eine Ansicht eine Klagefrist in diesen Fällen verneint, wendet die Gegenansicht die §§ 74, 58 VwGO analog an.[445] Im Regelfall wird man mit der zuletzt genannten Ansicht zur Jahresfrist nach § 58 II VwGO analog kommen, da im Rahmen einer Rechtsbehelfsbelehrung kaum über die Möglichkeit einer Fortsetzungsfeststellungsklage aufgeklärt werden wird.

bb) Fortsetzungsfeststellungsinteresse

Das Fortsetzungsfeststellungsinteresse stellt eine besondere Ausprägung des allgemeinen Rechtsschutzbedürfnisses dar. Es ist beim Vorliegen einer der folgenden drei Fallgruppen zu bejahen:[446]

➢ **Wiederholungsgefahr**: Diese liegt vor, wenn es möglich erscheint, dass es in absehbarer Zeit zu einer vergleichbaren Beeinträchtigung des Klägers kommt *und* die Behörde

---

[444] BVerwGE 109, 203, 209; *Hufen,* VwProzR, § 18 RN 55. A.A. *Kopp/Schenke,* VwGO, § 113 RN 127.

[445] Für die erstgenannte Ansicht: BVerwG, NVwZ 2000, 63, 64. Für die letztgenannte Ansicht: *Gersdorf,* VwProzR, RN 91.

[446] Zu beachten ist, dass die Fallgruppen nicht abschließend sind.

auch künftig an ihrer Position festhalten wird.[447] Eine allein theoretische Möglichkeit genügt nicht. Es müssen vielmehr konkrete Anhaltspunkte eine Widerholungsgefahr indizieren.

Beispiel: Eine Versammlung wird durch die zuständige Polizeibehörde verboten. Künftig sollen weitere Versammlungen in der Art der geplanten Veranstaltung durchgeführt werden. Hier bestehen konkrete Anhaltspunkte, dass es zu einer Wiederholung der Beeinträchtigung in absehbarer Zeit kommt. Insbesondere wird die Behörde bei gleicher Sachlage nicht von ihrer ursprünglichen Auffassung abweichen.

➢ **Rehabilitationsinteresse:** Ein solches ist vorhanden, wenn der Verwaltungsakt diskriminierend gewirkt hat (insbesondere mit einem schwerwiegenden Grundrechtseingriff verbunden war) und Nachwirkungen bestehen, die durch die gerichtliche Entscheidung ausgeglichen werden müssen.[448]

Beispiel: Bei einer besonders publikumswirksamen Identitätsfeststellung durch die Polizei wird Bürger B festgehalten, wobei auch einige Nachbarn des B zusehen. Hier ist das Rehabilitationsinteresse schon im Hinblick auf die schwere Grundrechtsbeeinträchtigung zu bejahen. Darüber hinaus werden auch negative Nachwirkungen zu bejahen sein mit Blick auf den Ruf des B in seiner Nachbarschaft.

➢ **Vorbereitung eines Schadensersatz- oder Entschädigungsprozesses:** Stellt ein Verwaltungsgericht die Rechtswidrigkeit eines Handelns fest, ist ein Zivilgericht in einem folgenden Schadensersatzprozess (etwa aufgrund Art. 34 GG i.V.m. § 839 BGB) an diese Entscheidung gebunden (§ 121 VwGO). Folgerichtig muss auch in Fällen, wenn jemand die Vorbereitung eines Folgeprozesses anstrebt, das Fortsetzungsfeststellungsinteresse bejaht

---

[447] *Gersdorf,* VwProzR, RN 95.
[448] Vgl. *Eyermann,* VwGO, § 113 RN 92. Liegt ein schwerwiegender Grundrechtseingriff vor, wird von der Rechtsprechung das Rehabilitationsinteresse auch dann bejaht, wenn keine Nachwirkungen mehr vorhanden sind.

werden. Einschränkungen erfährt diese Fallgruppe zum einen dahingehend, dass das Interesse zu verneinen ist, wenn der Folgeprozess offensichtlich aussichtslos ist.[449] Zum anderen ist das Fortsetzungsfeststellungsinteresse hier nur dann gegeben, wenn die Erledigung des Verwaltungsaktes *nach* Klageerhebung eingetreten ist, da andernfalls ein direkter Weg zum Zivilgericht prozessökonomischer wäre.[450]

b) Begründetheit

Formulierungsvorschlag: *Die Fortsetzungsfeststellungsklage ist begründet, wenn der Klagegegner passivlegitimiert, der erlassene, erledigte Verwaltungsakt rechtswidrig und der Kläger hierdurch in seinen Rechten verletzt gewesen ist (§ 113 I 4 VwGO (analog)). Oder: Die Fortsetzungsfeststellungsklage ist begründet, wenn der Klagegegner passivlegitimiert ist und der Kläger einen Anspruch auf den begehrten Verwaltungsakt hatte (§ 113 I 4 VwGO analog).*

Die Begründetheitsprüfung entspricht derjenigen der Ausgangsklage. Entsprechend kann auf die obigen Ausführungen zur Anfechtungs- bzw. Verpflichtungsklage verwiesen werden. Zu beachten ist, dass die Beurteilung des Verwaltungsaktes nicht vom gegenwärtigen Standpunkt aus vorgenommen wird. Bei einer Anfechtungsklage als Ausgangsklage wird vielmehr auf den Zeitpunkt der letzten Behördenentscheidung abgestellt. Ist die Ausgangsklage eine Verpflichtungsklage, ist der Zeitpunkt der Erledigung maßgebend.

Weiterführende Literatur
📖 **Erichsen**, Jura 1989, 49 (Grundlagenwissen)
📖 **Skript** Standardfälle Verwaltungsrecht AT, Fall 5

---

[449] BVerwG, NVwZ 1999, 404.
[450] *Kopp/Schenke,* VwGO, § 113 RN 136.

4. Die allgemeine Leistungsklage

Prüfungsschema allgemeine Leistungsklage

1. Zulässigkeit
   a) *(Deutsche Gerichtsbarkeit, §§ 18 f. GVG i.V.m. § 173 VwGO) (s.o.)*
   b) *(Ordnungsgemäße Klageerhebung, §§ 81 f. VwGO) (s.o.)*
   c) Eröffnung des Verwaltungsrechtsweges, § 40 I 1 VwGO (s.o.)
   d) Zuständigkeit des Gerichts, §§ 45 ff., 52 VwGO (s.o.)
   e) Statthafte Klageart
   f) Klagebefugnis
   g) Beteiligten- und Prozessfähigkeit, §§ 61 f. VwGO *(Postulationsfähigkeit, § 67 VwGO) (s.o.)*
   h) Allgemeines Rechtsschutzbedürfnis
2. Begründetheit
   a) Passivlegitimation
   b) Anspruchsgrundlage
   c) Anspruchsvoraussetzungen

---

a) Zulässigkeit

Vorab sei angemerkt, dass für die Zulässigkeit der allgemeinen Leistungsklage kein Vorverfahren durchgeführt und auch keine Klagefrist eingehalten werden muss.

aa) Statthaftigkeit

Die allgemeine Leistungsklage ist statthaft, wenn der Kläger eine Handlung, ein Dulden oder ein Unterlassen der Verwaltung begehrt, wobei das Begehren *nicht* auf den Erlass oder die Aufhebung eines Verwaltungsaktes gerichtet ist.

Beispiele: Begehren von Geldleistungen; Geltendmachung von Realakten (etwa Herausgabe von Akten etc.); Begehren der Unterlassung geschäftsschädigender Äußerungen; Begehren einer Einwirkung auf selbstständige öffentlichen Einrichtung zum Zwecke des Zugangs.

Einen besonderen Fall der allgemeinen Leistungsklage stellt die vorbeugende Unterlassungsklage dar. Diese ist auf die Abwehr eines drohenden Verwaltungshandelns gerichtet, wobei eine Rechtsverletzung bisher noch nicht eingetreten ist. Nach h.M. ist die allgemeine Leistungsklage in Form der vorbeugenden Unterlassungsklage statthaft.[451]

> **Achtung!** Begehrt der Kläger einen Realakt, ist immer daran zu denken, dass in einigen Fällen solchen Handlungen ein Verwaltungsakt vorauszugehen hat (etwa bei begehrten Subventionen) und somit die Verpflichtungsklage die statthafte Klageart ist!

bb) Klagebefugnis

Nach ganz h.M. ist auch bei der allgemeinen Leistungsklage die Klagebefugnis des Klägers analog § 42 II VwGO erforderlich.[452] Entsprechend ist auch hier die Möglichkeitstheorie (freilich nicht die Adressatentheorie!) heranzuziehen (s.o.).

> **Anmerkung:** In der Klausur sollte diese Streitfrage nur kurz angerissen werden, da es nahezu allgemeine Ansicht ist, § 42 II VwGO analog anzuwenden. Bei der Argumentation kann schlicht darauf abgestellt werden, dass das Rechtsschutzsystem der VwGO Popularklagen ausschließen will.

bb) Allgemeines Rechtsschutzbedürfnis

Neben den allgemeinen Anforderungen an das allgemeine Rechtsschutzbedürfnis (s.o.) ist bei der vorbeugenden Unterlassungsklage die Besonderheit zu beachten, dass ein qualifiziertes Rechtsschutzinteresse verlangt wird, wenn *vorbeugender*

---

[451] *Hufen*, VwProzR, § 16 RN 10 f.; *Gersdorf*, VwProzR, RN 102. A.A. *Schenke*, VwProzR, § 8 RN 355.
[452] Statt Vieler: *Kopp/Schenke*, VwGO, § 42 RN 62. A.A. *Erichsen*, Jura 1994, 385, 386. Siehe zur Klagebefugnis i.S.d. § 42 II VwGO oben S. 156.

Rechtsschutz im Zusammenhang mit Verwaltungs-akten begehrt wird (nicht bei Realakten).[453] Der Kläger muss in diesem Fall darlegen, dass ihm ein Abwarten, bis die Verwaltung eine entsprechende Maßnahme erlässt, nicht zugemutet werden kann. Eine solche Unzumutbarkeit liegt dann vor, wenn das Ab-warten zu irreparablen Schäden führt.[454] Kann dem Bürger auch im Wege des vorläufigen Rechtsschutzes nach den §§ 80, 47 VI oder § 123 VwGO geholfen werden, hat er in jedem Fall abzu-warten, bis die Maßnahme durch die Verwaltung getroffen wird.

Beispiel: V will in kurzer Zeit eine Versammlung abhalten, wobei die zuständige Polizeibehörde bereits angekündigt hat, diese Versammlung zu verbieten. Hier kann V im Wege des vorbeugenden Rechtsschutzes vorgehen, weil ein solches Verbot (kurz vor der geplanten Versammlung) den V vor vollendete Tatsachen stellen würde. Da die Versammlung in nicht allzu langer Zeit erfolgen soll, besteht insbesondere auch die Gefahr, dass selbst der vorläufige Rechtsschutz nach § 80 V VwGO zu spät kommen würde, um V die Möglichkeit zu erhalten, die Versammlung zum geplanten Termin durchzuführen.

b) Begründetheit

Formulierungsvorschlag: *Die allgemeine Leistungsklage ist begründet, wenn der Klagegegner passivlegitimiert ist und der Kläger einen Anspruch auf das begehrte Verwaltungshandeln hat.*

aa) Passivlegitimation

§ 78 VwGO gilt bei der allgemeinen Leistungsklage nicht (auch nicht analog). Stattdessen wird hier auf das Rechtsträgerprinzip abgestellt. Passivlegitimiert ist daher derjenige, gegen den das materielle Recht besteht.[455]

---

[453] Vgl. *Kopp/Schenke,* VwGO, Vorb § 40 RN 33 ff.
[454] OVG Berlin, NJW 1977, 2283.
[455] *Wolff/Decker,* VwGO/VwVfG, Anhang zu § 43 VwGO RN 25.

bb) Anspruch

Zu prüfen ist ferner, ob der Kläger einen Anspruch auf das begehrte Verwaltungshandeln hat. Hierzu ist zunächst die **Anspruchsgrundlage** zu ermitteln.

Beispiele für Anspruchsgrundlagen: Gesetz (einschließlich Verfassung, etwa Art. 3 GG oder öffentlich-rechtlicher Folgenbeseitigungsanspruch aus Art. 20 III GG); Verwaltungsakt; öffentlich-rechtlicher Vertrag; Zusage.

Anschließend sind die **Anspruchsvoraussetzungen**, d.h. die Merkmale der Anspruchsgrundlage, zu prüfen. Hierbei kann es notwendig werden (insb. bei einem öffentlich-rechtlichen Vertrag), die Wirksamkeit der Anspruchsgrundlage darzulegen.

Kommt der Behörde im Rahmen der Anspruchsgrundlage ein Beurteilungsspielraum zu (insb. Ermessen), kann es an der Spruchreife fehlen. Das Gericht hat dann gemäß § 113 V 2 VwGO analog ein Bescheidungsurteil zu erlassen.[456]

Anmerkung: Beurteilungszeitpunkt für die Frage, ob ein Anspruch besteht, ist ausnahmslos der Zeitpunkt der letzten mündlichen Verhandlung (d.h. der gegenwärtige Zeitpunkt). Alle Änderungen der Sach- oder Rechtslage sind somit zu berücksichtigen.

Weiterführende Literatur

📖 **Ehlers**, Jura 2006, 351 (Grundlagenwissen)
📖 **Erichsen**, Jura 1992, 384 (Grundlagenwissen)

---

[456] Siehe dazu oben S. 172. Vgl. auch *Hufen,* VwProzR, § 28 RN 18.

5. Die Feststellungsklage gemäß § 43 I VwGO

Die Feststellungsklage ist gemäß § 43 II VwGO im Verhältnis zu den anderen Klagearten subsidiär. Ihre Bedeutung ist daher vergleichsweise gering.

Prüfungsschema Feststellungsklage

1. Zulässigkeit
   a) *(Deutsche Gerichtsbarkeit, §§ 18 f. GVG i.V.m. § 173 VwGO) (s.o.)*
   b) *(Ordnungsgemäße Klageerhebung, §§ 81 f. VwGO) (s.o.)*
   c) Eröffnung des Verwaltungsrechtsweges, § 40 I 1 VwGO (s.o.)
   d) Zuständigkeit des Gerichts, §§ 45 ff., 52 VwGO (s.o.)
   e) Statthafte Klageart
   f) Klagebefugnis
   g) Beteiligten- und Prozessfähigkeit, §§ 61 f. VwGO *(Postulationsfähigkeit, § 67 VwGO) (s.o.)*
   h) Feststellungsinteresse
2. Begründetheit
   a) Passivlegitimation
   b) Bestehen bzw. Nichtbestehen des behaupteten Rechtsverhältnisses (oder: Nichtigkeit des Verwaltungsaktes)

---

a) Zulässigkeit

Ein Vorverfahren ist grundsätzlich nicht durchzuführen. Ebenso braucht grundsätzlich keine Klagefrist eingehalten zu werden. Eine Ausnahme findet sich in § 54 II BeamtStG.

aa) Statthaftigkeit

Mit der allgemeinen Feststellungsklage soll ein unklares Rechtsverhältnis verbindlich geklärt werden. Statthaft ist die Feststellungsklage, wenn ein feststellungsfähiges Rechtsverhältnis i.S.d. § 43 I VwGO gegeben und der Subsidiaritätsklausel nach § 43 II VwGO Genüge getan ist.

Unter einem **Rechtsverhältnis** i.S.d. Feststellungsklage versteht man die sich aus einem konkreten Sachverhalt aufgrund einer Rechtsnorm ergebenden rechtlichen Beziehungen einer Person zu einer anderen Person oder zu einer Sache.[457] Es geht daher um die Frage, ob der Bürger bestimmte Rechte oder Pflichten hat bzw. ob die Verwaltung auf eine bestimmte Art und Weise vorgehen darf. Wichtig ist, dass es sich immer um konkrete Rechtsverhältnisse handeln muss. Abstrakte Rechtsfragen können daher nicht im Wege der Feststellungsklage beantwortet werden.

Beispiel: Nach der Hundesteuersatzung der Gemeinde G haben die Besitzer der lieblichen Vierbeiner Hundesteuer zu bezahlen. Bürger B hat keinen Hund, würde aber gerne gerichtlich die Frage klären lassen, ob wirklich jeder Hundebesitzer dieser Pflicht unterliegt. Bei dieser Frage handelt es sich um eine abstrakte Rechtsfrage, weswegen die Feststellungsklage unstatthaft wäre. Anders müsste der Fall beurteilt werden, wenn B selbst Hundebesitzer wäre und hätte klären wollen, ob er aufgrund der Satzung zur Zahlung verpflichtet ist.

§ 43 I VwGO nennt ausdrücklich die Statthaftigkeit der Feststellungsklage auf Nichtigkeit eines Verwaltungsaktes. Alternativ hat der Betroffene hier auch die Option der Anfechtungsklage.[458]

Zu beachten ist, dass die Gültigkeit von Normen gemäß § 43 II VwGO im Hinblick auf § 47 VwGO *nicht* Gegenstand der Feststellungsklage sein kann. Allenfalls die Feststellung des Bestehens oder Nichtbestehens von Rechten und Pflichten, die aus einer Norm resultieren (bspw. weil diese nichtig ist), kann festgestellt werden (siehe Bsp. zuvor).[459]

Gegenstand der Feststellungsklage kann insbesondere keine Tatsachenfrage sein, es muss sich um eine *rechtliche Beziehung* handeln.

---

[457] *Wolff/Decker*, VwGO/VwVfG, § 43 VwGO RN 6.
[458] Siehe oben S. 151. Dazu auch *Kopp/Schenke*, VwGO, § 43 RN 20.
[459] Siehe *Wolff/Decker*, VwGO/VwVfG, § 43 VwGO RN 9 m.w.N.

Beispiel: Heinz hat eine Ordnungsverfügung erhalten, nach der er aufgefordert wird, Fässer von seinem Grundstück zu entfernen, weil diese angeblich auslaufen und den Boden kontaminieren. Heinz will auf Feststellung klagen, dass die Fässer nicht auslaufen. Dies ist allerdings eine
Tatsachenfrage. Die Feststellungsklage wäre daher nicht statthaft. Heinz
könnte allenfalls auf Feststellung klagen, dass von der Ordnungsverfügung keine Pflichten für ihn ausgehen. Allerdings wäre im Hinblick
auf eine Anfechtungsklage § 43 II VwGO zu beachten.

Die Feststellungsklage ist gemäß § 43 II 1 VwGO unstatthaft,
wenn der Bürger seine Rechte auch im Wege der anderen Klagearten verfolgen kann (**Subsidiarität**).[460] Dies gilt nach § 43 II 2
VwGO nicht bei Feststellung auf Nichtigkeit eines Verwaltungsaktes. Durch die Subsidiaritätsklausel soll verhindert werden, dass
die Gerichte doppelt bemüht werden müssen, da u.U. einmal
Klage erhoben würde auf Feststellung des Rechtverhältnisses und
ein zweites Mal darauf, dass dieses Rechtsverhältnis auch um-
gesetzt wird (wenn sich im Anschluss der Verpflichtete weigert,
der Verpflichtung nachzukommen). Im Hinblick auf diesen Zweck
werden **Ausnahmen** vom Subsidiaritätsgrundsatz in solchen
Fällen gemacht, in welchen die Feststellungsklage gegenüber den
anderen Klagearten rechtsschutzintensiver ist.

Beispiel: Wenn eine Behörde immer wieder die Möglichkeit hat, einen
Verwaltungsakt (bspw. einen Abgabenbescheid) zu erlassen, den sie
zuvor schon einmal erlassen hat, müsste immer wieder Anfechtungsklage
gegen den jeweils neuen Bescheid erhoben werden. Hier kann eine endgültige Klärung nur durch die Feststellungsklage erreicht werden.

Die Rechtsprechung vertritt darüber hinaus eine weitere Ausnahme dergestalt, dass § 43 II 1 VwGO dann keine Anwendung
findet, wenn sich die Feststellungsklage gegen die Verwaltung
richtet.[461] Begründet wird dies mit dem Argument, dass der Staat
auch einem bloßen Feststellungsurteil („freiwillig") nachkommen

---

[460] Teilweise wird die Subsidiarität auch als eigener Prüfungspunkt im Prüfungsaufbau dargestellt. Wo dieser Punkt eruiert wird, ist für die Klausur unerheblich.
[461] BVerwG, NJW 2000, 3584, 3584 f.

würde (sog. Ehrenmanntheorie). Dem ist jedoch mit der h.L. entgegenzutreten.[462] Die von der Rechtsprechung postulierte Ausnahme läuft nicht nur dem Wortlaut des § 43 II 1 VwGO zuwider, sondern würde die Vorschrift praktisch überflüssig machen.

bb) Klagebefugnis

Strittig ist, ob die Zulässigkeit der Feststellungsklage die Klagebefugnis des Klägers analog § 42 II VwGO erfordert. Wie bei der allgemeinen Leistungsklage bejaht zumindest eine Ansicht eine analoge Anwendung des § 42 II VwGO mit dem Verweis auf den Ausschluss von Popularklagen.[463] Hiernach ist die Möglichkeitstheorie heranzuziehen (s.o.). Die Gegenansicht verweist auf den Prüfungspunkt „Feststellungsinteresse", der die Klagebefugnis überflüssig machen soll.

cc) Feststellungsinteresse

Der Kläger muss nach § 43 I HS. 2 ein berechtigtes Interesse an der baldigen Feststellung haben (Feststellungsinteresse). Relevant sind hier rechtliche, wirtschaftliche oder ideelle Interessen.

Beispiele: Der Kläger befürchtet rechtliche Schritte oder Sanktionen; Gefahr konkreter wirtschaftlicher Verluste; Wiederholungsgefahr, Rehabilitationsinteresse und Vorbereitung eines Schadensersatzprozesses (wie bei der Fortsetzungsfeststellungsklage).

b) Begründetheit

Formulierungsvorschlag: *Die allgemeine Feststellungsklage ist begründet, wenn der Klagegegner passivlegitimiert ist und das Rechtsverhältnis entsprechend der Behauptung des Klägers besteht oder nicht besteht (bzw. der Verwaltungsakt nichtig ist).*

---

[462] Siehe dazu *Kopp/Schenke,* VwGO, § 43 RN 28; *Hufen,* VwProzR, § 18 RN 6.
[463] BVerwG, NVwZ 1991, 470, 471; *Brüning,* JuS 2004, 882, 884. A.A. *Kopp/Schenke,* VwGO, § 42 RN 63; *Gersdorf,* VwProzR, RN 120.

aa) Passivlegitimation

Wie bei der allgemeinen Leistungsklage bestimmt sich die Passivlegitimation hier nicht nach § 78 VwGO (analog) sondern nach dem Rechtsträgerprinzip (s.o.). Klagegegner ist der Rechtsträger, dem gegenüber das Rechtsverhältnis festzustellen ist.

bb) Bestehen/Nichtbestehen des Rechtsverhältnisses

Hier ist zu überprüfen, ob das Rechtsverhältnis wie vom Kläger behauptet besteht bzw. nicht besteht. Hierzu sind die entsprechenden Normen heranzuziehen und zu prüfen. U.U. muss auch die Rechtsgrundlage für das Rechtsverhältnis auf seine Wirksamkeit hin überprüft werden.

Beispiel: Eine Pflicht des Bürgers B beruht auf einer Satzung. B will festgestellt haben, dass diese Pflicht nicht besteht. Hier wäre inzident zunächst die Wirksamkeit (Rechtmäßigkeit) der Satzung zu prüfen. Im Anschluss daran müsste man sich Gedanken über die Erfüllung der Tatbestandsvoraussetzungen der Satzungsnorm machen.

Anmerkung: Der **Zeitpunkt** für die Beurteilung des Rechtsverhältnisses hängt von der Art des Rechtsverhältnisses ab. Hierbei ist maßgeblich, ob es sich um ein vergangenes, gegenwärtiges oder künftiges Rechtsverhältnis handelt.

Weiterführende Literatur
📖 **Ehlers**, Jura 2007, 179 (Grundlagenwissen)
📖 **Skript** Standardfälle Verwaltungsrecht AT, Fall 10

6. Die abstrakte Normenkontrolle gemäß § 47 VwGO

Die Verwaltungsgerichte haben die Kompetenz, *untergesetzliche* Normen, auf die es in einem konkreten Verfahren ankommt, auf ihre Vereinbarkeit mit höherrangigem Recht zu kontrollieren und deren Gültigkeit zu verwerfen (Inzidentkontrolle). § 47 VwGO eröffnet darüber hinaus die Möglichkeit, bestimmte untergesetzliche Normen auch dann auf ihre Rechtmäßigkeit zu überprüfen, wenn sie nicht für den Ausgang eines *konkreten* Rechtsstreits maßgebend sind (abstrakte Normenkontrolle).

Prüfungsschema Normenkontrollverfahren

1. Zulässigkeit
   a) *(Deutsche Gerichtsbarkeit, §§ 18 f. GVG i.V.m. § 173 VwGO) (s.o.)*
   b) *(Ordnungsgemäße Antragsstellung, §§ 81 f. VwGO analog) (s.o.)*
   c) Eröffnung des Verwaltungsrechtsweges, § 40 I 1 VwGO (s.o.)
   d) Zuständigkeit des Gerichts, § 47 I VwGO
   e) Statthaftigkeit des Normenkontrollantrags
   f) Antragsbefugnis
   g) Beteiligten- und Prozessfähigkeit, § 47 II VwGO
      (Postulationsfähigkeit, § 67 VwGO) (s.o.)
   h) Allgemeines Rechtsschutzbedürfnis
2. Begründetheit
   a) Passivlegitimation, § 47 II 2 VwGO
   b) Rechtsgrundlage für die Rechtsnorm
   c) Formelle Rechtmäßigkeit
   d) Materielle Rechtmäßigkeit

a) Zulässigkeit

aa) Zuständigkeit des Gerichts

Zuständiges Gericht ist gemäß § 47 I VwGO das OVG.[464]

bb) Statthaftigkeit

Der Normenkontrollantrag[465] ist zum einen gemäß **§ 47 I Nr. 1 VwGO** statthaft, wenn die Gültigkeit einer Satzung, die nach dem BauGB erlassen wurde, oder einer Rechtsverordnung nach § 246 II BauGB in Frage steht.

Beispiele: § 10 BauGB (!); §§ 16 I, 14 BauGB; § 132 BauGB; § 142 BauGB; § 172 BauGB.

Zum anderen ist die Statthaftigkeit nach **§ 47 I Nr. 2 VwGO** gegen jede unter dem Landesgesetz stehende Rechtsvorschrift gegeben, wenn das Landesrecht dies bestimmt.[466] Rechtsvorschrift ist dabei jede untergesetzliche *Landes*norm, die bereits erlassen worden ist.

Anmerkung: Umstritten ist, ob es sich inhaltlich (materiell) um ein Gesetz handeln muss, oder ob es auf die äußere Form ankommt (formell).[467]

---

[464] In einigen Bundesländern trägt das OVG die Bezeichnung „Verwaltungsgerichtshof" (VGH), vgl. dazu § 184 VwGO. Vergewissern Sie sich, dass Sie die in Ihrem Bundesland richtige Terminologie verwenden!

[465] Achten Sie auf die richtigen Begrifflichkeiten: Es wird nicht von einer *Klage* gesprochen, sondern von einem *Antrag*. Daher auch „Antragsbefugnis" anstatt „Klagebefugnis" etc. (andererseits: *Detterbeck*, AT, § 30 RN 1406).

[466] Folgende Länder haben entsprechende Vorschriften erlassen: Baden-Württemberg: § 4 AGVwGO; Bayern: Art. 5 AGVwGO; Brandenburg: § 4 VwGG; Bremen: Art. 7 AGVwGO; Hessen: § 15 I AGVwGO; Mecklenburg-Vorpommern: § 13 AGGerStrG; Niedersachsen: § 7 VwGG; Rheinland-Pfalz: § 4 AGVwGO; Saarland § 18 AGVwGO; Sachsen: § 24 JG; Sachsen-Anhalt: § 10 AGVwGO; Schleswig-Holstein: § 5 AGVwGO; Thüringen: § 4 AGVwGO. In allen anderen Ländern ist ein abstrakte Normenkontrolle nach § 47 I Nr. 2 VwGO nicht statthaft, wohl aber eine inzidente.

[467] Vgl. dazu *Kopp/Schenke*, VwGO, § 47 RN 27 m.w.N.

> **Beispiel:** Wird eine Maßnahme als Rechtsverordnung erlassen, die inhaltlich allerdings eine Allgemeinverfügung (d.h. einen Verwaltungsakt) darstellt, stellt sich die Frage, ob der Antrag nach § 47 I Nr. 2 VwGO statthaft ist. Die Ansichten kommen hier zu unterschiedlichen Ergebnissen.

Untergesetzlich ist eine Norm, wenn sie nicht vom Parlament erlassen worden ist, d.h. kein formelles Gesetz ist (bspw. Satzungen, Rechtsverordnungen; Geschäftsordnungen von Gemeindevertretungen; nicht: Verwaltungsvorschriften[468]).

cc) Antragsbefugnis

Antragsbefugt ist nach § 47 II 1 VwGO jeder, der geltend macht, in *eigenen* Rechten *verletzt* zu sein oder in absehbarer Zeit *verletzt zu werden*. Wie bei den oben genannten Klagearten hat hier die Möglichkeitstheorie Anwendung zu finden (s.o.). Ausreichend ist indes, dass der Antragsteller in absehbarer Zeit in eigenen Rechten verletzt werden könnte.

Beispiel: Michael füttert oft und mit Begeisterung die Tauben im Park. Eines Tages wird eine Satzung erlassen, die ein entsprechendes Füttern verbietet. Michael kann schon nach Erlass der Satzung gegen diese vorgehen, da er in absehbarer Zeit (wenn er die Tauben wieder füttern will) in seinen Rechten verletzt werden könnte.

Beispiel: Die Antragsbefugnis ist auch gegeben, wenn sich jemand mit der Begründung gegen einen Bebauungsplan wendet, dass bei der Abwägung nach § 1 VII BauGB seine privaten Belange nicht ausreichend gewürdigt worden sind.[469]

Antragsbefugt sind nach § 47 II 1 HS 2 VwGO auch **Behörden**. Diese wurden deswegen aufgenommen, weil sie, im Gegensatz zu den Gerichten, keine Verwerfungskompetenz für untergesetzliche Normen haben. Eine mögliche Verletzung von Rechten muss hier *nicht* gegeben sein. Einschränkend wird aber verlangt, dass nur

---

[468] Str., vgl. *Kopp/Schenke*, VwGO, § 47 RN 29.
[469] Vgl. bei Bebauungsplänen aber § 47 IIa VwGO.

solche Behörden antragsbefugt sind, die die Rechtsvorschrift in irgendeiner Form auszuführen haben.[470]

Die Stellung des Normenkontrollantrags ist, sowohl für Behörden, als auch für natürliche und juristische Personen, nur **befristet**[471] möglich; nämlich nach § 47 II 1 VwGO innerhalb eines Jahres nach Bekanntmachung.[472]

Umstritten ist, ob diese Frist in allen Fällen Anwendung finden muss, oder ob unter verfassungsrechtlichen Aspekten (Art. 19 IV 1 GG) bestimmte Fälle ausgenommen werden müssen. Zu denken ist hier zum einen an den Fall, dass jemand im ersten Jahr nicht durch die Norm beeinträchtigt war, zum anderen an den Fall, dass die Norm durch eine Veränderung der Umstände erst nach einem Jahr rechtswidrig geworden ist.

Beispiel: Der Taubenfütterer Michael zieht in eine andere Stadt, in der das Taubenfüttern durch eine Satzung verboten ist. Das Regelungswerk existiert jedoch bereits seit fünf Jahren.

Beispiel: Ein vor zehn Jahren erlassener Bebauungsplan (=Satzung) spiegelt mittlerweile nicht mehr die tatsächlichen baulichen Verhältnisse wider. Die im Bebauungsplan festgehalten Abwägungsentscheidungen, die zum damaligen Zeitpunkt getroffen wurden, sind vom jetzigen Standpunkt aus gesehen rechtswidrig.

---

[470] VGH Baden-Württemberg, VBlBW 1999, 67, 67 f.; *Wolff/Decker,* VwGO/VwVfG, § 47 VwGO RN 45.
[471] Zur Berechnung der Frist siehe oben S. 163 f.
[472] Zu beachten ist, dass die Frist nicht bei einer Inzidentkontrolle außerhalb des § 47 VwGO (wenn die Rechtmäßigkeit der Norm nur eine Vorfrage für das Gericht darstellt) gilt, da hier § 47 VwGO keine Anwendung findet. Ferner muss berücksichtigt werden, dass § 60 VwGO keine Anwendung findet.

Zur Lösung der vorgenannten Problematik haben sich drei Meinungen herauskristallisiert:

- Eine Ansicht wendet die Fristenregelung unverändert an und verweist auf eine mögliche Inzidentkontrolle.[473]
- Die Gegenansicht will demgegenüber die Frist überhaupt nicht anwenden.[474]
- Eine vermittelnde Ansicht verschiebt den Beginn des Fristenlaufs auf den Zeitpunkt, in dem jemand zum ersten Mal von der Vorschrift in seinen Rechten beeinträchtigt wird bzw. in dem die Rechtswidrigkeit der Vorschrift erstmals eintritt.

dd) Beteiligten- und Prozessfähigkeit

Beteiligtenfähig sind nach **§ 47 II 1 VwGO** natürliche und juristische Personen sowie Behörden. Die Prozessfähigkeit richtet sich – wie gewohnt – nach § 62 VwGO.

ee) Allgemeines Rechtsschutzbedürfnis

Das allgemeine Rechtsschutzbedürfnis ist nicht deshalb zu verneinen, weil auch eine Inzidentkontrolle möglich wäre. Es fehlt allerdings, wenn eine aufgrund der Norm erlassene Maßnahme, die die Rechte des Antragsstellers verletzt, nicht mehr rückgängig gemacht werden kann.[475]

Beispiel: Taubenfütterer Michael hat aufgrund der Taubensatzung einen Verwaltungsakt erhalten, in welchem ihm ausdrücklich untersagt wird, Tauben zu füttern. Michael lässt die Rechtsbehelfsfristen gegen den Verwaltungsakt verstreichen, so dass dieser bestandskräftig wird. Hier fehlt das Rechtsschutzbedürfnis, weil Michael durch einen erfolgreichen Normenkontrollantrag nicht besser stehen würde.

---

[473] *Eyermann*, VwGO, § 47 RN 74.
[474] *Kopp/Schenke*, VwGO, § 47 RN 84 f.
[475] Kritisch: *Hufen*, VwProzR, § 10 RN 37.

Das Rechtsschutzbedürfnis entfällt *nicht*, wenn neben einer Anfechtungsklage gegen einen aufgrund der Rechtsnorm erlassenen Verwaltungsakt zusätzlich ein Antrag nach § 47 VwGO gestellt wird.

b) Begründetheit

Formulierungsvorschlag: *Der Normenkontrollantrag ist begründet, wenn der Antragsgegner passivlegitimiert ist und die angegangene Rechtsnorm gegen höherrangiges Recht verstößt.*

aa) Passivlegitimation

Nach § 47 II 2 VwGO ist der Antrag gegen die Körperschaft, Anstalt oder Stiftung zu richten, welche die Rechtsvorschrift erlassen hat (Rechtsträgerprinzip).[476]

bb) Verstoß gegen höherrangiges Recht

Die untergesetzliche Norm müsste gegen höherrangiges Recht verstoßen. Die Untergliederung dieses Prüfungspunktes erfolgt – wie sonst auch – in die Punkte Ermächtigungsgrundlage, formelle und materielle Rechtmäßigkeit.

Im Hinblick auf den Grundsatz des Vorbehalts des Gesetzes, ist ein Verstoß gegen höherrangiges Recht zu bejahen, wenn eine **Ermächtigungsgrundlage** fehlt. Zunächst ist daher die einschlägige Grundlage festzustellen.

Sodann ist nach der Einhaltung der **formellen Erfordernisse** beim Erlass der Norm zu fragen. Hierzu gehören insbesondere die Zuständigkeit zum Erlass der Norm sowie Verfahren und Form.[477]

---

[476] Die Norm gleicht § 78 I Nr. 1 VwGO, insoweit kann daher auf S. 165 f. verwiesen werden.
[477] Die rechtlichen Maßstäbe für die formelle Rechtmäßigkeit ergeben sich regelmäßig aus dem Gesetz, das die Ermächtigungsgrundlage enthält.

Im Rahmen der **materiellen Rechtmäßigkeit** ist jeder andere Verstoß gegen höherrangiges Recht zu prüfen. Prüfungsmaßstab ist das gesamte Verfassungsrecht, Bundesrecht und Landesrecht (inkl. Landesverfassungsrecht). Insbesondere ist hier zu erörtern, ob die Voraussetzungen der Ermächtigungsgrundlage erfüllt sind. Zu denken ist zudem an den verfassungsrechtlich verankerten Verhältnismäßigkeitsgrundsatz.

Eine Überprüfung anhand des Landesverfassungsrechts wird gemäß § 47 III VwGO jedoch nicht durch das OVG vorgenommen, wenn das jeweilige Landesrecht (formelles Gesetz oder Verfassungsrecht) eine *ausschließliche* Prüfung durch das Landesverfassungsgericht vorsieht.[478]

Anmerkung: Maßgeblich für die Frage, ob die streitgegenständliche Norm gegen höherrangiges Recht verstößt, ist immer der **Zeitpunkt** der letzten mündlichen Verhandlung (d.h. der gegenwärtige Zeitpunkt).[479]

Weiterführende Literatur

📖 **Ehlers**, Jura 2005, 171 (Grundlagenwissen)
📖 **Kintz**, JuS 2000, 1099 (Grundlagenwissen)

---

[478] Entsprechende Vorschriften existieren in folgenden Ländern: Bayern: Art. 98 S. 4 LVerf (str.); Hessen: Art. 132 LVerf.
[479] *Hufen*, VwProzR, § 24 RN 17.

C. Das Widerspruchsverfahren

Die Erhebung der Anfechtungsklage und der Verpflichtungsklage setzen die Durchführung eines Widerspruchsverfahrens i.S.d. §§ 68 ff. VwGO voraus. Das Widerspruchsverfahren ist kein Verfahren vor einem Gericht. Vielmehr ist es ein zeitlich *vor* dem Gerichtsverfahren angesiedeltes behördliches Verfahren, in welchem eine Behörde (nach Einlegung des Widerspruchs) die ursprünglich behördlich getroffene Entscheidung nochmals überprüft. Das Widerspruchsverfahren dient somit der *Entlastung der Gerichte*, der *Selbstkontrolle der Verwaltung* und dem *Rechtsschutz des Bürgers*, da dieser eine zusätzliche Beschwerdemöglichkeit erhält.

Anmerkung: In einem Klausursachverhalt wird i.d.R. eine Anmerkung dergestalt gemacht, dass das Widerspruchsverfahren (auch Vorverfahren genannt) erfolglos durchgeführt worden ist. Gegenstand der Klausur ist dann lediglich eine der oben genannten Klagearten, nicht jedoch das Widerspruchsverfahren an sich.

Es kommt allerdings vor – wenn auch eher selten –[480] dass das Widerspruchsverfahren selbst zum Gegenstand einer Klausur gemacht wird. Die Fallfrage könnte dann wie folgt lauten:

Wie wird die Behörde über den eingelegten Widerspruch des X entscheiden?

In einer solchen Fallkonstellation sind die Erfolgsaussichten (d.h. Zulässigkeit und Begründetheit) des eingelegten Widerspruchs entsprechend dem nachfolgenden Schema zu prüfen.

---

[480] Dies könnte mit der immer geringeren praktischen Bedeutung des Widerspruchsverfahrens zusammenhängen. Teilweise wird sogar über die Abschaffung des Widerspruchsverfahrens nachgedacht, das in vielen Fällen bereits heute **entbehrlich** ist, vgl. Fn. 409 auf Seite 160!

Prüfungsschema: Widerspruchsverfahren

1. Zulässigkeit
   a) *(Deutsche Gerichtsbarkeit, §§ 18 f. GVG i.V.m. § 173 VwGO)*
      (s.o.)
   b) Eröffnung des Verwaltungsrechtsweges, § 40 I VwGO analog
      (s.o.)
   c) Statthaftigkeit des Widerspruchs
   d) Widerspruchsbefugnis, § 42 II VwGO analog
   e) Form und Frist, §§ 70 ff. VwGO
   f) Zuständige Behörde, § 73 VwGO
   g) Beteiligten- und Handlungsfähigkeit, § 79 i.V.m.
      §§ 11, 12 VwVfG
   h) Widerspruchsinteresse
2. Begründetheit
   a) Rechtsgrundlage/Anspruchsgrundlage
   b) Formelle Rechtmäßigkeit
   c) Materielle Rechtmäßigkeit
   d) Rechtsverletzung beim Widerspruchsführer
   e) Zweckwidrigkeit

I. Zulässigkeit

a) Statthaftigkeit des Widerspruchs

Ein Widerspruch ist statthaft, wenn er sich gegen einen Verwaltungsakt richtet (§ 68 I 1 VwGO; sog. Anfechtungswiderspruch) oder gegen die Ablehnung eines beantragten Verwaltungsaktes (§ 68 II VwGO; sog. Verpflichtungswiderspruch). Im Fall des Anfechtungswiderspruchs muss der Verwaltungsakt bereits vorliegen, ein vorbeugender Widerspruch gegen einen künftigen Verwaltungsakt ist unstatthaft.[481]

---

[481] BVerwGE 25, 20, 21; OVG Nordrhein-Westfalen, DVBl. 1996, 115.

Unstatthaft ist ein Widerspruch ferner in den in § 68 I 2 VwGO geregelten Fällen.[482] Hingegen ist die Statthaftigkeit in den von der Rechtsprechung entwickelten Fällen der Entbehrlichkeit[483] des Vorverfahrens gegeben. In diesen Fällen ist ein Widerspruch zwar nicht erforderlich, *kann* aber eingelegt werden.

Umstritten ist, ob ein Widerspruch auch im Vorfeld von Fortsetzungsfeststellungsklagen analog § 68 I 1 VwGO statthaft ist. Die h.M. verneint eine solche Statthaftigkeit.[484] Hierfür spricht, dass nach Erledigung des Verwaltungsaktes keine Korrekturen mehr vorgenommen werden können.

Beispiel: Bürger Basti bekommt von einem Polizeivollzugsbeamten einen Platzverweis ausgesprochen, demzufolge er den Marktplatz seiner Heimatgemeinde bis zum Ablauf des Tages nicht mehr betreten darf. Am nächsten Tag will Basti Widerspruch gegen die Maßnahme des Polizeibeamten einlegen. Nach h.M. ist der Widerspruch unstatthaft. Basti müsste direkt Fortsetzungsfeststellungsklage erheben.

b) Widerspruchsbefugnis

Im Rahmen der Widerspruchsbefugnis findet § 42 II VwGO analog Anwendung.[485] Das Widerspruchsverfahren weist an dieser Stelle allerdings eine Besonderheit auf. Da gemäß § 68 I 1 VwGO sowohl die Rechtmäßigkeit als auch die *Zweckmäßigkeit* des Verwaltungsaktes geprüft werden, muss der Antragsteller nicht notwendigerweise eine Verletzung seiner Rechte geltend machen. Es reicht vielmehr aus, dass er bei *Ermessens*verwaltungsakten ausführt, der Verwaltungsakt sei unzweckmäßig und beeinträchtige seine rechtlich geschützten Interessen.[486]

---

[482] Dazu oben S. 160.
[483] Dazu oben S. 160 f.
[484] OVG Koblenz, NJW 1982, 1301, 1302; *Würtenberger,* VwProzR, § 23 RN 358. A.A. *Pietzner/Ronellenfitsch,* Das Assessorexamen im Öffentlichen Recht, § 31 RN 30.
[485] Entsprechend kann auf das oben zur Anfechtungs- bzw. Verpflichtungsklage Ausgeführte verwiesen werden.
[486] Hiermit sind nicht die im obigen Teil („Allgemeines Verwaltungsrecht") beschriebenen Ermessensfehler gemeint. Liegt ein Ermessensfehler vor, ist der Verwal-

c) Form und Frist

Gemäß § 70 I 1 VwGO muss der Widerspruch schriftlich oder zur Niederschrift der Behörde, die den Verwaltungsakt erlassen hat, erklärt worden sein. Der Widerspruch hat zudem **innerhalb eines Monats** nach Bekanntgabe des Verwaltungsaktes zu erfolgen. Fehlt eine ordnungsgemäße Rechtsbehelfsbelehrung, verlängert sich die Frist nach § 70 II i.V.m. § 58 II VwGO auf ein Jahr.[487]

Anmerkung: Wurde die Widerspruchsfrist versäumt, ist über eine Wiedereinsetzung in der vorigen Stand gemäß §§ 70 II i.V.m. 60 I-IV VwGO nachzudenken (lesen!).

d) Zuständige Behörde

Der Widerspruch muss bei der zuständigen Behörde erhoben werden. Dies kann entweder die Ausgangsbehörde (§ 70 I 1 VwGO) oder die Widerspruchsbehörde (§ 70 I 2 VwGO) sein. Wer Widerspruchsbehörde ist, wird in § 73 I 2, II VwGO geregelt.

e) Beteiligten- und Handlungsfähigkeit

Die Beteiligtenfähigkeit richtet sich nach § 79 VwVfG i.V.m. § 11 VwVfG und entspricht grundsätzlich derjenigen nach § 61 VwGO. Der einzige Unterschied findet sich in § 11 Nr. 3 VwVfG, nach welchem Behörden uneingeschränkt beteiligtenfähig sind.

Die Handlungsfähigkeit des Widerspruchsführers bestimmt sich nach § 79 VwVfG i.V.m. § 12 VwVfG. Diese ist im Wesentlichen mit der Prozessfähigkeit nach § 62 VwGO identisch.

---

tungsakt rechtswidrig und nicht unzweckmäßig. Die Kontrolle der Zweckmäßigkeit meint vielmehr die Kontrolle desjenigen Bereichs der Ermessensausübung, der nicht der Kontrolle der Verwaltungsgerichte unterliegt. Hier wird gefragt, ob der eröffnete Spielraum der Ausgangsbehörde entsprechend dem Zweck der Ermessensnorm ausgeübt wurde oder nicht.

[487] Zur Fristenberechnung und der ordnungsgemäßen Rechtsbehelfsbelehrung siehe oben S. 162 f.

200

f) Widerspruchsinteresse

Das Widerspruchsinteresse entspricht dem allgemeinen Rechtschutzbedürfnis. Das Widerspruchsinteresse ist daher zu verneinen, wenn es einen einfacheren, schnelleren, aber ebenso wirksamen Weg gibt, das mit dem Widerspruch erstrebte Ziel zu erreichen (s.o.).

II.   Begründetheit

Im Widerspruchsverfahren wird nicht allein die Rechtmäßigkeit des Verwaltungsaktes bzw. der Ablehnung des Verwaltungsaktes geprüft, sondern gemäß § 68 I 1 VwGO bei Ermessensverwaltungsakten auch deren Zweckmäßigkeit. Im Übrigen entspricht der Aufbau demjenigen der Anfechtungs- bzw. Verpflichtungsklage.

> **Formulierungsvorschlag:** *Der Widerspruch ist begründet, wenn der Verwaltungsakt (bzw. die Ablehnung des Verwaltungsaktes) rechtswidrig und der Widerspruchsführer hierdurch in seinen Rechten verletzt oder durch einen unzweckmäßigen Verwaltungsakt (bzw. unzweckmäßig abgelehnten Verwaltungsakt) in seinen rechtlich geschützten Interessen beeinträchtigt ist.*

a) Rechtsgrundlage/Anspruchsgrundlage

Erlässt eine Behörde einen Verwaltungsakt oder begehrt ein Bürger einen Verwaltungsakt, ist eine Rechtsgrundlage gemäß § 113 I 1 VwGO analog bzw. eine Anspruchsgrundlage nach § 113 V 1 VwGO analog erforderlich.[488]

---

[488] Siehe dazu auch die Ausführungen bei der Anfechtungs- bzw. Verpflichtungsklage!

b) Formelle und materielle Rechtmäßigkeit/Voraussetzungen

Auch im Rahmen der Rechtmäßigkeitsprüfung bzw. der Prüfung der Anspruchsvoraussetzungen ergeben sich keine Besonderheiten im Vergleich zur Anfechtungs- bzw. Verpflichtungsklage.[489] Aus § 79 I Nr. 1 VwGO (Einheit des vorgerichtlichen Verwaltungsverfahrens) folgt, dass für die Beurteilung der Rechtmäßigkeit des Verwaltungsaktes bzw. der Anspruchsvoraussetzungen der Zeitpunkt der letzten Behördenentscheidung maßgebend ist. Dies ist regelmäßig der Widerspruchsbescheid. Aus diesem Grunde sind von der Widerspruchsbehörde Änderungen hinsichtlich der Sach- oder Rechtslage zu berücksichtigen.

Beispiel: G hat eine gewerberechtliche Genehmigung beantragt, deren Voraussetzungen er allerdings nicht erfüllt. Die Genehmigung ist sodann auch folgerichtig von der Ausgangsbehörde abgelehnt worden. Nachdem G Widerspruch gegen die Ablehnung eingelegt hat, ändern sich die Tatsachen zu Gunsten des G dergestalt, dass G nun die Voraussetzungen für die Genehmigung erfüllt. Die Widerspruchsbehörde muss hier zu Gunsten des G entscheiden.

Anmerkung: Wie bereits ausgeführt, sind rechtswidrige untergesetzliche Rechtsvorschriften (Satzung, Verordnung) nichtig. Zu beachten ist allerdings, dass die Behörden im Gegensatz zu den Gerichten keine Verwerfungskompetenz im Hinblick auf rechtswidrige untergesetzliche Normen haben (Art. 20 III GG). Aus diesem Grund können sich die Behörden über eine („eigentlich") nichtige Norm nicht hinwegsetzen. Die Nichtigkeit muss erst im verwaltungsgerichtlichen Verfahren festgestellt werden. Für die Klausur bedeutet dies, dass Sie zwar die Rechtswidrigkeit der Norm festzustellen haben, dann jedoch darauf hinweisen sollten, dass diese die Behörde bindet und ein Normenkontrollverfahren (§ 47 VwGO) angestrebt werden müsste.

---

[489] Es ist somit eine vollständige Rechtmäßigkeitsprüfung bzw. Prüfung der Anspruchsvoraussetzungen durchzuführen.

c) Rechtsverletzung beim Widerspruchsführer

Der Widerspruchsführer müsste durch den rechtswidrigen Verwaltungsakt bzw. die rechtswidrige Verwehrung des Verwaltungsaktes in *seinen* Rechten verletzt sein. Dies ist in der Regel nur bei Fällen problematisch, an denen Dritte beteiligt sind. Hier ist die bereits angesprochene Schutznormtheorie heranzuziehen (s.o.).

Beispiel: B hat eine Baugenehmigung erhalten. Sein Nachbar N legt Widerspruch gegen den Verwaltungsakt ein. Hier ist fraglich ob N durch die Baugenehmigung in seinen Rechten verletzt ist. Dies wäre nur der Fall, wenn N sich auf drittschützende Normen berufen könnte, die durch die Baugenehmigung rechtswidrig verletzt worden sind.

d) Zweckwidrigkeit

Die Zweckwidrigkeitsprüfung stellt – wie bereits ausgeführt – eine Besonderheit im Vergleich zu den verwaltungsgerichtlichen Klagen dar. Die Widerspruchsbehörde kann das bereits ausgeübte Ermessen hier *vollständig* neu ausüben.[490] Dabei werden Erwägungen dahingehend angestellt, mit welcher Maßnahme der Zweck der Ermessensnorm am besten erreicht werden kann. In diesem Zusammenhang kann auch die Wirtschaftlichkeit einer Maßnahme im Vergleich zu Alternativmaßnahmen eine Rolle spielen.

> **Anmerkung:** Der Sachverhalt wird im Rahmen der Klausur eher selten Anhaltspunkte für eine Zweckwidrigkeit der Verwaltungsmaßnahme enthalten. In diesem Fall genügt die Feststellung, dass das Ermessen – mangels entgegenstehender Anhaltspunkte – auch zweckmäßig ausgeübt wurde. Andernfalls ist argumentativ zu begründen, warum das Ermessen von der Ausgangsbehörde dem Zweck der Norm entsprechend besser hätte ausgeübt werden können.

---

[490] *Kopp/Schenke*, VwGO, § 68 RN 9. Eine Ausnahme ergibt sich im Kommunalrecht im Hinblick auf Verwaltungsakte von Selbstverwaltungskörperschaften (etwa Gemeinden) in weisungsfreien Angelegenheiten (Detterbeck, AT, § 30 RN 1371).

D. Vorläufiger Rechtsschutz

Mitunter kann es nach Klageerhebung viele Monate dauern, bis das Gericht dem Kläger zum angestrebten Erfolg verhilft. Im Einzelfall kann ein solcher Klageerfolg für den Beteiligten daher zu spät kommen, so dass die gerichtliche Entscheidung dem Betroffenen keinen Nutzen mehr bringt.

Beispiel: Bauherr Bruno beginnt ein Haus auf seinem Grundstück zu errichten, nachdem ihm eine rechtswidrige Baugenehmigung erteilt worden ist. Nachbar Norbert hat gegen die Baugenehmigung Anfechtungsklage erhoben. Bruno baut allerdings vorläufig weiter. Kann Bruno seinen Bau nahezu fertig stellen, bevor das Gericht die Baugenehmigung aufhebt, wird Norbert die Aufhebung der Baugenehmigung u.U. wenig nützen. Denn eine Abbruchverfügung kommt aufgrund des Verhältnismäßigkeitsgrundsatzes nur unter engen Voraussetzungen in Betracht.[491] Norbert würde daher möglicherweise vor vollendete Tatsachen gestellt.

Beispiel: Händler Harry beantragt eine Genehmigung, um auf dem Jahrmarkt in zwei Monaten einen Stand errichten zu dürfen. Der Antrag wird abschlägig beschieden. Eine von Harry erhobene Verpflichtungsklage würde erst in sechs Monaten verhandelt werden, d.h. Harry würde den Jahrmarkt versäumen.

Um einer Person in solchen und ähnlichen Fällen gleichwohl effektiven Rechtsschutz zu bieten, sieht das Gesetz den sog. vorläufigen Rechtsschutz vor. Hierdurch kann ein Rechtsschutzsuchender vorab einen Rechtszustand herstellen, der verhindert, dass eine behördliche Entscheidung schon vor der Gerichtsentscheidung irreversible Folgen herbeiführt. Für die Klausur sind zwei Arten des vorläufigen Rechtsschutzes relevant, § 80 V und § 123 VwGO.[492]

---

[491] Siehe dazu *Stollmann*, BauR, § 19 RN 32.
[492] Eine für die Klausur weniger große Rolle spielt § 47 VI VwGO (lesen!).

Anmerkung: Der vorläufige Rechtsschutz wird gerne in den sog. Anwaltsklausuren abgefragt. In diesen Fallkonstellationen entschließt sich ein Rechtsschutzsuchender, zum Anwalt zu gehen. Er hat allerdings aus bestimmten Gründen nicht ausreichend Zeit, um mehrere Monate auf ein Gerichtsurteil zu warten. Die Fallfrage kann dann etwa lauten: „Was wird der Anwalt seinem Mandanten raten?". In solcherart Fällen, in welchen die Entscheidung über das Klagebegehren keinerlei Aufschub duldet und die Fallfrage eine entsprechende Antwort zulässt, ist immer an den vorläufigen Rechtsschutz zu denken!

I.   § 80 V VwGO

§ 80 V VwGO bietet vorläufigen Rechtsschutz gegen Verwaltungsakte. Wird ein Verwaltungsakt wirksam bekannt gegeben, entfaltet dieser (sofern er nicht nichtig ist) Rechtswirkungen, d.h. er ist zu befolgen.

Von dieser grundsätzlichen Wirksamkeit eines Verwaltungsaktes macht **§ 80 I VwGO** eine Ausnahme, indem er im Fall eines Widerspruchs oder der Erhebung der Anfechtungsklage eine **aufschiebende Wirkung** des Verwaltungsaktes anordnet, d.h. der Verwaltungsakt muss zunächst nicht befolgt werden.[493]

Beispiel: Eine Genehmigung wird von einer Behörde gemäß § 49 II 1 VwVfG widerrufen. Der Genehmigungsinhaber legt Widerspruch gegen den Widerruf ein. Nach § 80 I VwGO wird die Wirkung des Widerrufs suspendiert. Der Genehmigungsinhaber kann daher zunächst weiterhin von der Genehmigung Gebrauch machen.

Umstritten sind die **Voraussetzungen** für eine aufschiebende Wirkung gemäß § 80 I VwGO. Einigkeit besteht dahingehend, dass im Hauptsacheverfahren eine *Anfechtungsklage statthaft*

---

[493] Zur Dauer der aufschiebenden Wirkung vgl. § 80b VwGO.

sein muss.[494] Der angegriffene Verwaltungsakt darf sich daher nicht erledigt haben. Auch die Bestandskräftigkeit, d.h. der Ablauf der Rechtsbehelfsfristen, steht einer aufschiebenden Wirkung entgegen.[495]

Fraglich ist allerdings, ob der Rechtsbehelf – wie es der Wortlaut nahe legt – lediglich eingelegt werden oder ob er auch zulässig bzw. begründet sein muss:

- Nach allgemeiner Ansicht, hat der Rechtsbehelf nicht notwendigerweise begründet zu sein, so dass selbst die Einlegung eines offensichtlich unbegründeten Behelfs ausreicht.[496] Darüber hinaus wird von einer Ansicht postuliert, dass der Rechtsbehelf auch nicht zulässig zu sein braucht.[497]

- Die Gegenansicht vertritt demgegenüber, dass ein unzulässiger Rechtsbehelf keine aufschiebende Wirkung entfaltet.[498] Nach **h.M.** muss der Rechtsbehelf grundsätzlich nicht zulässig sein. Allerdings wird der Einlegung eines *evident unzulässigen*[499] Rechtsbehelfs die aufschiebende Wirkung abgesprochen.[500] Hierfür spricht, dass der Einlegung eines evident unzulässigen Rechtsbehelfs das Rechtsmissbrauchsverbot entgegensteht. Die h.M. ist darüber hinaus sowohl mit dem Wortlaut der Vorschrift, als auch mit Art. 19 IV 1 GG vereinbar.

---

[494] Dies ist auch bei nichtigen Verwaltungsakten der Fall (s.o.). Die aufschiebende Wirkung hat hier freilich nur deklaratorischen Charakter.
[495] *Detterbeck,* AT, § 32 RN 1480.
[496] *Gersdorf,* VwProzR, RN 142.
[497] OVG Berlin, DVBl. 1972, 42, 42 f.
[498] OVG Münster, NJW 1975, 794; *Lüke,* NJW 1978, 81, 83.
[499] Dies kann bspw. dann der Fall sein, wenn der Verwaltungsrechtsweg nicht gegeben ist oder kein *belastender* Verwaltungsakt vorliegt.
[500] *Gersdorf,* VwProzR, RN 142; *Detterbeck,* AT, § 32 RN 1481.

Umstritten ist ferner die konkrete **Rechtsfolge** der aufschiebenden Wirkung. Nach h.M. hemmt die aufschiebende Wirkung den Vollzug des Verwaltungsaktes, lässt aber dessen Wirksamkeit unberührt (sog. Vollziehbarkeits- bzw. Vollstreckbarkeitstheorie).[501] Hierfür sprechen die §§ 43 II, III, 44 VwVfG, nach welchen die Wirksamkeit des Verwaltungsaktes allein dann zu verneinen ist, wenn er nichtig ist, aufgehoben wird oder erledigt ist.

Beispiel: Ein Beamter wird per Entlassungsbescheid aus dem Beamtenverhältnis entlassen. Er legt Widerspruch ein und erhebt Anfechtungsklage gegen den Bescheid. Nach h.M. bleibt der Verwaltungsakt wirksam, allein die Vollziehbarkeit wird gehemmt. Dem Beamten müssen daher seine Bezüge weiter bezahlt werden. Wird der Entlassungsbescheid indes im Gerichtsverfahren bestätigt und fällt deswegen die aufschiebende Wirkung weg, muss der Beamte seine Bezüge zurückbezahlen, weil der Entlassungsbescheid die gesamte Zeit über wirksam war.

Nach einer anderen Ansicht führt die aufschiebende Wirkung zur Unwirksamkeit des Verwaltungsaktes (sog. strenge Wirksamkeitstheorie).[502]

Beispiel: Im obigen Beamtenfall würde der Beamte die Bezüge nach Einlegung des Widerspruchs weiter erhalten. Außerdem dürfte er diese Bezüge – selbst wenn im Gerichtsverfahren der Entlassungsbescheid bestätigt würde – auch behalten, da der Verwaltungsakt während der aufschiebenden Wirkung unwirksam war.

Nach der vermittelnden verfahrensrechtlichen Auffassung führt der Suspensiveffekt zur schwebenden Unwirksamkeit des Verwaltungsaktes.[503] Wird der Verwaltungsakt bestandskräftig oder rechtskräftig bestätigt, entfällt die Unwirksamkeit ex tunc. Der Verwaltungsakt gilt dann als von vornherein wirksam.

---

[501] BVerwGE 66, 218, 222; Hufen, VwProzR, § 32 RN 3 f.
[502] *Schoch*, NVwZ 1991, 1121, 1122.
[503] *Kopp/Schenke*, VwGO, § 80 RN 22.

Beispiel: Der Beamte würde im obigen Beamtenfall die Bezüge während der aufschiebenden Wirkung zwar erhalten (schwebend unwirksam), er müsste sie aber zurückbezahlen (Wirksamkeit ex tunc), nachdem der Verwaltungsakt vom Verwaltungsgericht bestätigt worden ist.

Der Grundsatz der aufschiebenden Wirkung erfährt durch **§ 80 II VwGO** eine **Einschränkung**. In den dort genannten Fällen tritt *keine* aufschiebende Wirkung ein. Hier liegt der Anwendungsbereich des vorläufigen Rechtsschutzes nach § 80 V VwGO, der die aufschiebende Wirkung anordnet (in den Fällen der Nr. 1-3) bzw. wiederherstellt (Nr. 4).[504]

Beispiel: Der Polizeivollzugsbeamte P erlässt dem gewalttätigen T gegenüber eine Wohnungsverweisung. Hierdurch sollen die Familienmitglieder des T geschützt werden, die von dessen Gewaltattacken immer wieder betroffen sind. T erhebt Widerspruch gegen diesen Verwaltungsakt. Grundsätzlich hätte der Widerspruch nach § 80 I 1 VwGO aufschiebende Wirkung, so dass T wieder zurück in die Wohnung könnte. § 80 II 1 Nr. 2 VwGO misst allerdings dem Vollzugsinteresse eines von einem Polizeivollzugsbeamten erlassenen Verwaltungsaktes eine höhere Wertigkeit zu als dem Aussetzungsinteresse des Betroffenen. Der eingelegte Rechtsbehelf des T entfaltet nach § 80 II 1 Nr. 2 VwGO daher keine aufschiebende Wirkung. T hat dem Bescheid des P somit vorerst nachzukommen.

§ 80 II 1 Nr. 1 VwGO lässt die aufschiebende Wirkung bei der Anforderung von öffentlichen Abgaben oder Kosten entfallen. Die Vorschrift dient der Planbarkeit öffentlicher Finanzierung. Diese wäre insbesondere dadurch gefährdet, dass u.U. die Einlegung eines Rechtsbehelfs nur zum Zwecke des Zinsgewinns für den Zeitraum der aufgeschobenen Zahlung erfolgt.[505] Abgaben sind alle Steuern, Gebühren, Beiträge oder auch Zölle.[506]

---

[504] Achten Sie auf die korrekte Terminologie: In den Fällen des § 80 II 1 Nr. 1-3 wird die aufschiebende Wirkung *angeordnet*, im Fall des § 80 II 1 Nr. 4 VwGO wird sie *wiederhergestellt*.
[505] Vgl. *Hufen*, VwProzR, § 32 RN 10.
[506] Vgl. *Gersdorf*, VwProzR, RN 143.

Unter Kosten versteht man die Gebühren und Auslagen des Verwaltungsverfahrens, die nach *feststehenden Sätzen* berechnet werden.[507]

Abgaben- und Kostenanforderungen i.S.d. Norm sind nach h.M. nur isolierte Kostenentscheidungen, d.h. nicht solche, die im *Zusammenhang* mit einer anderen Sachentscheidung erlassen werden.[508] Besteht ein Zusammenhang mit einer anderen Sachentscheidung, hängt die Kostenentscheidung in ihrer Wirksamkeit vielmehr von der Hauptsacheentscheidung ab.

Beispiel: Eine Behörde erhebt für den Erlass eines Verwaltungsaktes eine Verwaltungsgebühr. Wird gegen den Verwaltungsakt ein Rechtsbehelf eingelegt, tritt gemäß § 80 I 1 VwGO aufschiebende Wirkung ein. Da die Verwaltungsgebühr von dem Verwaltungsakt abhängig ist, kann nach h.M. trotz § 80 II 1 Nr. 1 VwGO die Verwaltungsgebühr vorerst nicht geltend gemacht werden.

Nach **§ 80 II 1 Nr.** 2 **VwGO** entfalten Widerspruch und Erhebung der Anfechtungsklage gegen unaufschiebbare Anordnungen und Maßnahmen von Polizeivollzugsbeamten keine aufschiebende Wirkung. Polizeivollzugsbeamte i.S.d. Vorschrift meint *nicht* die Polizei- und Ordnungsbehörden, die „Sitzungspolizei" o.ä., sondern die Vollzugspolizei im institutionellen Sinne (d.h. Schutz-, Kriminal-, Wasserschutz-, Bereitschafts- und Grenzpolizei).[509]

Das Merkmal der „Unaufschiebbarkeit" hat wenig Bedeutung, da die Polizei ohnehin nur beim Vorliegen einer Gefahr einschreiten darf und somit die Unaufschiebbarkeit grundsätzlich gegeben ist.

---

[507] Solche Kosten, die von den Umständen des Einzelfalles abhängen (etwa die polizeirechtliche Ersatzvornahme), fallen nach h.M. nicht unter den Begriff der „Kosten".
[508] *Kopp/Schenke,* VwGO, § 80 RN 62; *Hufen,* VwProzR, § 32 RN 10. A.A. OVG Weimar, NVwZ-RR 2004, 393, 394.
[509] *Würtenberger,* VwProzR, § 28 RN 515.

Klausurrelevant: § 80 II 1 Nr. 2 VwGO soll nach h.M. für *Verkehrszeichen* i.S.d. § 41 StVO (nicht aber i.S.d. § 42 StVO) analog gelten.[510] Hierfür spricht, dass sich die Verkehrszeichen in ihrer Funktion nicht von den Anordnungen von Polizeivollzugsbeamten unterscheiden.

Beispiel: Eine Behörde lässt in einem Wohngebiet vorübergehend Halteverbotsschilder aufstellen, um eine infolge von Bauarbeiten nötige Verkehrsumleitung durch das Wohngebiet zu ermöglichen. Anwohner A erhebt Anfechtungsklage gegen das Halteverbotsschild (=Allgemeinverfügung). Die Erhebung der Anfechtungsklage zeitigt nach h.M. analog § 80 II 1 Nr. 2 VwGO keine aufschiebende Wirkung. Das Halteverbot ist daher zu befolgen.

Die aufschiebende Wirkung entfällt gemäß **§ 80 II 1 Nr. 3 VwGO** auch in anderen durch Bundes- oder Landesrecht angeordneten Fällen. Gemeint sind *formelle* Bundes- und Landesgesetze.[511]

Beispiele für Bundesrecht: § 212a I BauGB (Rechtsbehelf gegen Baugenehmigung entfaltet keine aufschiebende Wirkung; lesen!); § 75 AsylVfG; §§ 33 IV 2, 35 WPflG; § 80 TierSG.

Beispiele für Landesrecht: Art. 21a S. 1 BayVwZVG; § 12 S. 1 LVwVG-BW; § 16 HessAGVwGO; § 112 JustG NRW.

§ 80 II 2 VwGO ermächtigt die Länder zudem anzuordnen (hier auch durch Rechtverordnung; str.), dass Rechtsbehelfe keine aufschiebende Wirkung haben, soweit sie sich gegen Maßnahmen richten, die in der Verwaltungsvollstreckung durch die Länder *nach Bundesrecht* getroffen werden.[512]

---

[510] BVerwG, NJW 2008, 2867, 2868; *Würtenberger*, VwProzR, § 28 RN 516. A.A. *Schmaltz*, NJW 1969, 1318. Str. ist insbesondere die Subsumtion von Parkuhren unter § 80 II 1 Nr. 2 VwGO (siehe dazu *Kopp/Schenke*, VwGO, § 80 RN 64).

[511] *Hufen*, VwProzR, § 32 RN 12.

[512] Von der Ermächtigung haben alle Länder Gebrauch gemacht: Baden-Württemberg: § 12 S. 1 VwVG; Bayern: Art. 21a S. 1 VwZVG; Berlin: § 4 S. 1 AGVwGO; Brandenburg: § 39 S. 1 VwVG; Bremen: Art. 11 S. 1 AGVwGO; Hamburg: § 8 AGVwGO; Hessen: § 16 S. 1 AGVwGO; Mecklenburg-Vorpommern: § 99 I 2 SOG; Niedersachsen: § 66 S. 2 sowie § 70 I VwVG i.V.m. § 64 IV 1 SOG; Nordrhein-Westfalen: § 112 JustG; Rheinland-Pfalz: § 20 AGVwGO; Saarland § 20 AGVwGO; Sachsen: § 11 S. 1 VwVG; Sachsen-Anhalt: § 9 AGVwGO; Schleswig-Holstein: § 248 I 2 LVwG; Thüringen: § 8 S. 1 AGVwGO.

Die Regelung erfasst somit Fälle, in welchen Bundesrecht durch Landesbehörden vollstreckt wird.[513]

Der besonders prüfungsrelevante **§ 80 II 1 Nr. 4 VwGO** eröffnet für Behörden die Möglichkeit, in Fällen, in welchen die aufschiebende Wirkung nicht nach § 80 II 1 Nr. 1-3 VwGO gesetzlich entfällt, diese durch behördliche Anordnung auszuschließen. Voraussetzung der Anordnung der Sofortvollziehung ist, dass das öffentliche Interesse oder das Interesse eines der Beteiligten (etwa eines Nachbarn) das Individualinteresse an der aufschiebenden Wirkung überwiegt. Hier ist von der Behörde eine umfassende Abwägung zwischen dem Vollzugsinteresse und dem Aussetzungsinteresse vorzunehmen.[514]

Die Anordnung kann sowohl die Ausgangs- als auch die Widerspruchsbehörde treffen (§ 80 II 1 Nr. 4 VwGO). Eine konkludente Anordnung ist nicht möglich. Vielmehr ist das Geheiß nach § 80 III VwGO (lesen!) grundsätzlich *schriftlich* zu begründen. Erforderlich ist eine Begründung, die eine Abwägung enthält zwischen dem Interesse am Sofortvollzug und dem Individualinteresse an der aufschiebenden Wirkung.[515] Die Vollziehungsanordnung ist nach h.M. kein selbstständiger Verwaltungsakt, sondern Teil des Hauptverwaltungsaktes und somit nicht selbstständig anfechtbar.[516]

Beispiel: Gewerbetreibender Guido verarbeitet Lebensmittel zu Fertigspeisen in seinem Betrieb. Die Ausübung des Gewerbes wird ihm nach § 35 I GewO untersagt, nachdem die zuständige Behörde festgestellt hat, dass die Speisen gesundheitsschädliche Substanzen enthalten. Aufgrund der von den Speisen ausgehenden Gefahren, ordnet die Behörde beim Erlass der Untersagungsverfügung, unter ordnungsgemäßer Abwägung und mit entsprechender Begründung, auch gleich deren sofortige Vollziehung nach § 80 II 1 Nr. 4 VwGO an. Guido erhebt Anfechtungsklage.

---

[513] § 80 II 1 Nr. 3 VwGO erfasst demgegenüber Fälle, in welchen *Landesrecht* durch Landesbehörden vollstreckt wird.
[514] Siehe zu dieser Abwägung unten S. 218 ff.
[515] Siehe dazu *Hufen*, VwProzR, § 32 RN 17.
[516] Vgl. *Detterbeck*, AT, § 32 RN 1482 m.w.N.

Aufgrund der angeordneten sofortigen Vollziehung tritt keine aufschiebende Wirkung nach § 80 I 1 VwGO ein. Guido muss die Fabrikation daher vorerst einstellen.

Entfällt die aufschiebende Wirkung nach § 80 II 1 Nr. 1-3 VwGO oder wird der Sofortvollzug gemäß § 80 II 1 Nr. 4 VwGO angeordnet, kann das Gericht auf Antrag die aufschiebende Wirkung nach § 80 V 1 VwGO anordnen bzw. wiederherstellen. Das **Verfahren** nach § 80 V VwGO gliedert sich (wie gewohnt) in eine Zulässigkeits- und Begründetheitsprüfung. Im Folgenden wird die Prüfungsabfolge des gerichtlichen Verfahrens dargestellt:[517]

Prüfungsschema: Antrag nach § 80 V 1 VwGO

1. Zulässigkeit
   a) *(Deutsche Gerichtsbarkeit, §§ 18 f. GVG i.V.m. § 173 VwGO) (s.o.)*
   b) *(Ordnungsgemäße Antragsstellung, §§ 81 f. VwGO analog) (s.o.)*
   c) Eröffnung des Verwaltungsrechtsweges, § 40 I VwGO (s.o.)
   d) Zuständigkeit des Gerichts, § 80 V 1 VwGO (s.o)
   e) Statthaftigkeit des Antrags, § 80 V 1 VwGO
   f) Antragsbefugnis, § 42 II VwGO analog
   g) Beteiligten- und Prozessfähigkeit, §§ 61 f. VwGO *(Postulationsfähigkeit, § 67 VwGO) (s.o.)*
   h) Allgemeines Rechtsschutzbedürfnis
2. Begründetheit
   a) Passivlegitimation, § 78 I VwGO analog
   b) Im Fall des § 80 II 1 Nr. 4 VwGO:
      Formelle Rechtmäßigkeit der Anordnung des Sofortvollzugs
   c) Summarische Prüfung

---

[517] Achten Sie auf die richtige Terminologie: Im Rahmen des § 80 V VwGO wird keine Klage erhoben, sondern ein *Antrag* gestellt. Entsprechend geht es um die Zulässigkeit eines *Antrags*, die *Antrags*befugnis etc.

1. Zulässigkeit

Die allgemeinen Sachentscheidungsvoraussetzungen bestimmen sich nach den oben beschriebenen Regeln. Zuständiges Gericht ist nach § 80 V 1 VwGO das Gericht der Hauptsache, so dass auch hier die allgemeinen Regeln gelten. Die §§ 81, 82 VwGO finden im Rahmen des § 80 V VwGO analoge Anwendung.[518]

> **Anmerkung:** Eine Antragsfrist ist im Rahmen des Antrags nach § 80 V 1 VwGO nicht vorgesehen (Ausnahmen bspw.: § 58a IV 2 AufenthG; § 29 VI 3 PBefG). Zu beachten ist allerdings, dass das Versäumen der Widerspruchs- oder Klagefrist zur Bestandskräftigkeit des Verwaltungsaktes führt, weshalb eine aufschiebende Wirkung nicht eintreten kann. Der Antrag nach § 80 V 1 VwGO wäre daher nicht statthaft (dazu sogleich).

a) Statthaftigkeit des Antrags

Im Rahmen dieses zweistufigen Prüfungspunktes ist erstens zu prüfen, ob der Antrag nach § 80 V VwGO *oder* derjenige nach § 123 VwGO der richtige ist. Zweitens ist festzustellen, ob es sich im Rahmen des § 80 V 1 VwGO um einen Antrag auf Anordnung oder Wiederherstellung der aufschiebenden Wirkung handelt.

Voraussetzung für die Einschlägigkeit des § 80 V VwGO ist die (potentielle) **Statthaftigkeit der Anfechtungsklage in der Hauptsache.** Der Antragsteller muss sich somit gegen den Vollzug eines ihn belastenden Verwaltungsaktes wenden.[519] § 123 VwGO ist demgegenüber die richtige Antragsart, wenn in der Hauptsache eine andere Klageart statthaft ist. Nach § 80 V 2 VwGO ist der Antrag schon vor Erhebung der Anfechtungsklage zulässig. Strittig ist, ob der Antrag darüber hinaus schon vor Erhebung des Widerspruchs statthaft ist.[520]

---

[518] *Wolff/Decker,* VwGO/VwVfG, § 80 VwGO RN 53.
[519] *Hufen,* VwProzR, § 32 RN 33.
[520] So *Kopp/Schenke,* VwGO, § 80 RN 139 m.w.N.

Hiergegen wendet sich die h.M. – zu Recht – mit der Begründung, dass die Wirkungen des § 80 I, II VwGO noch gar nicht eingetreten sind.[521] Ferner kann im Umkehrschluss § 80 V 2 VwGO angeführt werden, der den Widerspruch nicht nennt.

Anmerkung: Achten Sie in der Klausur darauf, ob bereits ein Widerspruch eingelegt wurde. Falls nicht, ist der entsprechende Streitstand darzustellen und argumentativ zu entscheiden. Beachten Sie, dass allein die Antragsstellung i.S.d. § 80 V VwGO *nicht* als konkludente Einlegung eines Widerspruchs betrachtet werden kann.

Weitere Voraussetzung ist die **fehlende aufschiebende Wirkung** i.S.d. § 80 I VwGO, denn diese soll mit dem Antrag nach § 80 V 1 VwGO angeordnet bzw. wiederhergestellt werden.[522]

Eine problematische Konstellation stellt in diesem Zusammenhang der sog. **faktische Vollzug** dar, d.h. die Behörde missachtet eine tatsächlich bestehende aufschiebende Wirkung, indem sie den Verwaltungsakt vollzieht.

Beispiel: Im obigen Beispiel des gewerbetreibenden Speiseherstellers Guido ordnet die Behörde *nicht* den Sofortvollzug der Untersagungsverfügung an. Gleichwohl vollzieht die Behörde – nachdem Guido Anfechtungsklage erhoben hat – den Verwaltungsakt, indem sie die Fabrikhallen versiegeln lässt.

In solchen Konstellationen muss es dem Betroffenen im Hinblick auf die Gewährung effektiven Rechtsschutzes möglich sein, die aufschiebende Wirkung des Rechtsbehelfs gerichtlich *feststellen* zu lassen. Nach h.M. kann der Betroffene einen solchen Antrag

---

[521] Vgl. *Loos,* JA 2001, 698, 700; *Wolff/Decker,* VwGO/VwVfG, § 80 VwGO RN 52 m.w.N. Muss kein Widerspruch eingelegt werden (siehe S. 160 f.), so ist wegen § 80 V 2 VwGO der Antrag gleichwohl statthaft.

[522] Entsprechend ist hier zu prüfen, ob die Voraussetzungen für eine aufschiebende Wirkung gegeben sind und ob § 80 II VwGO diese aufschiebende Wirkung entfallen lässt. Siehe dazu oben S. 204 ff.

analog § 80 V 1 Var. 1 VwGO stellen.[523] Die Gegenansicht hält allein einen Antrag nach § 123 VwGO für statthaft.

b) Antragsbefugnis

Der Antragsteller muss analog § 42 II VwGO antragsbefugt sein, d.h. es muss die Möglichkeit bestehen, dass der Antragsteller durch den Verwaltungsakt rechtswidrig in seinen Rechten verletzt ist (s.o.).

c) Allgemeines Rechtsschutzbedürfnis

Im Rahmen des allgemeinen Rechtsschutzbedürfnisses kann sich – zusätzlich zu den allgemeinen Prüfungspunkten – die Sondersituationen ergeben, dass gemäß § 80 VI VwGO in den Fällen des § 80 II 1 Nr. 1 ein vorgeschaltetes behördliches Aussetzungsverfahren i.S.d. § 80 IV VwGO notwendig ist. Es muss somit ein entsprechender negativ beschiedener Aussetzungsantrag bei der Behörde gestellt worden sein. In allen anderen Fällen muss der Weg über ein Aussetzungsverfahren gemäß § 80 IV VwGO nach h.M. *nicht* beschritten werden.[524] Dies folgt im Umkehrschluss aus § 80 VI VwGO.

Das Rechtsschutzbedürfnis entfällt nach § 80 V 3 VwGO auch nicht dann, wenn der angegangene Verwaltungsakt bereits vollzogen ist, sofern die Vollzugsfolgen wieder rückgängig gemacht werden können.

---

[523] OVG Hamburg, NVwZ-RR 1999, 145; *Gersdorf,* VwProzR, RN 147. Missachtet die Behörde indes auch diesen Gerichtsbeschluss, ist nach h.M. nur noch ein Antrag gemäß § 123 VwGO statthaft *(Eyermann,* VwGO, § 80 RN 110; a.A. *Schenke,* DVBl. 1986, 9, 12).

[524] So *Eyermann,* VwGO, § 80 RN 62; *Gersdorf,* VwProzR, RN 154. A.A. *Hufen,* VwProzR, § 32 RN 35.

Beispiel: Autofahrer Albert wurde unter angeordnetem Sofortvollzug die Fahrerlaubnis entzogen. Den Führerschein hat Albert daraufhin bei der Fahrerlaubnisbehörde abliefern müssen. Nach eingelegtem Widerspruch stellt Albert den Antrag nach § 80 V 1 VwGO. Der Antrag scheitert nicht am Rechtsschutzbedürfnis, da die Folgen der Vollziehungshandlung (nämlich der Einbehalt des Führerscheins) problemlos wieder rückgängig gemacht werden können. Könnten die Folgen indes nicht wieder rückgängig gemacht werden, würde es sich um einen erledigten Verwaltungsakt handeln, gegen den in der Hauptsache die Anfechtungsklage nicht statthaft wäre.

2. Begründetheit

Formulierungsvorschlag: *Der Antrag ist begründet, wenn der Antragsgegner passivlegitimiert ist und (die Anordnung gemäß § 80 II 1 Nr. 4 VwGO formell rechtswidrig ist bzw.) die erforderliche umfangreiche Interessenabwägung zwischen dem Vollzugsinteresse und dem Aussetzungsinteresse des Antragstellers ergibt, dass das Aussetzungsinteresse überwiegt. Letztgenanntes ist insbesondere der Fall, wenn die Aussichten der Klage in der Hauptsache erfolgversprechend sind.*

a) Passivlegitimation

Die Passivlegitimation beurteilt sich nach § 78 VwGO analog. Im Vergleich zur Anfechtungsklage kann sich hier ein zusätzliches Problem dann ergeben, wenn die Anordnung der sofortigen Vollziehung durch die nicht mit der Ausgangsbehörde identische Widerspruchsbehörde erfolgt. Hier ist umstritten welcher Verwaltungsträger der richtige Klagegegner ist.[525]

---

[525] 1. Verwaltungsträger der Ausgangsbehörde: *Wolff/Decker*, VwGO/VwVfG, § 80 VwGO RN 62 m.w.N. (Rechtsgedanke des § 79 I Nr. 1 VwGO). 2. Verwaltungsträger der Widerspruchsbehörde: *Würtenberger*, VwProzR, § 28 RN 530 (Rechtsgedanke des § 78 II VwGO).

b) Formelle Rechtmäßigkeit des angeordneten Sofortvollzugs

Im Rahmen dieses Prüfungspunktes ist die *formelle* Rechtmäßigkeit des von der Behörde angeordneten Sofortvollzugs nach § 80 II 1 Nr. 4 VwGO zu prüfen.[526] Ist die Vollziehungsanordnung formell rechtswidrig, ist nach Auffassung *Detterbecks* der Antrag gemäß § 80 V 1 VwGO – unabhängig von der folgenden summarischen Prüfung – begründet, sofern der Antragssteller in eigenen Rechten verletzt ist (str.).[527] Die Voraussetzungen der Rechtmäßigkeit der Anordnung sind:[528]

> **Anordnung durch zuständige Behörde**: Zuständig ist nach § 80 II 1 Nr. 4 VwGO die Ausgangsbehörde oder die Widerspruchsbehörde. Strittig ist, ob die Widerspruchsbehörde schon vor Erhebung des Widerspruchs zuständig ist. Dies wird im Hinblick auf den Wortlaut von der h.M. bejaht.[529]

> **Ordnungsgemäße Begründung**: § 80 III 1 VwGO verlangt eine schriftliche Begründung des Sofortvollzuges, es sei denn es liegt ein Fall des § 80 III 2 VwGO (lesen!) vor. Im Rahmen der Begründung müssen *einzelfallbezogene Erwägungen* angestellt werden; formelhafte Wendungen genügen nicht.[530] Entscheidend ist, dass man erkennen kann, *warum* das Interesse am Sofortvollzug das Aussetzungsinteresse überwiegt.[531]

---

[526] Die Frage nach der formellen Rechtmäßigkeit stellt sich naturgemäß in den Fällen des § 80 II 1 Nr. 1-3 VwGO nicht, da dort die aufschiebende Wirkung schon per Gesetz entfällt.

[527] *Detterbeck*, AT, § 32 RN 1510; nach einer anderen Ansicht ist die Anordnung der sofortigen Vollziehung im Falle *nur formeller* Rechtswidrigkeit lediglich aufzuheben, um der Behörde die Möglichkeit einer erneuten, nunmehr rechtmäßigen Anordnung offenzuhalten Eine Wiederherstellung der aufschiebenden Wirkung kommt danach nur dann in Betracht, wenn die Anordnung auch *materiell* rechtswidrig sein sollte.

[528] Tipp: Sofern dies die Prüfungsordnung zulässt, unterstreichen Sie sich die Voraussetzungen im Gesetzestext des § 80 II 1 Nr. 4 VwGO.

[529] *Würtenberger*, VwProzR, § 32 RN 518a; *Hufen*, VwProzR, § 32 RN 15. A.A. *Kopp/Schenke*, VwGO, § 80 RN 81.

[530] *Würtenberger*, VwProzR, § 28 RN 531.

[531] *Kopp/Schenke*, VwGO, § 80 RN 85.

Beispiele: Die Begründung „ein Verwaltungsakt dieser Art muss sofort vollzogen werden" ist formelartig und genügt dem Begründungserfordernis nicht. Gleiches gilt, wenn die Behörde lediglich den Wortlaut des § 80 II 1 Nr. 4 VwGO übernimmt (etwa: „die sofortige Vollziehung liegt im öffentlichen Interesse").

Zu beachten ist allerdings, dass im Rahmen dieses Prüfungspunktes nur die formelle Begründungspflicht geprüft wird, d.h. es kommt allein darauf an, dass überhaupt eine dem § 80 III 1 VwGO genügende Begründung abgegeben wurde. Auf die inhaltliche Richtigkeit der Begründung kommt es *nicht* an.[532] Fehlt eine ordnungsgemäße Begründung, ist umstritten ob die Behörde die Möglichkeit hat, diese während des gerichtlichen Verfahrens nachzuschieben.[533] Hiergegen lässt sich der Zweck des Begründungserfordernisses anführen, nämlich dass die Behörde sich *vor* der Anordnung des Sofortvollzugs der besonderen Ausnahmesituation im Hinblick auf dieses Instrumentarium bewusst wird und eine gründliche Abwägung vornimmt. Dies kann nach Anordnung des Sofortvollzugs nicht mehr erreicht werden.[534]

Anmerkung: Lässt der Sachverhalt allerdings entsprechende Anhaltspunkte erkennen, wäre zu prüfen, ob die Behörde möglicherweise mit der neuen Begründung auch einen neuen Verwaltungsakt erlassen hat.

> **Anhörung des Betroffenen, analog § 28 VwVfG**: Es ist umstritten, ob bei der Anordnung des Sofortvollzugs nach § 80 II 1 Nr. 4 VwGO eine Anhörung erforderlich ist. Nach h.M. handelt es sich bei der Anordnung des Sofortvollzugs

---

[532] Die Richtigkeit des Sofortvollzuges prüft das Gericht ohnehin im Rahmen der sich anschließenden summarischen Prüfung in einer eigenen Interessenbewertung.
[533] Dafür: OVG Greifswald, NVwZ-RR 1999, 409; OVG Koblenz, NVwZ-RR 1995, 572. Dagegen: VGH Mannheim, NJW 1977, 165; *Hufen,* VwProzR, § 32 RN 17.
[534] Vgl. *Kopp/Schenke,* VwGO, § 80 RN 87.

um keinen eigenständigen Verwaltungsakt, sondern um einen unselbstständigen Annex zu dem zu vollziehenden Verwaltungsakt. Da § 28 VwVfG nur für Verwaltungsakte gilt, ist folgerichtig nach h.M. auch keine Anhörung erforderlich.[535] Gegen eine analoge Anwendung spricht zudem, dass die Vollzugsanordnung im Hinblick auf ihre Eingriffsintensität auch nicht mit einem Verwaltungsakt vergleichbar ist.

c) Summarische Prüfung

Die summarische Prüfung stellt im Rahmen der Begründetheit des Antrags nach § 80 V 1 VwGO die materielle Prüfung dar. Im Rahmen der summarischen Prüfung ist eine umfassende Güter- und Interessenabwägung zwischen dem individuellen Aussetzungsinteresse und dem Interesse des Sofortvollzugs vorzunehmen. *Überwiegt* das Individualinteresse an der Aussetzung, ist der Antrag materiell begründet. Maßgeblich bei der Interessenabwägung sind die Erfolgsaussichten des Rechtsbehelfs in der Hauptsache.[536]

Anmerkung: Summarische Prüfung bedeutet in der Praxis, dass keine umfassend genaue tatsächliche und rechtliche (diesbzgl. str.) Würdigung vorzunehmen ist, da andernfalls (insbesondere bei tatsächlich oder rechtlich komplizierten Fällen) schneller Rechtsschutz nicht zu erlangen wäre. Eine Abwägung erfolgt daher vor allem, wenn die Erfolgsaussichten in der Hauptsache offen sind.

Es wird allerdings im Rahmen einer Klausur, angesichts des feststehenden Sachverhalts, kaum zu einer Situation kommen, in welcher die Erfolgsaussichten in der Hauptsache nicht beantwortet werden könnten.

---

[535] So bspw. *Kopp/Schenke*, VwGO, § 80 RN 82 m.w.N.
A.A. etwa *Hufen*, VwProzR, § 32 RN 16.
[536] *Wolff/Decker*, VwGO/VwVfG, § 80 VwGO RN 71.

Verfehlt ist es daher, im Rahmen der summarischen Prüfung eine allgemeine Interessenabwägung durchzuführen und keine präzise Rechtmäßigkeitsprüfung vorzunehmen.

In einer Klausur muss die Vorgehensweise vielmehr wie folgt sein: Sie stellen fest, dass eine summarische Prüfung vorzunehmen ist, die eine Interessenabwägung erfordert. Allerdings – so führen Sie weiter aus – hängt diese Interessenabwägung maßgeblich von den Erfolgsaussichten in der Hauptsache ab. Im Anschluss prüfen Sie dann – wie gewohnt – die Zulässigkeit und Begründetheit des Hauptsacherechtsbehelfs.[537] Hat dieser Aussicht auf Erfolg, ist auch der Antrag nach § 80 V 1 VwGO materiell begründet.

Sind im *Ausnahmefall* die Erfolgsaussichten in der Hauptsache offen, ist eine weitere Interessenabwägung erforderlich. Hier sind insbesondere die Folgen für die Betroffenen (sind diese gravierend?) ein Indikator. Zu vergleichen sind auf der einen Seite die Folgen, die bestehen würden wenn die Entscheidung vollzogen würde, die Klage aber erfolgreich wäre, mit denjenigen Folgen, die auf der anderen Seite verursacht würden, wenn die aufschiebende Wirkung wiederhergestellt würde, die Klage jedoch erfolglos bliebe.[538]

Nochmals: Summarische Prüfung bedeutet für Sie in der Klausur *nicht*, dass es mit einer allgemeinen Interessenabwägung getan ist. Vielmehr müssen Sie – da die Interessenabwägung von den Erfolgsaussichten in der Hauptsache abhängt – eine korrekte und vollständige rechtliche Prüfung des Hauptsacherechtsbehelfs vornehmen.

---

[537] Siehe auch *Detterbeck,* AT, § 32 RN 1504.
[538] Vgl. *Hufen,* VwProzR, § 32 RN 39.

Beachtlich ist, dass das Gericht im Fall des § 80 II 1 Nr. 4 VwGO nicht die materielle Entscheidung der Behörde über den Sofortvollzug überprüft, sondern eine eigene Abwägung vornimmt, die sich auch auf die im Zeitpunkt der Gerichtsentscheidung gegebene Sach- und Rechtslage bezieht.

Beispiel: Eine zuständige Behörde hat einen Verwaltungsakt für sofort vollziehbar erklärt i.S.d. § 80 II 1 Nr. 4 VwGO. Die gegebene Begründung war ordnungsgemäß, wobei auch inhaltlich die Abwägung zwischen Vollzugs- und Aussetzungsinteresse gesetzeskonform vorgenommen wurde. Der betroffene Bürger B stellt einen Antrag nach § 80 V 1 VwGO. Kurz bevor das Gericht seine Entscheidung über den Antrag trifft, ändert sich die Sachlage zu Gunsten des B derart, dass das individuelle Aussetzungsinteresse das Vollzugsinteresse überwiegt. Da sich das Gericht nicht mit der inhaltlichen Richtigkeit der von der Behörde in der Vergangenheit getroffenen Abwägung beschäftigt, sondern eine eigene Abwägung zum jetzigen Zeitpunkt vorzunehmen hat, wird es dem Antrag des B nachkommen müssen.

3. Verwaltungsakte mit Doppelwirkung

Der vorläufige Rechtsschutz i.S.d. § 80 V VwGO bezieht sich allein auf das Verhältnis Staat-Bürger. Bedeutsam sind allerdings (vor allem im Baurecht) auch Konstellationen, in welchen auch Dritte von den Rechtswirkungen eines Verwaltungsakts betroffen werden (sog. Verwaltungsakte mit Doppelwirkung).

Beispiel: B erhält eine Baugenehmigung. Nachbar N erhebt hiergegen Anfechtungsklage.

Auch bei einem gegen einen Verwaltungsakt mit Doppelwirkung eingelegten Rechtsbehelf tritt unter den oben genannten Voraussetzungen aufschiebende Wirkung ein (§ 80 I 2 VwGO). Ebenso greift der Ausschluss der aufschiebenden Wirkung nach § 80 II VwGO.

Beispiel: Im obigen Beispiel könnte die Erhebung der Anfechtungsklage die Vollziehbarkeit der Baugenehmigung nach § 80 I VwGO suspendieren, so dass B vorerst nicht bauen könnte. Nach § 80 II 1 Nr. 3 VwGO i.V.m. § 212a I BauGB entfällt allerdings die aufschiebende Wirkung. B kann daher vorerst bauen.

Die Frage des vorläufigen Rechtsschutzes bei Verwaltungsakten mit Doppelwirkung regelt **§ 80a VwGO**. Dieser erweitert die Antragsmöglichkeiten im vorläufigen Rechtsschutz auf Dritte. § 80a VwGO unterscheidet einerseits zwischen begünstigenden Verwaltungsakten gemäß § 80a I VwGO, die Dritte belasten....

Beispiele: Baugenehmigung; Sperrzeitverkürzung; gaststättenrechtliche Erlaubnis.

....und andererseits zwischen belastenden Verwaltungsakten i.S.d. § 80a II VwGO, die Dritte begünstigen.

Beispiele: Aufhebung der Baugenehmigung; Sperrzeitverlängerung; Abbruchverfügung; Nutzungsuntersagung

Im Fall eines den Adressaten begünstigenden Verwaltungsaktes i.S.d § 80a I VwGO (der einen Dritten belastet) hat der durch den Verwaltungsakt Begünstigte gemäß **§ 80a I Nr. 1 VwGO** die Möglichkeit, einen Antrag auf sofortige Vollziehung i.S.d. § 80 II 1 Nr. 4 VwGO an die Behörde zu stellen, wenn der Dritte einen Rechtsbehelf gegen den Verwaltungsakt eingelegt hat.

Beispiel: G hat für den Betrieb einer Gaststätte eine gaststättenrechtliche Erlaubnis bekommen. Nachbar N ist von dem neuen Betrieb wenig begeistert und erhebt Widerspruch gegen die Erlaubnis. Der Widerspruch führt nach § 80 I 2 VwGO dazu, dass G von seiner Erlaubnis keinen Gebrauch machen kann. Will er den Betrieb der Gaststätte indes sofort aufnehmen, bleibt ihm die Möglichkeit, einen Antrag an die Behörde gemäß § 80a I Nr. 1 i.V.m. § 80 II 1 Nr. 4 VwGO auf sofortige Vollziehung der gaststättenrechtlichen Erlaubnis zu stellen.

Hilft die Behörde dem Antrag ab,[539] kann N bei Gericht einen Antrag auf Wiederherstellung der aufschiebenden Wirkung gemäß § 80a III i.V.m. § 80 V VwGO stellen. Hilft sie ihm nicht ab, kann G einen Antrag bei Gericht auf Anordnung der sofortigen Vollziehung gemäß § 80a III, I Nr. 1 i.V.m. § 80 II 1 Nr. 4 VwGO stellen.

Haben der von einem Dritten erhobene Widerspruch bzw. die Anfechtungsklage keine aufschiebende Wirkung (§ 80 II VwGO), kann der Dritte gemäß **§ 80a I Nr. 2 i.V.m. § 80 IV VwGO** beantragen, die sofortige Vollziehung auszusetzen und einstweilige Maßnahmen zur Sicherung seiner Rechte zu ergreifen.

Beispiel: Nachbar N legt gegen die Baugenehmigung des B Widerspruch ein. Nach § 80 II 1 Nr. 3 VwGO i.V.m. § 212a I BauGB zeitigt der Widerspruch keine aufschiebende Wirkung. B kann daher bauen. Um die Wirksamkeit der Baugenehmigung vorläufig zu hemmen, kann N gemäß § 80a I Nr. 2 i.V.m. § 80 IV VwGO bei der Behörde die Aussetzung der sofortigen Vollziehung beantragen sowie etwaige Sicherungsmaßnahmen, die die Beachtung dieser gehemmten Wirksamkeit durchsetzen (etwa eine Stilllegungsverfügung). Hat der Aussetzungsantrag des N Erfolg, wird B einen Antrag beim Verwaltungsgericht auf Aufhebung der Aussetzungsentscheidung nach § 80a III, I 1 Nr. 2 VwGO stellen. Lehnt die Behörde den Antrag des N ab, bleibt diesem die Option, beim Verwaltungsgericht einen Antrag auf Anordnung bzw. Wiederherstellung der aufschiebenden Wirkung gemäß § 80a III i.V.m. § 80 V VwGO zu stellen.

Legt hingegen ein Adressat gegen einen ihn belastenden und einen Dritten begünstigenden Verwaltungsakt einen Rechtsbehelf ein, der aufschiebende Wirkung zeitigt, kann der Dritte nach **§ 80a II i.V.m. § 80 II 1 Nr. 4 VwGO** einen Antrag bei der Behörde auf sofortige Vollziehung des Verwaltungsaktes stellen.

---

[539] Die von der Behörde zu treffende Entscheidung folgt denselben Grundsätzen wie die gerichtliche Entscheidung gemäß § 80 V VwGO (insb. Abwägung zwischen Aussetzungsinteresse und Vollzugsinteresse).

Beispiel: G bekommt eine Sperrzeitverlängerung zugestellt. Hiergegen legt er Widerspruch ein, der gemäß § 80 I 2 VwGO die aufschiebende Wirkung bedingt. Da G seine Gaststätte nun weiterhin zu den alten Zeiten betreiben kann, stellt Nachbar N bei der zuständigen Behörde den Antrag gemäß § 80a II i.V.m. § 80 II 1 Nr. 4 VwGO auf Sofortvollzug des Verwaltungsakts. Erfolgt die Vollziehungsanordnung durch die Behörde, bleibt G die Möglichkeit, beim Verwaltungsgericht gemäß § 80a III i.V.m. § 80 V VwGO einen Antrag auf Wiederherstellung der aufschiebenden Wirkung zu stellen. Hilft die Behörde dem Antrag des N nicht ab, wird dieser einen Antrag beim Verwaltungsgericht auf Anordnung der sofortigen Vollziehung nach § 80a III, II i.V.m. § 80 II 1 Nr. 4 VwGO stellen.

Anmerkung: Die oben genannten Anträge können nicht nur bei der zuständigen Behörde gestellt werden, sondern gemäß **§ 80a III 1 VwGO** – wie bereits in den Beispielen gezeigt – auch bei Gericht. In der Klausur wird der Weg zum Gericht der Regelfall sein. Nach h.M. kann auch ein *direkter* Antrag zum Gericht erfolgen, ohne einen vorherigen Antrag bei der Behörde.[540] Dem steht insbesondere nicht ein fehlendes Rechtsschutzbedürfnis entgegen. Die Prüfung der Zulässigkeit und Begründetheit eines solchen Antrags zum Gericht entspricht derjenigen des § 80 V VwGO.

Weiterführende Literatur

- **Loos**, JA 2001, 698 (Grundlagenwissen)
- **Budroweit/Wuttke**, JuS 2006, 876 (Grundlagenwissen)
- **Skript** Standardfälle Verwaltungsrecht AT, Fall 13 und 15

---

[540] *Budroweit/Wuttke*, JuS 2006, 876, 877; *Kopp/Schenke* m.w.N. A.A. VG Meiningen, NVwZ 1997, 926.

II. § 123 VwGO

Ist der vorläufige Rechtsschutz gemäß den §§ 80, 80a VwGO nicht einschlägig, greift derjenige des § 123 I VwGO, die einstweilige Anordnung.[541]

Prüfungsschema: Antrag nach § 123 I VwGO

1. Zulässigkeit
   a) *(Deutsche Gerichtsbarkeit, §§ 18 f. GVG i.V.m. § 173 VwGO) (s.o.)*
   b) *(Ordnungsgemäße Antragsstellung, §§ 81 f. VwGO analog) (s.o.)*
   c) Eröffnung des Verwaltungsrechtsweges, § 40 I VwGO (s.o.)
   d) Zuständigkeit des Gerichts, § 123 II VwGO (s.o)
   e) Statthafte Antragsart, § 123 I, V VwGO
   f) Antragsbefugnis, § 42 II VwGO analog
   g) Beteiligten- und Prozessfähigkeit, §§ 61 f. VwGO *(Postulationsfähigkeit, § 67 VwGO) (s.o.)*
   h) Allgemeines Rechtsschutzbedürfnis
2. Begründetheit
   a) Passivlegitimation, § 78 I VwGO analog
   b) Anordnungsanspruch
   c) Anordnungsgrund
   d) Beschränkung der einstweiligen Anordnung

---

1. Zulässigkeit

Für die allgemeinen Sachentscheidungsvoraussetzungen gelten keine Besonderheiten. Entsprechend kann nach oben verwiesen werden. Zuständiges Gericht ist nach § 123 II VwGO das Gericht der Hauptsache (§§ 45 ff., 52 VwGO). Die §§ 81, 82 VwGO finden im Rahmen des § 80 V VwGO analoge Anwendung.[542] Antragsfristen existieren im Rahmen des § 123 VwGO nicht.

---

[541] Vorrangig dem § 123 I VwGO ist zudem der – wenig klausurrelevante – vorläufige Rechtsschutz nach § 47 VI VwGO.
[542] *Wolff/Decker*, VwGO/VwVfG, § 80 VwGO RN 53.

Der Antrag kann zudem bereits vor Einlegung eines Widerspruchs oder der Klageerhebung gestellt werden.[543]

a) Statthaftigkeit des Antrags

Ein Antrag nach § 123 I VwGO ist nach § 123 V VwGO nur statthaft, wenn in der Hauptsache keine Anfechtungsklage oder Normenkontrolle nach § 47 VwGO (vgl. § 47 VI VwGO) einschlägig ist (Subsidiarität des Antrags). § 123 VwGO ist daher der richtige Antrag, wenn es in der Hauptsache um ein Verpflichtungs-, Leistungs- oder Feststellungsbegehren geht.

Anmerkung: Zu prüfen ist daher, was der Antragssteller in der Hauptsache für ein Ziel verfolgt. Hierbei muss festgestellt werden, dass eine Anfechtungsklage in der Hauptsache auszuschließen ist und somit die §§ 80, 80a VwGO nicht eingreifen.

Im Rahmen der Statthaftigkeit ist außerdem zu prüfen, welche Art der einstweiligen Anordnung einschlägig ist. Im Rahmen des § 123 I VwGO ist nämlich zwischen der *Sicherungsanordnung* gemäß § 123 I 1 VwGO und der *Regelungsanordnung* nach § 123 I 2 VwGO zu unterscheiden:

> ➢ **Sicherungsanordnung**: Die Sicherungsanordnung ist auf den Erhalt des gegenwärtigen Zustandes gerichtet (insb. bei Rechtsverletzungen einschlägig).
>
> **Beispiel:** Der Antragssteller ist Fabrikant und will, dass die Veröffentlichung einer Liste unterlassen wird, in welcher seine Produkte als gesundheitsgefährdend eingestuft werden. Hier ist die Sicherungsanordnung einschlägig, da es um die Bewahrung des Status quo geht (nämlich die nicht veröffentlichte Liste).

---

[543] *Detterbeck,* AT, § 32 RN 1533.

> ➤ **Regelungsanordnung**: Die Regelungsanordnung dient der Erweiterung des eigenen Rechtskreises, d.h. es wird eine für den Antragssteller positive Veränderung angestrebt.

Beispiel: Der Antragssteller begehrt die vorläufige Zulassung zu einer öffentlichen Einrichtung (etwa einer Gemeindehalle).

Anmerkung: Die Unterscheidung zwischen Sicherungsanordnung und Regelungsanordnung hat kaum praktische Auswirkungen. Gleichwohl wird im Rahmen einer Klausur die Abgrenzung zwischen den beiden Arten erwartet.[544]

---

b) Antragsbefugnis

Der Antragsteller muss analog § 42 II VwGO das Vorliegen eines *Anordnungsanspruchs* und eines *Anordnungsgrundes* geltend machen. D.h. der Antragsteller muss Tatsachen vortragen, die ein *Recht* desselben als möglich erscheinen lassen (Anordnungsanspruch) und er muss die Möglichkeit einer *Gefährdung dieses Rechts* bei einem Abwarten bis zur Hauptsache (Eilbedürftigkeit) darlegen (Anordnungsgrund).[545]

Beispiel: Wenn der Antragsteller, wie im obigen Beispielsfall die Zulassung zu einer öffentlichen Einrichtung begehrt, müsste er darlegen, dass er möglicherweise ein Recht auf die Zulassung habe (etwa § 10 II 2 GemO-BW) und dass ein Abwarten bis zur Hauptsacheentscheidung dieses Recht vereiteln würde (etwa weil er die öffentliche Einrichtung zu einem festen Termin in zwei Wochen benötigt).

c) Allgemeines Rechtsschutzbedürfnis

Das allgemeine Rechtsschutzbedürfnis entfällt, wenn der Antragsteller sein Ziel auf andere, einfachere Weise erreichen könnte. Das allgemeine Rechtsschutzbedürfnis ist daher zu verneinen,

---

[544] Vgl. *Detterbeck,* AT, § 32 RN 1528.
[545] *Hufen,* VwProzR, § 33 RN 9.

wenn der begehrten Handlung ein Antrag bei der Behörde hätte vorausgehen müssen.

Beispiel: Der Erteilung einer Personenbeförderungsgenehmigung hat ein entsprechender Antrag bei der zuständigen Behörde gemäß § 12 PBefG vorauszugehen.

Kein allgemeines Rechtsschutzbedürfnis ist ferner gegeben, wenn das vom Antragssteller erstrebte Ziel nicht (mehr) erreicht werden kann.

2. Begründetheit

Formulierungsvorschlag: *Der Antrag ist begründet, wenn der Antragsgegner passivlegitimiert und ein Anspruch auf Sicherung/ Regelung des Hauptsacheanspruchs gegeben ist. Letzteres ist der Fall, wenn der Antragsteller einen Anordnungsanspruch und einen Anordnungsgrund gemäß § 123 III VwGO i.V.m. §§ 920 II, 294 ZPO glaubhaft machen kann.*

a) Passivlegitimation

Die Passivlegitimation richtet sich analog § 78 VwGO (s.o.).

b) Anordnungsanspruch

Der Antragssteller muss die tatsächlichen Voraussetzungen für die Erfüllung eines ihm zustehenden Rechts (Anordnungsanspruch) glaubhaft machen.

Beispiel: B gegehrt eine Baugenehmigung. Stellt er einen Antrag nach § 123 I VwGO, so muss er glaubhaft machen, dass ihm ein Anspruch auf die Baugenehmigung zusteht.

Die Glaubhaftmachung ist abhängig von den Erfolgsaussichten in der Hauptsache.

> **Anmerkung:** In der Praxis nimmt das Gericht hier wiederum eine summarische Prüfung vor. In einer Klausur *muss* der Bearbeiter indes an dieser Stelle[546] eine korrekte und vollständige Begründetheitsprüfung durchführen[547] wie sie auch im Rahmen des Hauptsacherechtsbehelfs (d.h. der Verpflichtungs-, allgemeinen Leistungs- oder Feststellungsklage) hätte durchgeführt werden müssen. Bestehen im Anschluss an die Prüfung noch Zweifel, ob der Hautsacherechtsbehelf Erfolg hätte – dies wird in der Klausur eher nicht der Fall sein – muss wie bei dem Antrag nach § 80 V VwGO eine Abwägung zwischen Aussetzungsinteresse und Vollzugsinteresse vorgenommen werden, wobei wiederum eine Folgenbetrachtung angezeigt ist.[548]

c) Anordnungsgrund

Im Rahmen des Anordnungsgrundes muss die besondere Eilbedürftigkeit des begehrten Zieles glaubhaft gemacht werden.

Eine besondere Eilbedürftigkeit ist bei der Sicherungsanordnung gegeben, wenn die Gefahr glaubhaft gemacht werden kann, dass durch eine Veränderung des bestehenden Zustandes die Verwirklichung des Rechts vereitelt oder wesentlich erschwert werden könnte (§ 123 I 1 VwGO).

Bei der Regelungsanordnung muss glaubhaft gemacht werden, dass die vorläufige Regelung notwendig ist, um wesentliche Nachteile abzuwenden oder drohende Gewalt zu verhindern, wobei auch andere Gründe die Notwendigkeit der Regelung bedingen können (§ 123 I 2 VwGO).

---

[546] Teilweise wird auch vertreten, die Erfolgsaussichten des Hauptsacherechtsbehelfs an anderer Stelle im Rahmen der Begründetheit zu prüfen. Wie Sie aufbauen, steht angesichts des vorhandenen Meinungsspektrums in Ihrem Belieben. Begründen dürfen Sie Ihren Aufbau in der Klausur allerdings nicht.

[547] Vgl. *Detterbeck,* AT, § 32 RN 1534.

[548] Siehe dazu oben S. 218 f.

Zur Begründung der besonderen Eilbedürftigkeit ist sowohl bei der Sicherungsanordnung als auch bei der Regelungsanordnung eine umfassende Güter- und Interessenabwägung vorzunehmen. Hierbei ist folgendes zu berücksichtigen: Zumutbarkeit, eine Entscheidung im Hauptsacheverfahren abzuwarten; Irreversibilität der Nachteile; Maß der Nachteile; Bedeutung des Anspruchs.

Beispiel: Budenbesitzer Bodo will einen Stand auf dem in zwei Wochen startenden Jahrmarkt der Gemeinde G zugewiesen bekommen. Der Markt ist für Bodo die größte Einnahmequelle im laufenden Jahr, so dass er auf die Verkaufsmöglichkeit angewiesen ist. Zur Begründung des Anordnungsgrundes – bei einer ablehnenden Entscheidung der G – könnte Bodo vortragen, dass er den Markt verpassen würde, mithin könnte die Hauptsacheentscheidung die Nachteile nicht mehr rückgängig machen. Außerdem ist er finanziell auf den konkreten Markt angewiesen. Die Nachteile sind daher besonders wesentlich.

Sind sowohl Anordnungsanspruch und -grund glaubhaft gemacht, steht dem Gericht *kein* Ermessen im Hinblick auf die Anordnung zu. Ermessen ("kann") hat das Gericht nur bei der Auswahl der im konkreten Fall angebrachten Anordnungs*maßnahme*.[549]

d) Beschränkungen der einstweiligen Anordnung

Das Gericht hat bei seiner Entscheidung zwei Einschränkungen zu beachten. Es darf nämlich mit seiner Anordnung die **Hauptsacheentscheidung nicht vorwegnehmen**.[550]

Beispiel: Im obigen Fall des Budenbesitzers Bodo dürfte dieser *nicht endgültig* zum Jahrmarkt zugelassen werden. Das Gericht könnte allerdings die G verpflichten, Bodo *vorläufig* zum Jahrmarkt zuzulassen.[551]

---

[549] Vgl. *Detterbeck*, AT, § 32 RN 1534.
[550] *Kopp/Schenke*, VwGO, § 123 RN 13.
[551] Es wird allerdings vertreten, dass in Fällen von zeitgebundenen Ereignissen eine Ausnahme vom Grundsatz des Vorwegnahmegebots gemacht werden muss.

Ausnahmen werden vom Vorwegnahmeverbot allerdings im Hinblick auf das Gebot effektiver Rechtsschutzgewährung nach Art. 19 IV GG gemacht, wenn das Recht des Antragstellers sonst *vereitelt* würde oder wenn ihm, aufgrund drohender *schwerer Nachteile*, eine bloß vorläufige Regelung nicht zumutbar wäre.

Ferner darf durch die einstweilige Anordnung **nicht mehr gewährt** werden, als mit der Klage in der Hauptsache erreicht werden könnte.[552]

Beispiel: Stünde im Fall des Budenbesitzers Bodo der G ein Auswahlermessen im Hinblick auf die Bewerber zu, könnte das Gericht die G nicht verpflichten, Bodo vorläufig zum Markt zuzulassen, sondern nur dazu, eine *Entscheidung* über eine *vorläufige* Zulassung *zu treffen*.

Weiterführende Literatur
📖 **Loos**, JA 2001, 871 (Grundlagenwissen)
📖 **Mückl**, JA 2000, 329 (Grundlagenwissen)
📖 **Skript** Standardfälle Verwaltungsrecht AT, Fall 14

---

[552] *Kopp/Schenke*, VwGO, § 123 RN 11.

▶ **Unsere** 📖 **Skripten** 📑 **Karteikarten** 🎧 **Hörbücher (CD & MP3)**

Zivilrecht

- 📖 Standardfälle für Anfänger (7,90 €)
- 📖 🎧 Standardfälle BGB AT (7,90 €)
- 📖 🎧 Standardfälle Schuldrecht (7,90 €)
- 📖 🎧 Standardfälle Ges. Schuldverh., §§ 677, 812,823
- 📖 🎧 Standardfälle Sachenrecht (9,90 €)
- 📖 🎧 Standardfälle Familien- und Erbrecht (9,90 €)
- 📖 Klausuren Übung für Fortgeschrittene (7,90 €)
- 📖 🎧 Basiswissen BGB (AT) (Frage-Antwort)
- 📖 🎧 Basiswissen SchuldR (AT) 📖 🎧 SchuldR (BT) (7 €)
- 📖 🎧 Basiswissen Sachenrecht, 📖 🎧 FamR, 📖 🎧 ErbR
- 📖 Einführung in das Bürgerliche Recht (7,90 €)
- 📖 Studienbuch BGB (AT) (12 €)
- 📖 Studienbuch Schuldrecht (AT) (12 €)
- 📖 Schuldrecht (BT) 1 - §§ 437, 536, 634, 670 ff. (9,90 €)
- 📖 Schuldrecht (BT) 2 - §§ 812, 823, 765 ff. (9,90 €)
- 📖 SachenR 1 – Bewegl. S., 📖 SachenR 2 – Unb. S. (9,9 €)
- 📖 Familienrecht und 📖 Erbrecht (Einführungen) (9,90 €)
- 📖 Streitfragen Schuldrecht (7,90 €)
- 📖 🎧 Definitionen für die Zivilrechtsklausur (9,90 €)

Strafrecht

- 📖 🎧 Standardfälle für Anfänger Band 1 (9,90 €)
- 📖 Standardfälle für Anfänger Band 2 (7,90 €)
- 📖 Standardfälle für Fortgeschrittene (12 €)
- 📖 🎧 Basiswissen Strafrecht (AT) (Frage-Antwort)
- 📖 🎧 Basiswissen Strafrecht BT 1 und 📖 🎧 BT 2 (7 €)
- 📖 Strafrecht (AT) (7,90 €)
- 📖 Strafrecht (BT) 1 – Vermögensdelikte (9,90 €)
- 📖 Strafrecht (BT) 2 – Nichtvermögensdelikte (9,90 €)
- 📖 🎧 Definitionen für die Strafrechtsklausur (7,90 €)

Irrtümer und Änderungen vorbehalten!

Öffentliches Recht

- 📖 Standardfälle Staatsrecht I – StaatsorgaR (9,90 €)
- 📖 Standardfälle Staatsrecht II – Grundrechte (9,90 €)
- 📖 🎧 Standardfälle f. Anfänger (StaatsorgaR u. GRe) (7,9 €)
- 📖 🎧 Standardfälle Verwaltungsrecht (AT) (9,90 €)
- 📖 Standardfälle Polizei- und Ordnungsrecht (9,90 €)
- 📖 Standardfälle Baurecht (9,90 €)
- 📖 Standardfälle Europarecht (9,90 €)
- 📖 Standardfälle Kommunalrecht (9,90 €)
- 📖 🎧 Basiswissen StaatsR I –StaatsorgaR (Fr-Antw.) (7 €)
- 📖 🎧 Basiswissen StaatsR II –GrundR (Frage-Antw.) (7 €)
- 📖 Basiswissen VerwaltungsR AT– (Frage-Antwort) (7 €)
- 📖 Studienbuch Staatsorganisationsrecht (9,90 €)
- 📖 Studienbuch Grundrechte (9,90 €)
- 📖 Studienbuch Verwaltungsrecht AT (12 €)
- 📖 Studienbuch Europarecht (12,90 €) 🎧 Basiswissen EuR
- 📖 Studienbuch Wirtschaftsvölkerrecht (12,90 €)
- 📖 Staatshaftungsrecht (9,90 €)
- 📖 VerwaltungsR AT 1 – VwVfG u. 📖 AT 2–VwGO (7,90 €)
- 📖 VerwaltungsR BT 1 – POR (9,90 €)
- 📖 VerwaltungsR BT 2 – BauR 📖 BT 3 – UmweltR (9,90 €)
- 📖 🎧 Definitionen Öffentliches Recht (9,90 €)

Steuerrecht

- 📖 Abgabenordnung (AO) (9,90 €)
- 📖 Erbschaftsteuerrecht (9,90 €)
- 📖 Steuerstrafrecht/Verfahren/Steuerhaftung (7,90 €)

Sozialrecht

- 📖 Kinder- und Jugendhilferecht (7,90 €)
- 📖 Sozialrecht (9,90 €)

Nebengebiete

- 📖 🎧 Standardfälle Handels- & GesR (9,90 €)
- 📖 🎧 Standardfälle Arbeitsrecht (9,90 €)
- 📖 Standardfälle ZPO (9,90 €)
- 📖 🎧 Basiswissen HandelsR (Frage-Antwort) (7,9 €)
- 📖 🎧 Basiswissen Gesellschaftsrecht (7,90 €)
- 📖 🎧 Basiswissen ZPO (Frage-Antwort) (7,90 €)
- 📖 🎧 Basiswissen StPO (Frage-Antwort) (7,90 €)
- 📖 Handelsrecht (9,90 €)
- 📖 Gesellschaftsrecht (9,90 €)
- 📖 Arbeitsrecht (9,90 €)
- 📖 Kollektives Arbeitsrecht (9,90 €)
- 📖 ZPO I – Erkenntnisverfahren (9,90 €)
- 📖 ZPO II – Zwangsvollstreckung (9,90 €)
- 📖 Strafprozessordnung – StPO (9,90 €)
- 📖 Einf. Internationales Privatrecht - IPR (9,90 €)
- 📖 Standardfälle IPR (9,90 €)
- 📖 Insolvenzrecht (9,90 €)
- 📖 Gewerbl. Rechtsschutz/Urheberrecht (9,90 €)
- 📖 Wettbewerbsrecht (9,90 €)
- 📖 Ratgeber 500 Spezial-Tipps für Juristen (12 €)
- 📖 Mediation (7,90 €)
- 📖 Sportrecht (9,90 €)

Karteikarten (je 9,90 €)

- 📑 Zivilrecht: BGB AT/SchuldR/Grundlagen/Schemata
- 📑 Strafrecht: AT/BT-1/BT-2/Streitfragen
- 📑 Öff. R.: StaatsorgaR/GrundR/VerwR/Schemata

Assessorexamen

- 📖 Der Aktenvortrag im Strafrecht (7,90 €)
- 📖 Der Aktenvortrag im Zivilrecht (7,90 €)
- 📖 Der Aktenvortrag im Öffentlichen Recht (7,90 €)
- 📖 Staatsanwaltl. Sitzungsdienst & Plädoyer (7,90 €)
- 📖 Die strafrechtliche Assessorklausur (7,90 €)
- 📖 Die Assessorklausur VerwR Bd. 1 (7,90 €)
- 📖 Die Assessorklausur VerwR Bd. 2 (7,90 €)
- 📖 Vertragsgestaltung in der Anwaltsstation (7 €)

Irrtümer und Änderungen vorbehalten!

BWL

- 📖 Einführung i. die Betriebswirtschaftslehre (7,90 €)
- 📖 Organisationsgestaltung & -entwickl. (7,90 €)
- 📖 Fallstudien Organisationsgestaltung & -entwickl.
- 📖 Internationales Management (7 €)
- 📖 Wie gelingt meine wiss. Abschlussarbeit? (7 €)
- 📖 Medienwirtschaft für Mediengestalter (14,90 €)

Irrtümer und Änderungen vorbehalten!

Schemata

- 📖 Die wichtigsten Schemata-ZivR,StrafR,ÖR (14,90)
- 📖 Die wichtigsten Schemata–Nebengebiete (9,90 €)

🎧 bedeutet: auch als **Hörbuch** (CD oder MP3-Download) lieferbar!

Bei **niederle-media.de** bestellte Artikel treffen idR *nach 1-2 Werktagen* ein!